INTERMEDIATE HINDI READER

INTERMEDIATE HINDI READER

USHA R. JAIN
with
KARINE SCHOMER

IAS
International and Area Studies

CENTER FOR SOUTH ASIA STUDIES
UNIVERSITY OF CALIFORNIA, BERKELEY
1999

PERMISSIONS

The author wishes to thank the following writers for allowing her to use their materials in this reader: Susham Bedi, Dharmvir Bharati, Mridula Garg, Jagdish Gupta, Rajani Mathur, Shrilal Shukla, Vishwanath Tripathi, and Ved Prakash Vatuk. She is also grateful to the following publishers and copyright owners for giving her permission to use their materials: Bharatiya Jnanpith, Lokbharati, Neelabh Prakashan, Rajkamal Prakashan, Rajpal & Sons, Sahitya Sadan, Sarasvati Press; Mrs. Ila Dalmia Koirala, Mrs. Girijakumar Mathur, Mrs. Yashpal, and Mrs. Mohan Rakesh.

Library of Congress Cataloging-in-Publication Data

Jain, Usha R.
    Intermediate Hindi reader / Usha R. Jain with Karine Schomer.
       p. cm.
    English and Hindi.
    ISBN 0-87725-351-X (paper)
    1. Hindi language—Textbooks for foreign speakers—English.
  2. Readers (Secondary) I. Schomer, Karine. II. Title.
PK1933.J335   1999
491.4'382421—dc21   99-28381
                                      CIP

TABLE OF CONTENTS

PREFACE

This Intermediate Hindi Reader has been prepared in order to provide interesting and well-organized teaching materials for intermediate-level Hindi classes in American universities. My aim was to present a graded series of culturally significant readings that would not only enable students to develop their language skills, but would also encourage literary appreciation and cultural understanding.

The revised edition of this reader is based on the Intermediate Hindi Reader prepared by Karine Schomer and myself in 1983. Having used the reader for several years, I felt that a revision was needed in order to address the interests of a new generation of students and to reflect the changing aspects of Indian society. The current edition is a response to such concerns. I am pleased that students now will also be able to use a new multimedia package that has been designed to accompany this reader.

In this revised edition seven selections from the old reader have been dropped and eight new ones have been added. The reader includes a sequence of twenty-one readings, which have been chosen for their cultural interest and linguistic content. A great deal of thought and experimentation has gone into the selection and the arrangement of these readings. Their subject matter ranges from classical myths to modern social life and provides insight into the varied cultural worlds of Hindi speakers. I have attempted to include as wide a variety of authors and literary styles as possible. The text begins with a general introductory note about India, followed by a few letters reflecting the intercultural experiences of different people. It also includes five sections of traditional tales retold in simple Hindi, six Hindi short stories, one Urdu short story, a travelogue, one humorous vignette, short excerpts from Mohandas K. Gandhi's autobiography, two collections of Hindi and Urdu poems, one modern narrative poem, and a magazine article.

Each reading is followed by a detailed serial glossary. Words that are to be actively acquired are marked with an asterisk (*). Students are expected to memorize these words; therefore they are not glossed again in subsequent readings. The glossaries are intended to be extensive enough to allow intermediate-level students to read on their own without consulting a dictionary. This approach encourages students to read comfortably without sacrificing precise lexical comprehension. Students using this reader should acquire approximately one thousand words of new active vocabulary. A comprehensive alphabetical glossary of the active vocabulary is provided at the end of the reader.

A set of audio tapes and a CD-ROM for computer use have been prepared to accompany the reader. The first version works only on the Apple Macintosh; later versions will be "platform-independent" and will work on most computers. The CD-ROM allows students to select any sentence or paragraph from a reading and to listen to it being read while following the words on the screen. They can repeat this as often as needed. Students can also learn the meanings of new words in the readings by scrolling the glossary, which appears alongside the reading at the right side of the screen. In the next version of the CD-ROM, I would like to incorporate further advances in language-learning technology.

I would like to thank all those who have helped with this project for their cooperation and support. Preeti Chopra entered most of the manuscript on computer and helped with proofreading the manuscript. Suparna Dhir deserves my special thanks for assisting me throughout the project. She entered part of the manuscript on computer and helped in sound-editing and time-aligning the audio to the text for the CD-ROM. In addition, she scanned the visual images and made some illustrations herself for the CD-ROM. Deepak Gupta helped with graphics and layout used in the CD-ROM version. Avinash Kant participated in the recording of the audio tapes and helped with proofreading the manuscript. This project benefited from the audio software and other supporting materials that were developed in collaboration with Langues et Civilisations à Tradition

Orale (LACITO/CNRS), Paris UPR 3121 "Projet: Archivage et Diffusion de Documents Linguistiques" (Michel Jacobson, Boyd Michailovsky, John Lowe, et al.). The technical support was provided by John B. Lowe. Alex Prisadsky of the Berkeley Language Center recorded the reader and edited the sound track for the audio tapes and the CD-ROM. Simona Sawhney participated in the recording of the audio tapes and made suggestions and comments at every stage of the project. I am grateful as well to the following people for providing me with their photographs and slides for the CD-ROM: Alka Hingorani, Amita Jain, Tanu Sankalia, Gursharan Sidhu, Kristi Wiley, and Joanna Williams.

Finally, I would like to thank my husband, Santosh, and my children, Amita and Sharad, for their constant support, understanding, and encouragement.

This project received financial support from the McEnerney Endowment Funds, and I am very grateful for this help. Were it not for this support, I could not have embarked upon such an extensive project.

Usha R. Jain

Department of South and Southeast

Berkeley   Asian Studies

May 1999   University of California

१
कुछ भारत के बारे में

भारत उपमहाद्वीप दक्षिण एशिया का एक प्रमुख हिस्सा है । इस उपमहाद्वीप में भारत, पाकिस्तान, अफ़गानिस्तान, नेपाल, भूटान, बंगलादेश और श्रीलंका शामिल हैं । इन सब देशों में भारत सबसे बड़ा है । क़रीब २००० मील लम्बा और १८०० मील चौड़ा, भारत विश्व का सातवाँ सबसे बड़ा देश है । भारत की जनसंख्या लगभग ९५ करोड़ है और चीन के बाद सबसे ज़्यादा लोग यहाँ रहते हैं । आज भारत विश्व का सबसे बड़ा लोकतंत्र है ।

भारत की संस्कृति बहुत पुरानी है । यह प्राचीन काल में कला, साहित्य, धर्म और विद्या का बड़ा केन्द्र माना जाता था । पुराने समय से ही भारत के धन, वैभव और संस्कृति ने अनेक देशों के लोगों को अपनी ओर आकर्षित किया । पहले यहाँ यूनानी आये, फिर तुर्क और मुग़ल, और बाद में अँग्रेज़ ।

भूगोल की दृष्टि से भारत को तीन हिस्सों में बाँटा जा सकता है । उत्तरी सीमा पर एक बड़ी दीवार की भाँति खड़े हैं हिमालय पहाड़, जो दुनिया में सबसे ऊँचे हैं । इन पर साल-भर बर्फ़ जमी रहती है । इन पहाड़ों से निकलने वाली चार प्रमुख नदियाँ गंगा, यमुना, सिंधु और ब्रह्मपुत्र मध्य भारत में एक विशाल मैदान बनाती हैं । यह मैदान बहुत उपजाऊ है । गेहूँ, गन्ना और चावल यहाँ की ख़ास पैदावार हैं । इस मैदान में थार नाम का एक रेगिस्तान भी है जो सिंधु नदी की तराई को गंगा नदी की तराई से अलग करता है । तीसरा और भूतत्त्व की दृष्टि से सबसे पुराना हिस्सा दक्षिण में दक्खन का पठार है । दक्षिण की प्रमुख नदियाँ हैं — नर्मदा, कृष्णा, गोदावरी और कावेरी । चावल यहाँ की ख़ास पैदावार है । दक्षिण भारत तीन तरफ़ से समुद्र से घिरा है । पूर्व में बंगाल की खाड़ी है, पश्चिम में अरब सागर तथा दक्षिण में हिन्द महासागर है ।

हिन्दुस्तान में तीन ख़ास मौसम होते हैं : जाड़ा, गर्मी और बरसात । उत्तर में जाड़े में कड़ाके की ठंड पड़ती है । अप्रैल से जून तक बहुत सख़्त गर्मी होती है और फिर जुलाई से सितम्बर तक ख़ूब बारिश होती है । दक्षिण में क़रीब क़रीब साल-भर गर्मी होती है लेकिन

उत्तर से कम । दक्षिण में समुद्र के किनारे काफ़ी वर्षा होती है और पैदावार अच्छी होती है ।

भारत एक कृषि प्रधान देश है और देश की लगभग ७० प्रतिशत आबादी गाँवों में रहती है । भारत के चार प्रमुख महानगर हैं: नई दिल्ली, बम्बई, कलकत्ता और मद्रास । भारत की राजधानी, नई दिल्ली, उत्तर में स्थित है । बम्बई पश्चिमी तट और कलकत्ता पूर्वी तट के मुख्य बंदरगाह हैं । मद्रास दक्षिण का सबसे बड़ा शहर है और यह भी समुद्र के किनारे बसा है । बंगलोर, हैदराबाद, लखनऊ, जयपुर और चण्डीगढ़ भारत के कुछ अन्य बड़े शहर हैं । सबसे पुराना शहर वाराणसी, या बनारस, गंगा के तट पर बसा है ।

भारत में सफ़र करना अब बहुत मुश्किल नहीं रहा । यातायात के प्रमुख साधन हैं : रेलगाड़ियाँ और सड़कें । आजकल हम काफ़ी शहरों को हवाई जहाज़ से भी जा सकते हैं । भारत में प्राचीन काल के बहुत सुन्दर मन्दिर और इमारतें हैं, जिन्हें देखने के लिए दूर-दूर से लोग आते हैं । अजंता और एलोरा की गुफाएँ और आगरे का ताजमहल तो सारी दुनिया में प्रसिद्ध हैं ।

भारत ने १५ अगस्त १९४७ को इंगलैंड से स्वतंत्रता पाई और २६ जनवरी १९५० को इसका संविधान लागू हुआ । भारत के विभिन्न प्रदेशों में अलग-अलग परंपराएँ, भाषाएँ, वेशभूषा और तरह-तरह का खाना मिलता है । भारतीय संविधान के अनुसार भारत एक धर्म-निरपेक्ष देश है । यहाँ अनेक धर्मों के लोग रहते हैं । भारत में चौदह प्रमुख भाषाएँ बोली जाती हैं लेकिन हिन्दी देश की राष्ट्रभाषा है ।

कुछ भारत के बारे में

द्वीप *	M	island
महाद्वीप	M	continent
उपमहाद्वीप	M	subcontinent
दक्षिण *	M	the south
एशिया	P.N.(M)	Asia
प्रमुख *	A	main, chief
हिस्सा *	M	part, portion; division
अफ़गानिस्तान	P.N.(M)	Afghanistan
नेपाल	P.N.(M)	Nepal
भूटान	P.N.(M)	Bhutan
बंगलादेश	P.N.(M)	Bangladesh
श्रीलंका	P.N.(M)	Sri Lanka
शामिल	A	included
शामिल होना	Intr	to be included
क़रीब / करीब *	Adv	approximately; near, close by
क़रीब-क़रीब	Adv	almost, nearly
मील	M	mile
विश्व	M	world, universe
लगभग *	Adv	approximately
जनसंख्या	F	population
करोड़	A	ten million
चीन	P.N.(M)	China
लोकतंत्र	M	democracy
संस्कृति *	F	culture
प्राचीन	A	ancient

काल	M	time; period
कला *	F	art
साहित्य *	M	literature
धर्म *	M	religion
विद्या *	F	learning; knowledge; education
केन्द्र	M	center
मानना	Tr	to accept; to regard, to consider
धन	M	wealth
वैभव	M	grandeur, riches
अनेक	A	many; several
ओर *	F	side, direction
की ओर	Post	towards
आकर्षित	A	attracted
आकर्षित करना	Tr	to attract
यूनानी	A/M	of Greece/Greek
तुर्क	M	Turk
मुग़ल	M	Moghul/ Mughal
अँग्रेज़	M	Englishman, British person
भूगोल *	M	geography
दृष्टि *	F	sight, view; vision
की दृष्टि से	Post	from the point of view of
बाँटना	Tr	to distribute, to divide
उत्तर *	M	north; answer
उत्तरी	A	northern
सीमा	F	boundary, border

4

भाँति	F	kind; manner
की भाँति	Post	like, in the manner of
बर्फ़ *	F	ice, snow
जमना	Intr	to freeze
गंगा	P.N.(F)	Ganges (Ganga)
यमुना	P.N.(F)	Yamuna
सिंधु	P.N.(F)	Indus (Sindhu)
ब्रह्मपुत्र	P.N.(F)	Brahmaputra
मध्य	A	central; middle
विशाल	A	huge, big
मैदान *	M	plains; ground
उपजाऊ *	A	fertile
गेहूँ *	M	wheat
गन्ना	M	sugarcane
ख़ास *	A	special; particular
पैदावार *	F	produce, yield; harvest
थार	P.N.(M)	Thar
रेगिस्तान	M	desert
तराई	F	basin; foothill
भूतत्त्व	M	geology
दक्खन	P.N.(M)	Deccan
पठार	M	plateau
नर्मदा	P.N.(F)	Narmada
कृष्णा	P.N.(F)	Krishna
गोदावरी	P.N.(F)	Godavari
कावेरी	P.N.(F)	Cauvery
तरफ़ *	F	side, direction

समुद्र	M	ocean, sea
घिरना	Intr	to be surrounded
पूर्व *	M	the east
पूर्वी	A	eastern
खाड़ी	F	bay
बंगाल की खाड़ी	P.N.(F)	Bay of Bengal
पश्चिम *	M	the west .
पश्चिमी	A	western
अरब सागर	P.N.(M)	Arabian Sea
सागर *	M	sea
महासागर	M	ocean
हिन्द महासागर	P.N.(M)	Indian Ocean
कड़ाके का	A	severe
सख़्त	A	hard; harsh; here: severe
ख़ूब *	A/Adv	fine, charming; very much, a lot
किनारा	M	shore, bank; edge, side
वर्षा	F	rain
कृषि	F	agricultural
कृषि प्रधान	A	predominantly agricultural
प्रतिशत	Adv/M	per cent; percentage
आबादी *	F	population
महानगर	M	metropolis
नई दिल्ली	P.N.(M)	New Delhi
बम्बई	P.N.(M)	Bombay (Mumbai)
कलकत्ता	P.N.(M)	Calcutta
मद्रास	P.N.(M)	Madras (Chennai)

राजधानी *	F	capital
स्थित	A	situated
तट	M	bank, coast, shore
मुख्य	A	main, chief
बंदरगाह	M	harbor, port
बसना	Intr	to be located; to settle (down)
बंगलोर	P.N.(M)	Bangalore
हैदराबाद	P.N.(M)	Hyderabad
लखनऊ	P.N.(M)	Lucknow
जयपुर	P.N.(M)	Jaipur
चण्डीगढ़	P.N.(M)	Chandigarh
अन्य	A	other; different
वाराणसी	P.N.(M)	Varanasi
बनारस	P.N.(M)	Banaras
सफ़र *	M	travel, journey
सफ़र करना	Tr	to travel
यातायात *	M	transportation
साधन *	M	means, device
हवाई जहाज़ *	M	airplane
अजंता	P.N.(F)	Ajanta
एलोरा	P.N.(F)	Ellora
गुफा	F	cave
आगरा	P.N.(M)	Agra
प्रसिद्ध	A	famous
इंगलैंड	P.N.(M)	England
स्वतंत्रता *	F	freedom, independence
पाना *	Tr	to get; to obtain

संविधान	M	constitution
लागू होना	Intr	to be implemented
विभिन्न	A	different, various
प्रदेश *	M	region; state
अलग-अलग *	A	different; distinct; separate
परंपरा / परम्परा	F	tradition
वेशभूषा	F	dress
तरह *	F	kind
तरह-तरह का	A	of various kinds
के अनुसार	Post	according to
धर्म-निरपेक्ष	A	secular
राष्ट्रभाषा	F	national language

२

चार पत्र
(एक)

४१ ए, कैलाश नगर
नई दिल्ली
२१ दिसम्बर १९९६

प्रिय सैली,

अपने वायदे के अनुसार मैं भारत आते ही तुम्हें पत्र लिख रहा हूँ । हम लोग परसों रात को दिल्ली पहुँचे । सफ़र बहुत लम्बा था इसलिये काफ़ी थक गये थे । हवाई अड्डे पर राजीव के मामा जी और मामी जी हमें लेने आये थे । हम दोनों अभी एक सप्ताह दिल्ली में उनके पास रहेंगे और फिर भारत में सफ़र करेंगे ।

भारत पहुँचते ही मुझे दो बातें ख़ासतौर से महसूस हुईं । पहली यह कि यहाँ हर जगह बहुत भीड़ है और दूसरी यहाँ की ग़रीबी । हालाँकि हम सभी जानते हैं कि भारत की आबादी बहुत ज़्यादा है, और अमरीका की तुलना में भारत एक ग़रीब देश है, फिर भी अपनी आँखों से यह सब देखने का असर कुछ और ही होता है । यह देखकर मैं सोचने लगा कि हमारे देश में आमतौर से लोगों के पास ज़रूरियात की सब चीज़ें होती हैं, इसीलिये शायद हम उनका मूल्य नहीं समझते और इतने फ़ज़ूलख़र्च हो गये हैं ।

यहाँ घर पर राजीव के मामा जी और मामी जी मेरा बहुत ध्यान रखते हैं । भारतीय परिवार के साथ रहने का यह मेरा पहला अनुभव है । यहाँ मेहमानों की बहुत ख़ातिर होती है । राजीव के नाना जी और नानी जी भी उनके मामा जी के साथ रहते हैं । अमरीका में इस तरह के संयुक्त परिवार नहीं होते हैं, लेकिन भारत में यह आम बात है । यहाँ अक्सर घरों में तीन पीढ़ियाँ साथ-साथ रहती हैं । इसी वजह से घरों में काफ़ी चहल-पहल रहती है । भारत में लोग अमरीका के जीवन के बारे में जानने को बहुत उत्सुक हैं और वे इस विषय में मुझसे बहुत सवाल पूछते हैं ।

अच्छा अब मैं पत्र समाप्त करता हूँ । मैं और राजीव जल्दी ही अपना भारत का सफ़र शुरू करेंगे । मैं तुम्हें अपने सफ़र के बारे में फिर लिखूँगा ।

तुम्हारा,
स्कॉट

(दो)

४१ ए, कैलाश नगर
नई दिल्ली
२ जनवरी १९९७

प्रिय सैली,

तुम्हें मेरा पहला पत्र मिल गया होगा । मैं और राजीव अभी दो दिन पहले आगरा से लौटे हैं । हमारा यह सफ़र बहुत अच्छा रहा ।

मैंने ताज महल की इतनी प्रशंसा सुनी थी कि मैं जल्दी से जल्दी उसे देखना चाहता था । हम दिल्ली से रेलगाड़ी में आगरा गये । ताज महल की सुन्दरता देखकर मैं चकित रह गया । यह सफ़ेद संगमरमर का मक़बरा शाहजहाँ ने अपनी पत्नी मुमताज़ महल की याद में बनवाया था । इसके सामने एक सुन्दर बगीचा है । बीच में एक छोटी-सी नहर है जिसमें फव्वारे चलते हैं । नहर के दोनों तरफ़ हरे-हरे पेड़ों की पंक्तियाँ हैं । जगह-जगह पर क्यारियों में रंग-बिरंगे फूल हैं ।

ताज महल संगमरमर के एक विशाल चबूतरे पर बना है । इस चबूतरे के चारों कोनों पर चार ऊँची मीनारें हैं । ताज महल के अन्दर मुमताज़ महल और शाहजहाँ की क़ब्रें हैं । दीवारों पर और गुम्बद की छत पर बहुत सुन्दर नक़्क़ाशी है । ताज महल को बनाने में लगभग बीस साल लगे । शाहजहाँ ने दूर-दूर से कुशल कारीगरों को बुलवाया था और लगभग बीस हज़ार मज़दूर लगातार काम में लगे रहे । अपने प्यार की इस निशानी को बनवाने में शाहजहाँ ने बहुत पैसा ख़र्च किया था ।

जिस दिन हम आगरा गये थे उस रात को पूर्णिमा थी । चाँदनी रात में ताज महल की सुन्दरता शब्दों में नहीं कही जा सकती । मैंने देखा कि एक ओर पूर्णिमा का चाँद था और चारों तरफ़ उसकी चाँदनी छिटक रही थी, दूसरी ओर यमुना नदी बह रही थी और इनके बीच खड़ा था चमकता हुआ सुन्दर ताज महल । वह सुन्दर दृश्य अभी तक मेरी आँखों में बसा है । मुझे आशा है कि तुम भी कभी यह दृश्य मेरे साथ देख सकोगी ।

अगले हफ़्ते मैं और राजीव राजस्थान जाएँगे। जयपुर, उदयपुर और जयसलमेर देखने के बाद वहाँ से बम्बई जाएँगे। उधर से ही अजन्ता और एलोरा की गुफाएँ भी देखने जाएँगे। भारत में देखने के लिये इतनी जगहें हैं कि एक बार में सबको देखना असंभव है।

अच्छा, बाक़ी अगले पत्र में लिखूँगा।

तुम्हारा,

स्कॉट

(तीन)

२२९९ पीडमाउँट ऐवन्यू
बर्कली, कैलिफ़ोर्निया
अमरीका
४ सितम्बर १९९६

आदरणीय पिता जी व माँ,

सादर प्रणाम।

मैं यहाँ ठीक हूँ। आशा है कि आप सब भी सकुशल होंगे। अभी मुझे यहाँ आए कुछ ही दिन हुए हैं इसलिये मैं इस शहर और विश्वविद्यालय से परिचित हो रही हूँ। यहाँ आते ही पहले कुछ दिन तो मुझे सब कुछ बहुत फ़र्क लगा। आप सब से इतनी दूर रहने का यह पहला मौक़ा है इसलिये शुरू में बहुत अकेलापन भी लगा। अब धीरे-धीरे मैंने कुछ दोस्त बना लिये हैं।

बर्कली सैन फ्रैंसिस्को शहर के काफ़ी क़रीब है। यह समुद्र के एकदम पास है। यहाँ का मौसम बहुत ही अच्छा है : न ज़्यादा गरम, न ज़्यादा ठंडा। हमारे विश्वविद्यालय के पास छोटी पहाड़ियाँ हैं जिन पर सुन्दर पेड़, पौधे और फूल हैं। कल मैंने पूरे विश्वविद्यालय की सैर की और यहाँ के मशहूर टेलिग्राफ़ ऐवन्यू पर भी गई।। वहाँ कुछ लोग सड़क के किनारे दुकानें लगाए अपना सामान बेच रहे थे। उन्हें देखकर मुझे भारत के बाज़ारों की याद आई। कहते हैं कि "हिप्पी" सभ्यता इसी टेलिग्राफ़ ऐवन्यू से शुरू हुई थी।

मुझे इस बात की ख़ुशी है कि मैंने बर्कली में अंतरराष्ट्रीय भवन में रहने का फ़ैसला किया। यहाँ अनेक देशों के छात्र रहते हैं। सबके रूप, रंग और भाषाएँ अलग-अलग हैं लेकिन यहाँ हम सब मिल-जुलकर रहते हैं और एक दूसरे की मदद करते हैं। इस तरह साथ

रह कर हम अन्य छात्रों के देशों के बारे में, उनकी संस्कृति और परंपराओं के बारे में बहुत कुछ सीख सकते हैं ।

जल्दी ही मैं यहाँ के वातावरण और लोगों से अच्छी तरह परिचित हो जाऊँगी । मैं आपको अपने नये-नये अनुभवों के बारे में लिखती रहूँगी । आप भी मुझे घर के सभी सदस्यों के समाचार भेजें । दादी जी व दादा जी को मेरा प्रणाम कहें और सुनन्दा व संदीप को प्यार । मुझे आप सबकी बहुत याद आती है । माँ, आपके खाने को तो मैं रोज़ ही याद करती हूँ । यहाँ अंतरराष्ट्रीय भवन में खाना हमारे भारतीय मसालेवाले खाने से बहुत फ़र्क है । अच्छा, अब मैं यह पत्र समाप्त करती हूँ । आप पत्र जल्दी लिखें ।

आपकी प्यारी बेटी,
संगीता

(चार)

२२९९ पीडमाउँट ऐवन्यू
बर्कली, कैलिफ़ोर्निया
अमरीका
१५ जनवरी १९९७

प्रिय सुनन्दा,

प्यार ।

तुम्हारा पत्र मिला । सब समाचार पढ़कर बहुत ख़ुशी हुई । तुमने मुझसे अमरीकी जीवन के बारे में लिखने को कहा है । इस पत्र में मैं यही करने की कोशिश करूँगी । मुझे अभी इस देश में सिर्फ़ पाँच महीने हुए हैं ।अब तक जो कुछ मैंने देखा है उसी के आधार पर मैं अपने विचार लिख रही हूँ ।

सबसे पहले मैं तुम्हें यहाँ के विद्यार्थी-जीवन के बारे में बताऊँगी । भारत में कालिज जाने से पहले ही विद्यार्थी को यह फ़ैसला करना पड़ता है कि वह किस दिशा में जाना चाहता है । यहाँ कालेज जाने से पहले ऐसा कोई फ़ैसला नहीं करना पड़ता । अगर कोई विद्यार्थी जानता भी हो कि उसे किस विषय में ख़ास दिलचस्पी है, तो भी वह भिन्न-भिन्न विषयों पर क्लासें लेगा । उदाहरण के लिये साइंस में दिलचस्पी रखनेवाले विद्यार्थी

इतिहास, साहित्य, संगीत आदि भी पढ़ते हैं और इतिहास में दिलचस्पी रखनेवाले विद्यार्थी साइंस की क्लासें भी लेते हैं । मेरे विचार में शिक्षा की ऐसी व्यवस्था से विद्यार्थी का ज्ञान ज़्यादा विस्तृत होता है ।

आमतौर से विश्वविद्यालय में पढ़ने वाले अमरीकी विद्यार्थी पढ़ने के साथ-साथ छोटी-मोटी नौकरी भी करते हैं । कुछ अपने प्रोफ़ेसरों के साथ उनके रिसर्च प्रोजेक्ट्स पर काम करते हैं, कुछ लाइब्रेरी में, तो कुछ कहीं और । इस तरह विद्यार्थियों की पढ़ाई का पूरा ख़र्चा उनके माता-पिता को नहीं उठाना पड़ता है । इसके साथ ही विद्यार्थियों को काम करने का मूल्य पता चलता है और उनका आत्म-विश्वास भी बढ़ता है । जहाँ तक मैंने देखा है अमरीकी विद्यार्थी जब पढ़ते हैं तो बहुत लगन से पढ़ते हैं और जब वे पढ़ नहीं रहे हैं तब खेल, संगीत व घूमने आदि का आनन्द लेते हैं । यहाँ आमतौर पर शुक्रवार और शनिवार को विद्यार्थी ख़ूब खेलते हैं और पार्टियों में जाते हैं । मैं भी कभी-कभी दोस्तों के साथ पार्टी में जाती हूँ । इनमें बहुत मज़ा आता है और इस तरह मैं काफ़ी नये लोगों से मिलती हूँ ।

मैंने अभी तक बर्कली और उसके आसपास की ही जगहों को देखा है । कैलिफ़ोर्निया में और ख़ासतौर से बर्कली में बहुत देशों के लोग दिखाई देते हैं । इसलिये बर्कली को अमरीकी समाज का प्रतिनिधि मानकर अमरीकी समाज के बारे में अपनी राय देना सही न होगा । फिर भी भारतीय और अमरीकी समाज में एक फ़र्क मैं महसूस कर सकती हूँ — वह है पारिवारिक और सामाजिक संबंधों में फ़र्क । यहाँ लोग बहुत व्यस्त हैं, बहुत स्वावलम्बी और स्वतंत्र हैं । परिवार में एक-दूसरे के प्रति कर्त्तव्यों को जिस तरह हम भारतीय ज़रूरी मानकर चलते हैं, वैसा यहाँ कम दिखता है । लेकिन दूसरी ओर यहाँ बेकार की रोक-टोक कम है । इंसान अपनी मर्ज़ी से अपना रास्ता चुनता है । लड़की हो या लड़का उसे अपना जीवन स्वयं बनाना है ।

मेरी पढ़ाई ठीक चल रही है । मुझे अपनी क्लासें बहुत पसन्द हैं । मुझे आशा है कि वहाँ घर में सब लोग ठीक होंगे । सबको मेरी नमस्ते कहना । तुम भी पत्र जल्दी-जल्दी लिखना ।

तुम्हारी बहन,
संगीता

चार पत्र

(एक)

प्रिय *	A	dear
सैली	P.N.(F)	Sally
वायदा	M	promise .
के अनुसार	Post	according to; in conformity with
थकना *	Intr	to be tired ·
हवाई अड्डा	M	airport
राजीव	P.N.(M)	Rajiv
मामा	M	uncle (mother's brother)
मामी	F	aunt (mother's brother's wife)
ख़ासतौर से / पर *	Adv	especially, specifically
महसूस *	A	perceived; felt; experienced
महसूस होना	Ind. Intr	to be felt/ experienced; to be perceived
महसूस करना	Tr	to feel; to perceive .
भीड़	F	crowd ·
ग़रीबी *	F	poverty
हालाँकि *	Conj	though, although
की तुलना में	Post	in comparison with .
आँख	F	eye
असर	M	effect; influence; impression
आमतौर से / पर *	Adv	generally

ज़रूरियात	F pl	necessities, requirements, • needs
मूल्य *	M	price; value, worth
फ़ज़ूलख़र्च	A	extravagant •
ध्यान	M	attention; concentration of the mind; care
X का ध्यान रखना	Tr	to take care of X •
अनुभव *	M	experience •
मेहमान *	M	guest
ख़ातिर *	F	hospitality
नाना	M	grandfather (maternal)
नानी	F	grandmother (maternal)
संयुक्त परिवार	M	joint family
आम	A	common; general
अक्सर / अकसर *	Adv	often
पीढ़ी *	F	generation
साथ-साथ *	Adv	together; side by side •
के साथ-साथ	Post	together with, along with
चहल-पहल	F	hustle and bustle; gaiety, merriment
उत्सुक	A	curious; eager •
के विषय में	Post	about; in relation to
समाप्त करना	Tr	to end, to finish •
स्कॉट	P.N.(M)	Scott

प्रशंसा	F	praise
जल्दी से जल्दी	Adv	as soon as possible
सुन्दरता	F	beauty
चकित	A	amazed; surprised
संगमरमर	M	marble
मक़बरा	M	tomb
शाहजहाँ	P.N.(M)	Shahjahan
मुमताज़ महल	P.N.(F)	Mumtaz Mahal
याद *	F	memory, remembrance
बगीचा / बग़ीचा	M	garden
बनवाना	Tr	to have made
नहर	F	canal; waterway
फव्वारा	M	fountain
पंक्ति	F	line; row
जगह-जगह	Adv	everywhere; here and there
क्यारी	F	bed (of a garden or field)
रंग-बिरंगा	A	multicolored
विशाल	A	huge, large
चबूतरा	M	a raised platform
कोना	M	corner
मीनार	F	minaret
क़ब्र	F	grave
गुम्बद	M	dome; vault
छत	F	ceiling; roof
नक़्क़ाशी	F	engraving, carving

कुशल	A	skilled; skillful, proficient
कारीगर	M	artisan, craftsman •
बुलवाना	Tr	to cause to be called/summoned
हज़ार	A	thousand
मज़दूर *	M	laborer, worker
लगातार *	Adv	continuously •
काम में लगना	Intr	to be engaged in work •
निशानी	F	souvenir; memorial
ख़र्च / ख़र्चा *	M	expenditure, expense
ख़र्च / ख़र्चा करना	Tr	to spend •
पूर्णिमा	F	the night or day of the full moon •
चाँदनी	F	moonlight
सुन्दरता	F	beauty
शब्द	M	word
चाँद	M	moon
छिटकना	Intr	to be spread; to be scattered •
यमुना नदी	P.N.(F)	the river Yamuna
बहना	Intr	to flow •
चमकना	Intr	to shine •
दृश्य	M	sight; scene
आँख	F	eye
बसना	Intr	to reside; to settle; to be located •
आँखों में बसना	Intr	here: to be imprinted on the memory

आशा *	F	hope
राजस्थान	P.N.(M)	Rajasthan
जयपुर	P.N.(M)	Jaipur
उदयपुर	P.N.(M)	Udaipur
जयसलमेर	P.N.(M)	Jaisalmer
बम्बई	P.N.(M)	Bombay (Mumbai)
अजन्ता	P.N.(F)	Ajanta
एलोरा	P.N.(F)	Ellora
गुफा	F	cave
असंभव	A	impossible

(तीन)

आदरणीय *	A	respected, esteemed
सादर	A	respectful
प्रणाम	M	respectful greetings
सकुशल	A	with happiness and well-being
परिचित	A	acquainted
फ़र्क़ *	M/A	difference; different
मौक़ा *	M	time, occasion; opportunity
अकेलापन	M	loneliness
एकदम	Adv	in a moment/breath, immediately; here: very
पहाड़ी	F	low hill
पौधा	M	plant; shrub
सैर *	F	stroll; outing; trip, tour
सभ्यता *	F	civilization

अंतरराष्ट्रीय भवन	P.N.(M)	International House
अनेक	A	many; various
रूप *	M	form; appearance; beauty ·
मिल-जुलकर	Adv	together, collectively, in a concerted manner
अन्य	A	other ·
परंपरा / परम्परा	F	tradition ·
वातावरण	M	atmosphere; environment
सदस्य	M	member
भेजना *	Tr	to send
दादी	F	grandmother (paternal)
दादा	M	grandfather (paternal)
X की याद आना *	Ind. Intr	to remember X ·
प्यारा	A	dear
संगीता	P.N.(F)	Sangeeta

(चार)

सुनन्दा	P.N.(F)	Sunanda
जीवन	M	life ·
आधार	M	base; basis
के आधार पर	Post	on the basis of
विचार	M	idea, thought; view, opinion ·
दिशा	F	direction
विषय	M	subject; topic
दिलचस्पी *	F	interest
तो भी *	Conj	even then, still, nevertheless

भिन्न-भिन्न	A	different; separate; various
उदाहरण *	M	example
साइंस	M	science
इतिहास	M	history
संगीत	M	music
आदि	Adv	et cetera (etc.)
शिक्षा	F	education
व्यवस्था	F	system; arrangement
ज्ञान	M	knowledge
विस्तृत	A	extensive; enlarged
छोटा-मोटा	A	minor, insignificant; ordinary
नौकरी *	F	job, employment
प्रोफ़ेसर	M	professor
रिसर्च प्रोजेक्ट्स	M	research projects
पढ़ाई *	F	study, education, learning
ख़र्चा उठाना	T r	to bear an expense
पता *	M	information; address
पता चलना	Ind. Intr	to find out; to learn
आत्म-विश्वास	M	self-confidence
बढ़ना	Intr	to increase, to grow; to advance
लगन	F	devotion, perseverance
खेल	M	play; game, sport
घूमना	Intr	to take a walk, to stroll, to wander
आनन्द	M	enjoyment; joy
कभी-कभी *	Adv	sometimes, occasionally

मज़ा	M	pleasure; fun; relish
आसपास	Adv	near, around, in the vicinity
दिखाई देना	Ind. Intr	to be seen/visible (to)
समाज *	M	society
प्रतिनिधि	M	representative
मानना	Tr	to consider; to agree to; to accept
राय *	F	opinion
सही *	A	right, correct
पारिवारिक	A	familial, having to do with a family
सामाजिक	A	social
संबंध	M	relation/relationship; connection
व्यस्त	A	busy
स्वावलम्बी	A	self-reliant, self-sufficient
स्वतंत्र	A	independent, free
के प्रति	Post	towards, in regards to
कर्त्तव्य	M	duty
ज़रूरी	A	necessary, important
मानना	Tr	to presume; to agree, to accept
दिखना	Ind. Intr	to be visible/seen
बेकार *	A	useless; unemployed
रोक-टोक	F	interference, obstruction
इंसान	M	human being, person
मर्ज़ी	F	desire, will

रास्ता *	M	path, way
चुनना	T r	to select, to choose ·
स्वयं / स्वयम् *	Pro	self, oneself
	Adv	by oneself, of one's own
		accord, on one's own

३
"पंचतंत्र" से

गीदड़ गीदड़ ही है

एक दिन एक गीदड़ खाने की तलाश में जंगल से निकला, लेकिन जंगल के पास उसे कहीं खाना न मिला । लाचार होकर वह शाम को पास के एक शहर में पहुँच गया । शहर के कुत्तों ने जब गीदड़ को देखा, तो वे भौंकते हुए उसके पीछे भागे । कुत्तों से बचने के लिए गीदड़ पास के एक घर में घुस गया । यह एक रंगरेज़ का घर था । वहाँ नील के रस से भरा नाँद तैयार रखा था । कुत्तों से डरा हुआ गीदड़ अँधेरे में उस नाँद में गिर गया । जब वह उस नाँद में से निकला तो उसका शरीर नीला हो चुका था ।

जंगल में वापस आने पर गीदड़ ने देखा कि जंगल के सभी जानवर उससे डर रहे हैं । जंगल में शेर, चीते, हाथी आदि सभी इस विचित्र नीले जानवर को देखकर वहाँ से भागने की कोशिश करने लगे । चतुर गीदड़ ने जानवरों को डरते हुए देखकर कहा, "हे जंगल के जानवरो ! तुम मुझे देखकर क्यों भाग रहे हो ? डरो मत ! भगवान ने जब यह देखा कि इस जंगल के जानवरों का कोई राजा नहीं है, तो उन्होंने मुझे तुम्हारी रक्षा करने के लिए यहाँ भेजा है । उन्होंने मुझसे चलते समय कहा, 'तू जाकर इस जंगल के जानवरों का पालन कर, उनकी रक्षा कर ।' इसी कारण मैं यहाँ आया हूँ । अब तुम सब जानवरों को मेरे शासन में रहना चाहिये ।"

गीदड़ की यह बात सुनकर जंगल के सभी जानवर बहुत प्रभावित हुए । वे सभी गीदड़ से कहने लगे, "महाराज ! हमें आज्ञा दीजिये ।" तब गीदड़ ने सभी जानवरों को राज्य के अलग-अलग काम सौंपे । जैसे, उसने शेर को राज्यमंत्री का पद दिया और भेड़िये को द्वारपाल बनाया । लेकिन उसने सभी गीदड़ों को अपने राज्य से बाहर निकलवा दिया । इस तरह वह जंगल का राजा बन बैठा और सुख से रहने लगा ।

कुछ समय के बाद एक दिन जब वह अपने दरबार में बैठा था, तब उसने कुछ गीदड़ों के चिल्लाने की आवाज़ सुनी । यह आवाज़ सुनते ही ख़ुशी से उसकी आँखों में आँसू आ गये और वह भी ऊँचे स्वर में गीदड़ की तरह चिल्लाने लगा । उसका चिल्लाना सुनकर

जंगल के सब जानवर तुरंत उसे पहचान गये और बोले, "अरे, इस गीदड़ ने हमें बहुत धोखा दिया । इसे मार डालो ।" गीदड़ ने भागने की कोशिश की, लेकिन शेर, हाथी आदि सभी जानवरों ने उसे वहीं मारकर टुकड़े-टुकड़े कर डाला ।

चतुर स्त्री

किसी गाँव में एक बढ़ई रहता था । उसकी पत्नी के बहुत प्रेमी थे । इस वजह से वह गाँव में बहुत बदनाम थी । जब बढ़ई ने अपनी पत्नी की बदनामी के बारे में सुना, तो उसने मन में सोचा, "इन बातों पर विश्वास करने से पहले मुझे अपनी पत्नी की परीक्षा लेनी चाहिये ।" अगले दिन उसने अपनी पत्नी से कहा, "कल सवेरे मुझे दो-तीन दिन के लिए दूसरे गाँव जाना है । तुम रास्ते के लिए कुछ खाना बना देना ।" यह सुनकर उसकी पत्नी मन-ही-मन बहुत ख़ुश हुई और उसने जल्दी-जल्दी पति के जाने की तैयारी की ।

अगले दिन बढ़ई के जाने के बाद उसकी पत्नी अपने एक प्रेमी से मिली और बोली, "मेरा पति बाहर गया है । आज रात को सबके सो जाने के बाद तुम मेरे घर आना।" उधर, बढ़ई ने सारा दिन जंगल में बिताया । अँधेरा हो जाने पर वह पीछे के दरवाज़े से अपने घर आया और चुपचाप कमरे में पलंग के नीचे लेट गया ।

रात को उसकी पत्नी का प्रेमी आया और पलंग पर बैठ गया । पलंग के नीचे लेटा हुआ बढ़ई गुस्से में सोच रहा था, "जब ये दोनों सो जाएँगे, तो मैं इनको मार डालूँगा।" कुछ देर के बाद उसकी पत्नी आकर पलंग पर बैठ गई । बैठते वक़्त उसका पाँव बढ़ई के शरीर में लगा । वह तुरंत समझ गई कि बढ़ई ही पलंग के नीचे छिपा है । वह सोचने लगी, "मैं अब अपनी जान कैसे बचाऊँ ?" इसलिये जब उसके प्रेमी ने उसको छूना चाहा, तो वह हाथ जोड़कर बोली, "देखो भाई, मुझे मत छुओ । मैं पतिव्रता स्त्री हूँ ।" यह सुनकर उसका प्रेमी बोला, "अगर तुम पतिव्रता स्त्री हो, तो तुमने मुझे रात को क्यों बुलाया ?"

बढ़ई की स्त्री ने बड़ी गंभीरता से जवाब दिया, "आज सवेरे मैं देवी के मंदिर में गई थी । वहाँ अचानक आकाशवाणी हुई और देवी ने मुझसे कहा, 'बेटी, मैं क्या करूँ ? तू मेरी भक्त है, लेकिन छह महीने के भीतर तू विधवा हो जाएगी ।' यह सुनकर मैंने देवी से प्रार्थना

की, 'देवी मैया ! ऐसा कोई उपाय बताओ जिससे मेरा पति सौ वर्ष तक जिये ।' इस पर देवी ने कहा, 'बेटी, तू पतिव्रता स्त्री है । तेरे लिए यह काम करना बहुत मुश्किल होगा । लेकिन अगर तू अपने पति को बचाना चाहती है, तो तू आज रात को पलंग पर बैठकर किसी परपुरुष का आलिंगन करना । ऐसा करने से तेरे पति की मृत्यु उस परपुरुष पर चली जाएगी और तेरा पति सौ वर्ष तक जियेगा ।' इसीलिए मैंने तुम्हें आज रात को अपने घर बुलाया ।"

बढ़ई की पत्नी की बात सुनकर उसका प्रेमी घबराकर वहाँ से भाग गया । तभी पलंग के नीचे से बढ़ई निकला और अपनी पत्नी का आलिंगन कर बोला, "तुम धन्य हो ! मैंने गाँववालों की बातें सुनकर तुम्हारी परीक्षा लेनी चाही । लेकिन तुम सचमुच पतिव्रता स्त्री हो । गाँववाले झूठ बोलते हैं । तुमने अपने पति को मृत्यु से बचाने के लिए परपुरुष का आलिंगन तक किया । तुम धन्य हो !"

इस तरह बढ़ई की चतुर पत्नी ने कठिन समय में अपनी रक्षा की ।

हृदय और कान रहित गधा

जंगल में एक शेर रहता था । एक गीदड़ उस शेर का बहुत आज्ञाकारी सेवक था । यह गीदड़ हमेशा शेर के साथ रहता और हर तरह से उसकी सेवा करता । एक दिन हाथी के साथ लड़ाई करने के कारण शेर के शरीर में कुछ घाव हो गये । घाव बहुत गहरे थे । इसलिए शेर के लिए एक क़दम चलना भी मुश्किल हो गया । कई दिन तक शेर एक पेड़ के नीचे भूखा-प्यासा लेटा रहा । क्योंकि शेर जंगल के किसी जानवर को नहीं मार सका, इसलिए उस गीदड़ को भी खाना नहीं मिला । आख़िर भूख से परेशान होकर गीदड़ शेर से बोला, "मालिक, भूख के कारण अब मैं एक क़दम भी नहीं चल पाता । ऐसी हालत में मैं आपकी सेवा कैसे करूँ ?" शेर ने जवाब दिया, "तू जाकर कोई ऐसा जानवर ढूँढ़कर ला, जिसको मैं इस हालत में भी मार सकूँ ।"

यह सुनकर गीदड़ शेर के लिए कोई जानवर ढूँढ़ने चल पड़ा । धीरे-धीरे वह पास के एक गाँव में पहुँचा । वहाँ उसने तालाब के पास एक गधे को घास चरते हुए देखा । यह

घास सूखी और कँटीली थी और गधे को इसे खाने में मुश्किल हो रही थी। गीदड़ ने गधे के पास जाकर कहा, "मामा जी, नमस्ते। आपको बहुत दिनों से नहीं देखा है। आप इतने कमज़ोर क्यों हो गये हैं?" गीदड़ की बात सुनकर गधा बोला, "प्यारे भांजे, क्या बताऊँ? मेरा मालिक धोबी बहुत बुरा है। मुझे सारा दिन उसका भारी बोझ उठाना पड़ता है, लेकिन वह खाने के लिए अच्छी घास भी नहीं देता। इस तालाब के किनारे की सूखी-कँटीली घास खाकर ही मैं अपना पेट भरने की कोशिश करता हूँ। इसी कारण मेरा शरीर कमज़ोर हो गया है।"

गधे की यह बात सुनकर गीदड़ मन-ही-मन ख़ुश हुआ और बोला, "मामा जी, नदी के किनारे एक स्थान पर बहुत हरी घास है। मेरे साथ चलकर वहाँ रहिये।" गधे ने कहा, "वहाँ तो जंगल के जानवर रहते हैं। वे मुझे मार डालेंगे।" गीदड़ बोला, "नहीं, मामा जी। उस स्थान पर मेरी आज्ञा के बिना कोई नहीं आ सकता। और हाँ, वहाँ आपको अकेलापन भी नहीं लगेगा। वहाँ तीन जवान गधियाँ भी रहती हैं। वे भी इसी धोबी से कष्ट पाकर वहाँ आकर रहने लगी हैं। अब उन्हें अच्छा और योग्य पति चाहिये। इसी कारण मैं आपको वहाँ ले जाना चाहता हूँ।"

गीदड़ की बात सुनकर गधा उसी समय नदी के किनारे जाने के लिए तैयार हो गया। गीदड़ उसे शेर के पास ले गया। गधे को देखकर जब शेर उठने लगा तो डरकर गधा भागा। भागते हुए गधे पर शेर झपटा। लेकिन तब तक गधा दूर जा चुका था। यह देखकर गीदड़ बहुत नाराज़ हुआ और शेर से बोला, "जब आप पास आये हुए गधे को भी नहीं मार सकते, तब आप हाथी के साथ लड़ाई कैसे करेंगे?" शेर लज्जित होकर बोला, "उस समय मैं तैयार नहीं था। इसी कारण मैं उसको पकड़ नहीं सका। नहीं तो हाथी भी मेरे सामने बच नहीं सकता।" गीदड़ ने कहा, "अच्छा, मैं एक बार फिर उसे आपके पास लाऊँगा। इस बार तैयार रहना।"

यह कहकर गीदड़ गाँव की ओर चल पड़ा। उसने तालाब के पास उसी गधे को घास चरते हुए देखा। गीदड़ को देखते ही गधे ने कहा, "अरे भाई भांजे, तुम मुझे कहाँ ले गये थे? वह कौन-सा जानवर था जो मुझपर इतने ज़ोर से झपटा था?" गधे की बात सुनकर गीदड़ हँसा और बोला, "मामा जी, वह गधी आपको देखकर आपका आलिंगन करने के

लिए आपकी तरफ़ लपकी थी । लेकिन आप तो डरकर भाग आये । वह गधी आपसे प्रेम करने लगी है । वह अब आपके बिना ज़िन्दा नहीं रह सकती ।"

मूर्ख गधा गीदड़ की बात सुनकर बहुत प्रसन्न हुआ और फिर से उसके साथ शेर के पास चला गया । इस बार शेर तैयार बैठा था । उसने आसानी से गधे को मार डाला । गधे को मारने के बाद शेर ने गीदड़ से कहा, "तुम इसकी रखवाली करो । मैं नदी में नहाकर अभी आता हूँ । फिर हम दोनों इसको बाँटकर खाएँगे ।"

गीदड़ बहुत भूखा था, इसलिए वह अपने को रोक नहीं सका । उसने शेर के लौटने से पहले ही गधे का हृदय और कान खा लिये । जब शेर लौटकर आया, तो वह नाराज़ होकर बोला, "तूने ऐसा ग़लत काम क्यों किया ? तूने इस गधे का हृदय और कान खाकर इसे जूठा कर दिया है । चला जा यहाँ से ! नहीं तो मैं तुझे मार डालूँगा !" गीदड़ ने डरकर बहुत आदर से कहा, "मालिक ! ऐसा मत कहिये । इस गधे के कान और हृदय थे ही नहीं । नहीं तो यह आपको देखकर भी यहाँ दोबारा क्यूँ आता ?"

गीदड़ की बात को ठीक मानकर शेर ने गधे का मांस दो हिस्सों में बाँटा और दोनों ने आराम से पेट भरकर खाना खाया ।

"पंचतंत्र" से

गीदड़ गीदड़ ही है

गीदड़ *	M	jackal
तलाश	F	search
जंगल	M	jungle; forest
लाचार	A	helpless
कुत्ता *	M	dog
भौंकना	Intr	to bark
भागना	Intr	to run
बचना	Intr	to be saved, to escape
घुसना	Intr	to enter
रंगरेज़	M	dyer (of clothes)
नील	M	indigo (plant from which blue dye is made)
रस	M	juice; any fluid substance; here: dye
भरना *	Tr/Intr	to fill; to be filled
X से भरा	A	full of X, filled with X
नाँद	M	tub, trough, tank
डरना *	Tr (non-ने)	to fear, to be afraid
X से डरना	Tr (non-ने)	to be afraid of X
अँधेरा *	M	dark, darkness
गिरना *	Intr	to fall
शरीर *	M	body
जानवर *	M	animal

शेर *	M	lion
चीता	M	cheetah (a kind of leopard)
हाथी *	M	elephant .
आदि	Adv	et cetera (etc.)
विचित्र	A	strange
चतुर *	A	clever; shrewd ·
भगवान	M	God ‚
रक्षा	F	protection
X की रक्षा करना	Tr	to protect X
पालन	M	tending, care, looking after
X का पालन करना	Tr	to take care of X, to look after X ·
शासन	M	rule
प्रभावित	A	impressed; influenced
महाराज	M/Term of address	king; term of address for a king; 'Your Majesty'
आज्ञा	F	order, command
राज्य	M	kingdom
सौंपना	Tr	to entrust; to assign
जैसे	Adv	for example
राज्यमंत्री	M	prime minister
पद	M	rank; title; office
भेड़िया	M	wolf
द्वारपाल	M	doorkeeper; watchman
सुख	M	happiness, contentment ·
दरबार	M	(royal) court

चिल्लाना *	Tr (non- ने)	to cry (out), to scream; here: to howl
आवाज़ *	F	sound; voice
आँसू	M	tear
स्वर	M	sound; voice; tone
तुरंत	Adv	at once, immediately
पहचानना *	Tr	to recognize; to identify
धोखा *	M	deception
X को धोखा देना	Tr	to deceive X
मारना *	Tr	to hit, to beat; to kill
मार डालना	Tr	to kill
टुकड़ा	M	piece
टुकड़े-टुकड़े करना	Tr	'to make into pieces', i.e., to cut into pieces

चतुर स्त्री

स्त्री	F	woman
बढ़ई *	M	carpenter
प्रेमी *	M	lover
वजह	F	cause, reason
बदनाम *	A	notorious, infamous
बदनामी	F	notoriety, bad reputation
मन	M	mind; heart
मन ही मन	Adv	within one's mind, secretly

विश्वास *	M	belief; trust, faith; confidence
X पर विश्वास करना	Tr	to believe / trust X; to have faith in X •
परीक्षा	F	test
X की परीक्षा लेना	Tr	to test X
बिताना	Tr	to spend (time)
चुपचाप *	Adv	silently, quietly, stealthily ·
पलंग *	M	bed
लेटना *	Intr	to lie down
गुस्सा *	M	anger •
देर *	F	delay; time (period of time)
पाँव	M	foot
लगना	Intr	to be attached/connected
X में/पर लगना	Intr	'to be attached to X'; here: to touch X
छिपना	Intr	to be hidden, to hide
जान	F	life
छूना	Tr	to touch •
हाथ जोड़ना	Tr	to fold one's hands (in salutation/entreaty, etc.)
पतिव्रता	A/F	faithful to husband (said of a wife); faithful wife
शाप	M	curse ,
गंभीरता	F	seriousness •
देवी	F	goddess
अचानक *	Adv	suddenly

आकाशवाणी	F	voice from the sky, voice from heaven
भक्त	M/F	devotee
के भीतर *	Post	in, within
विधवा	F	widow
प्रार्थना *	F	prayer; request
X से प्रार्थना करना	Tr	to pray to/request X (for something)
मैया	F	mother
उपाय	M	device, means; remedy
वर्ष	M	year
जीना	Intr	to live
परपुरुष	M	man other than a woman's husband
आलिंगन	M	embrace
X का आलिंगन करना	Tr	to embrace X
मृत्यु	F	death
घबराना	Intr	to be disturbed, to be worried
धन्य	A	blessed
तुम धन्य हो !	Interjection	Blessings on you!
सचमुच *	Adv	truly
कठिन	A	difficult
रक्षा *	F	protection
X की रक्षा करना	Tr	to protect X

हृदय और कान रहित गधा

हृदय *	M	heart
कान *	M	ear
रहित	A	without
गधा *	M	donkey
आज्ञाकारी	A	obedient
सेवक	M	servant, attendant
सेवा	F	service
X की सेवा करना	Tr	to serve X
लड़ाई *	F	fight, battle; quarrel
X से लड़ाई करना	Tr	to fight/quarrel with X
घाव	M	wound
गहरा	A	deep
क़दम	M	step
भूखा *	A	hungry
प्यासा *	A	thirsty
आख़िर *	Adv	at last
परेशान	A	troubled, distressed
मालिक	M	master
हालत	F	condition
ढूँढ़ना *	Tr	to search for, to seek
चल पड़ना	Intr	to set off, to depart
धीरे-धीरे	Adv	slowly, gradually
तालाब	M	pond
घास *	F	grass
चरना	Tr	to graze

सूखा	A	dry
कँटीला	A	thorny
X को Y में मुश्किल होना	Ind. Intr	for X to have difficulty in Y
मामा	M	uncle (mother's brother)
कमज़ोर *	A	weak
प्यारा	A	dear
भांजा	M	nephew (sister's son)
धोबी	M	washerman
सारा *	A	whole, entire
भारी	A	heavy
बोझ / बोझा	M	burden, load •
किनारा	M	edge, border; bank, shore
पेट	M	stomach
स्थान	M	place
आज्ञा	F	order, command
के बिना *	Post	without •
अकेलापन	M	loneliness
जवान *	A	young
गधी	F	female donkey
कष्ट	M	suffering, pain, hardship •
योग्य	A	worthy
झपटना	Intr	to pounce
नाराज़ *	A	angry, displeased
लज्जित	A	ashamed
पकड़ना *	Tr	to catch, to grab, to hold, to seize •
बार *	F	time, occasion

ओर	F	direction
ज़ोर	M	force
आलिंगन	M	embrace
X का आलिंगन करना	Tr	to embrace X
लपकना	Intr	to rush forth
प्रेम *	M	love
X से प्रेम करना	Tr	to love X ·
ज़िन्दा	A	alive ·
मूर्ख	A	foolish, stupid
प्रसन्न	A	happy ·
आसानी	F	ease, convenience
आसानी से	Adv	easily
रखवाली	F	guarding
X की रखवाली करना	Tr	to guard X, to watch over X
नहाना *	Intr	to bathe
बाँटना *	Tr	to distribute; to divide
जूठा	A	defiled by eating, drinking, or otherwise touching (said of food, drink, etc.)
आदर	M	respect
दोबारा / दुबारा	Adv	a second time
मानना *	Tr	to accept, to agree
X की बात मानना	Tr	to heed the suggestion of X
मांस	M	meat
हिस्सा	M	part, portion; share
आराम	M	comfort, rest, leisure ·
आराम से	Adv	comfortably, at leisure

४

कुछ व्रत-कथाएँ

करवा चौथ

(एक)

प्राचीन समय में करवा नाम की एक पतिव्रता स्त्री अपने पति के साथ नदी के किनारे रहती थी । एक दिन उसका पति नदी में नहाने गया । स्नान करते समय एक मगर ने उसका पैर पकड़ लिया । उसने पास के एक पेड़ को पकड़ लिया और अपनी पत्नी करवा को ज़ोर-ज़ोर से पुकारने लगा । उसकी आवाज़ सुनकर करवा दौड़ते हुए आई और आकर उसने मगर को कच्चे धागे से बाँध दिया । मगर को बाँधकर वह यमराज के यहाँ पहुँची और यमराज से कहने लगी, "हे भगवान ! मगर ने मेरे पति के पैर को पकड़ लिया है । आप अपने बल से मगर को यमलोक में ले जाइये और मेरे पति को दीर्घायु दीजिये ।" यमराज बोले, "अभी मगर की आयु शेष है । इसलिए मैं उसको मार नहीं सकता ।" इस पर करवा ने कहा, "अगर आप ऐसा नहीं करेंगे, तो मैं आपको शाप देकर नष्ट कर दूँगी ।" पतिव्रता करवा की यह बात सुनकर यमराज डर गये । वे तुरंत करवा के साथ आये । उन्होंने उसके पति को मगर से छुड़ाकर दीर्घायु दी और मगर को यमलोक भेज दिया । चलते समय यमराज ने करवा को सुख-समृद्धि दी और यह वर भी दिया कि जो स्त्रियाँ इस दिन व्रत करेंगी, उनके सौभाग्य की मैं रक्षा करूँगा ।

उसी दिन से यह करवा चौथ मनाई जाती है और व्रत रखा जाता है ।

(दो)

सात भाइयों की बहन अपने भाइयों को बहुत प्यारी थी । वह अकेली बहन अपने सातों भाइयों की आँख की पुतली थी । करवा चौथ का दिन आया । सातों भाइयों की पत्नियों ने व्रत रखा । बहन ने भी व्रत किया । इस व्रत में सौभाग्यवती स्त्री को चंद्रमा के दर्शन से पहले कुछ नहीं खाना चाहिये । शाम होने पर भाइयों ने देखा कि बहन का मुँह

कुम्हला गया है, होंठ सूख गये हैं। भाई अपनी प्यारी बहन की इस दशा को देख न सके। इसलिए उन्होंने झूठ ही कह दिया, "चंद्रमा निकल आया है। सब लोग पूजा करके पानी पी लो।" उनकी पत्नियों ने कहा, "जब तक हम स्वयं चंद्रमा के दर्शन नहीं करेंगी, तब तक हम पानी नहीं पिएँगी। तुम चाहो, तो अपनी बहन को पानी पिला दो।"

इस पर भाइयों ने एक योजना बनाई। एक भाई जलता हुआ दिया और चलनी लेकर घर के सामनेवाले नीम के पेड़ पर चढ़ गया। उसने दिये को चलनी के पीछे कर लिया। चलनी से छनकर गोलाकार रोशनी नीम की पत्तियों पर पड़ने लगी। बाक़ी भाइयों ने कहा, "देखो ! चंद्रमा नीम के पीछे है। तुम लोग अब पानी पी लो।" और स्त्रियों ने तो विश्वास नहीं किया पर बहन ने विश्वास कर लिया। बहन ने जल्दी-जल्दी पूजा की और कुछ खाकर पानी पी लिया। इसी दोष से उसका पति मर गया।

जब लोगों को सब बात मालूम हुई, तब उन्होंने बहन से कहा, "अनजाने में तुमने चंद्रमा के दर्शन किये बिना पानी पी लिया। इसी वजह से तुम्हारा पति मर गया। अब तुम अपने पति के शरीर को सुरक्षित रखो। अगले वर्ष जब करवा चौथ फिर आएगी, तब विधिपूर्वक व्रत करना। करवा चौथ की कृपा से तुम्हें अपना पति अवश्य वापस मिलेगा।"

दूसरे वर्ष हमेशा की तरह फिर करवा चौथ आई। इस बार बहन ने विधिपूर्वक व्रत किया और जब चंद्रमा निकलकर डूबने जा रहा था तभी उसने पूजा करके पानी पिया। व्रत के प्रताप से बहन को अपना पति फिर से मिल गया और वह सुख से रहने लगी।

भैया दूज

(एक)

बहुत दिन पहले की बात है कि सूर्य भगवान की पत्नी संज्ञा की दो संतानें हुईं। लड़के का नाम यमराज था और लड़की का नाम यमुना था। अपने पति सूर्य की तेज़ गर्मी के कारण संज्ञा उत्तरी ध्रुव में छाया बनकर रहने लगी। छाया के रूप में उसने ताप्ती नदी, शनिश्चर और अश्विनी कुमार को जन्म दिया। छाया की देह में होने के कारण, संज्ञा यमुना और यमराज से सौतेली माँ की तरह व्यवहार करने लगी। उससे दुखी होकर

यमराज ने यमलोक बसाया और पापियों को दंड देने का काम शुरू किया । जब यमुना ने देखा कि भाई यमराज चले गये हैं, तो वह भी चली गई और ब्रजभूमि में आकर मथुरा के विश्रांत घाट पर रहने लगी ।

बहुत समय बाद यमराज को अपनी बहन की याद आई । उन्होंने यमुना को ढूँढ़ने के लिए अपने दूत भेजे । यमदूत ढूँढ़ते-ढूँढ़ते मथुरा पहुँचे, लेकिन यमुना ने उनसे मिलना स्वीकार नहीं किया । तब लज्जित होकर यमराज स्वयं यमुना बहन के घर विश्रांत घाट पर आये । जब यमुना ने सुना कि भाई आये हैं, तो वह दौड़कर बाहर आई । वह भाई को बहुत आदर से अपने घर में ले गई और वहाँ भोजन आदि से उनका सत्कार किया । उससे प्रसन्न होकर यमराज ने यमुना से कोई वर माँगने को कहा । यमुना ने कहा, "जो भी मेरे जल में नहाए, वह यमलोक न जाए ।" यह सुनकर यमराज ने घबराकर कहा, "यमुना, तू तो हज़ारों कोस बहती है । तेरे जल में नहानेवाले सब लोग अगर मेरे लोक में न आएँ, तो मेरा लोक उजड़ जाएगा ।" इस पर यमुना बोली, "अगर तुम ऐसा नहीं कर सकते हो, तो यह वर दो कि जो भाई आज के दिन बहन के घर भोजन करे और बहन के साथ इसी घाट पर मेरे जल में स्नान करे, वह यमलोक न जाए ।" प्रसन्न होकर यमराज ने कहा, "यह बात मुझे स्वीकार है ।"

तभी से भैया दूज का त्यौहार मनाया जाता है । इस दिन अपने भाइयों के माथे पर तिलक लगाकर और उनको भोजन कराकर बहनें उनकी दीर्घायु की प्रार्थना करती हैं ।

(दो)

एक भाई और एक बहन थे । बहन का विवाह बहुत दूर हुआ था । भैया दूज का दिन आया । भाई माँ से बोला, "माँ, सब तैयारी कर दो । मैं बहन के घर भैया दूज का तिलक लगवाने के लिए जाऊँगा । नहीं तो, बहन बहुत दुखी होगी ।" माँ कभी पूजा-पाठ नहीं करती थी, जिसके कारण सब देवी-देवता उससे अप्रसन्न थे । इसलिये भाई जब सामान बाँधकर चला, तब रास्ते में नाग-नागिन उसको काटने के लिए दौड़े । भाई ने उनसे प्रार्थना की, "जब मैं बहन के घर से लौटूँगा, तब जो चाहो, करना ।" जंगल में बाघ-बाघिन उसे खाने को लपके । उनसे भी उसने यही प्रार्थना की, "जब मैं बहन के घर से

38

लौटूँगा, तब जो चाहो, करना ।" आगे चलकर हरहराती गंगा-यमुना मिलीं । वे भाई को अपनी लहरों में डुबाने को तैयार थीं । उनसे भी भाई ने यही प्रार्थना की, "जब मैं बहन के घर से लौटूँगा, तब जो चाहो, करना ।"

इस तरह सब मुसीबतों को टालता हुआ भाई अपनी बहन के घर पहुँचा । बहन ने जल्दी-जल्दी उसके लिए खीर-पूरी बनाई । तिलक लगाकर उसने भाई को बहुत प्यार से खीर-पूरी खिलाई । भाई खा-पीकर लौट चला । एक पूरी बच गई थी । बहन ने वह पूरी कुत्ते के आगे डाल दी । कुत्ता पूरी खाते ही ऐंठ गया । बहन ने डरकर कहा, "हे भगवान ! यह क्या हुआ ? मेरे भाई का भी कहीं ऐसा ही हाल न हो !" वह नंगे पाँव अपने भाई को ढूँढ़ने के लिए बाहर भागी । थोड़ी ही दूर पर उसने देखा कि उसका भाई पेड़ के नीचे ऐंठा पड़ा है । बहन वहीं बैठकर रोने लगी ।

उधर से शिव-पार्वती जा रहे थे । पार्वती जी ने पूछा, "क्या हो गया, बेटी ?" बहन ने कहा, "क्या बताऊँ, पार्वती माँ ! मेरा भाई आज भैया दूज के दिन मेरी खीर-पूरी खाकर मर गया है । अब क्या करूँ ?" पार्वती जी को बहन पर दया आ गई । उनके आग्रह से शिव जी ने भाई को फिर से जीवित कर दिया ।

भाई आँखें मलता हुआ उठा और बोला, "आज मैं बहुत सोया ।" तब बहन ने उसे सारी बात सुनाई और बताया कि शिव-पार्वती की कृपा से वह बच गया । भाई ने कहा, "यहाँ तो तुमने मुझे बचा लिया, लेकिन यहाँ से घर तक कौन बचाएगा ?" जब बहन ने रास्ते का सारा हाल सुना तो वह भाई से बोली, "तुम मेरे घर लौटकर चलो । मैं तुम्हारे साथ चलूँगी ।" घर आकर उसने कुछ सामान तैयार किया : नाग-नागिन के लिए दूध, बाघ-बाघिन के लिए मांस, गंगा-यमुना के लिए चुनरी और पियरी ।

सब सामान लेकर वह अपने भाई के साथ चली । रास्ते में जो-जो मिला, सबकी पूजा की । नाग-नागिन को दूध और बाघ-बाघिन को मांस दिया । गंगा-यमुना को चुनरी और पियरी चढ़ाई । सभी बहुत प्रसन्न हुए । इस तरह वह अपने भाई को बचाकर घर लाई और अपनी माँ से बोली, "माँ, तुम्हारे पूजा-पाठ न करने से आज भाई को बहुत मुसीबतों का सामना करना पड़ा । लेकिन भगवान की कृपा से सब टल गई ।" सब बात सुनकर माँ ने लड़की की बहुत प्रशंसा की और तब से सभी देवी-देवताओं की पूजा करने लगी ।

कुछ व्रत-कथाएँ

करवा चौथ

(एक)

व्रत *	M	vow; religious fast (Hindu)
व्रत-कथा	F	story told on the occasion of a religious fast
व्रत करना	Tr	to fast •
व्रत रखना	Tr	to keep a fast
करवा	P.N. (F)	Karva, name of a woman
चौथ	F	fourth day of the lunar fortnight
प्राचीन	A	ancient
पतिव्रता	A/F	faithful to her husband (said of a wife); faithful wife
स्नान	M	bath
स्नान करना	Tr	to bathe
मगर *	M	crocodile
पैर *	M	foot; leg
ज़ोर *	M	force •
ज़ोर से	Adv	with force; loudly
पुकारना	Tr	to call, to cry out
दौड़ना *	Intr	to run .
धागा	M	thread
कच्चा धागा	M	weak thread
बाँधना *	Tr	to tie, to tie up

यमराज	P.N.(M)	Yama, the Hindu god of death
के यहाँ *	Post	at the place/home of (someone)
बल	M	strength, power
यमलोक	M	Yama's world, the world of the dead
आयु	F	age, life span
दीर्घायु	F	long life, longevity •
शेष	A	remaining, left
शाप	M	curse
नष्ट	A	destroyed
नष्ट करना	Tr	to destroy .
छुड़ाना	Tr	to release, to set free
सुख *	M	happiness, joy; contentment
समृद्धि	F	prosperity
वर	M	boon
सौभाग्य	M	good fortune; the state of a woman whose husband is alive
मनाना *	Tr	here: to celebrate, to observe (a custom, tradition, festival, etc.)

(दो)

प्यारा *	A	beloved, dear •
अकेला *	A	alone; sole, only •

आँख की पुतली	F	'the pupil of the eye', i.e., the apple of a person's eye, the pet, the darling
सौभाग्यवती	A (F)	fortunate (refers specifically to the good fortune of a woman whose husband is alive)
चंद्रमा	M	moon
दर्शन	M	sight, view, appearance; view of a revered or holy place, person or object
X का दर्शन करना	Tr	to have a view of X (a revered or holy place, person or object)
मुँह *	M	mouth; face
कुम्हलाना	Intr	to fade, to wither, to lose luster
होंठ / ओंठ *	M	lip
सूखना	Intr	to become dry
दशा	F	condition, state
निकलना *	Intr	to come out
पूजा	F	worship
पूजा करना	Tr	to worship, to perform a religious ceremony
पिलाना	Tr	to make someone drink °
योजना	F	plan, scheme •

जलना *	Intr	to burn •
दिया	M	lamp
चलनी / छलनी	F	sieve
नीम (का पेड़)	M	the <u>neem</u> (margosa) tree
चढ़ना *	Intr	to go up, to climb •
छनना	Intr	to be filtered
गोलाकार	A	round, spherical
रोशनी	F	light
पत्ती	F	leaf
पड़ना *	Intr	to fall; to lie (down)
बाक़ी *	A	remaining; the rest of
और *	A	other
पर *	Conj	but
विश्वास	M	belief; confidence; faith
विश्वास करना	Tr	to believe •
दोष	M	fault, mistake •
अनजाने (में)	Adv	unknowingly, unwittingly
(के) बिना	Post	without
सुरक्षित	A	well-protected, safe, secure
वर्ष	M	year
विधि	F	law, rule, prescribed act •
विधिपूर्वक	Adv	duly, according to prescription
कृपा *	F	grace, favor; kindness •
अवश्य	Adv	certainly
वापस मिलना	Ind. Intr	to get back

| डूबना | Intr | to sink, to set (sun, moon, stars) |
| प्रताप | M | glory; grace |

<h2 style="text-align:center">भैया दूज</h2>
(एक)

भैया	M	brother
दूज	F	second day of the lunar fortnight
सूर्य	P.N. (M)	Surya, the sun god
भगवान	M	Lord
संज्ञा	P.N. (F)	Sanjna, the wife of Surya
संतान	F	offspring
यमराज	P.N. (M)	Yama, the Hindu god of death
यमुना	P.N. (F)	Yamuna, the Yamuna River
तेज़	A	sharp, acute; here: fierce
उत्तरी ध्रुव	M	the north pole
छाया	F	shade, shadow
बनना *	Intr	to become
ताप्ती (नदी)	P.N. (F)	the Tapti River
शनिश्चर	P.N. (M)	the planet Saturn
अश्विनी कुमार	P.N. (M pl)	the Ashwins, twin deities who appear before dawn in a horse-drawn carriage and are the physicians of the gods

जन्म *	M	birth
जन्म देना	Tr	to give birth
देह	F	body
सौतेली माँ	F	stepmother
व्यवहार	M	behavior
व्यवहार करना	Tr	to behave
दुखी *	A	unhappy, sad
यमलोक	M	Yama's world, the world of the dead
बसाना	Tr	to found (a settlement)
पापी	M	sinner
दंड	M	punishment
दंड देना	Tr	to punish
बृजभूमि	F	the tract of land around and near Mathura where Lord Krishna is supposed to have been raised
मथुरा	P.N. (M)	Mathura, city on the Yamuna River sacred to Krishna
घाट	M	ghat (steps going down into a river), bathing place on the bank of a river, wharf
विश्रांत घाट	P.N. (M)	Vishrant Ghat, name of a ghat in Mathura
दूत	M	messenger
यमदूत	M	messenger of Yama
स्वीकार	A	accepted

45

स्वीकार करना	Tr	to accept
X को स्वीकार होना	Intr	to be acceptable to X
लज्जित	A	ashamed
आदर *	M	respect
भोजन	M	food, meal
भोजन करना	Tr	to eat a meal, to have a meal
आदि *	Adv	et cetera (etc.)
सत्कार	M	hospitality, welcome ‚
X का सत्कार करना	Tr	to welcome X ‚
प्रसन्न *	A	happy, pleased
वर	M	boon
माँगना *	Tr	to ask for (something) ‚
जल	M	water ‚
घबराना *	Intr	to be upset; to worry; to be nervous
हज़ार *	A	one thousand, 1000
कोस	M	kos, a measurement of distance equivalent to two miles
बहना *	Intr	to flow
लोक	M	world
उजड़ना	Intr	to be/to become deserted
आज के दिन	Adv	today, on this day
त्यौहार *	M	festival
माथा	M	forehead
तिलक	M	tilak (an ornamental religious marking put on the forehead)

लगाना *	Tr	to affix, to apply

(दो)

विवाह	M	marriage •
तैयारी *	F	preparation
तैयारी करना	Tr	to prepare
X लगवाना	Tr	to have someone affix/apply X
पाठ	M	lesson; reading (of religious books)
पूजा-पाठ करना	Tr	to worship and read religious books
देवता *	M	god
अप्रसन्न	A	unhappy, displeased •
नाग	M	snake
नागिन	F	female snake
काटना	Tr	to bite
बाघ	M	tiger
बाघिन	F	female tiger
लपकना	Intr	to rush forth, to spring
आगे चलकर	Adv	further on
हरहराना	Intr	to ripple
गंगा	P.N. (F)	the Ganga (Ganges) River
लहर	F	wave
डुबाना	Tr	to immerse; to drown
मुसीबत *	F	trouble, difficulty •

टालना	T r	to postpone, to put off ،
खीर	F	kheer (a kind of sweet pudding)
पूरी	F	puri (a kind of wheat bread fried in oil)
खिलाना	T r	to feed
बचना	Intr	to be saved; to remain, to be left over
डालना *	T r	to put in; to pour; to drop
ऐंठना	Intr	to become rigid, to stiffen
हाल *	M	condition, state; account
नंगा	A	naked, bare
नंगे पाँव	A	barefooted
शिव	P.N. (M)	the god Shiva
पार्वती	P.N. (F)	Parvati, Shiva's consort
दया	F	compassion, mercy
X पर दया आना	Ind. Intr	to feel compassion for X
आग्रह	M	insistence
जीवित	A	alive ،
मलना	T r	to rub
मांस *	M	meat
चुनरी	F	chunari (long scarf; here: a red scarf)
पियरी	F	piyari (a particular type of yellow sari)
पूजा *	F	worship
X की पूजा करना	T r	to worship X

चढ़ाना	Tr	to raise, to cause to go up; here: to make an offering (to a deity)
सामना	M	confrontation •
X का सामना करना	Tr	to confront X •
टलना	Intr	to be avoided, to be • postponed, to be put off
प्रशंसा	F	praise
X की प्रशंसा करना	Tr	to praise X

५
"रामायण" से

(एक)
महर्षि वाल्मीकि

रामायण के रचयिता ऋषि वाल्मीकि को 'आदिकवि' भी कहा जाता है । अपने जीवन के शुरू में वाल्मीकि लुटेरे थे । वे जंगल में रहते थे और बटोहियों को लूट-मार कर अपना और अपने परिवार का पेट पालते थे ।

एक दिन संयोग से सप्तऋषि उसी जंगल से होकर कहीं जा रहे थे । वाल्मीकि उन्हें देखते ही अपनी लाठी लेकर उनके सामने पहुँच गये और गरजते हुए बोले, "रुको ! कहाँ जा रहे हो ? जानते नहीं, यहाँ मेरा राज्य है ?"

सप्तऋषि वाल्मीकि की बात सुनकर चौंक गये । उनमें से एक ने कहा, "भाई, यहाँ आपका राज्य है, यह तो अच्छी बात है । लेकिन क्या अपने राज्य में लोगों को इस तरह सताना ठीक है ?" इस पर वाल्मीकि ने ज़ोर से कहा, "ज़्यादा बातें मत करो ! तुम्हारे पास जो कुछ है, मुझे दे दो ! हमारे राज्य का यही नियम है ।"

ऋषियों ने वाल्मीकि को बताया, "भाई, हम तो सन्यासी हैं । हमारे पास तुम्हें देने के लिए कुछ भी नहीं है ।" वाल्मीकि ने अपनी चंचल आँखों से देख लिया कि सचमुच एक छोटे से लोटे के अलावा उनके पास कुछ नहीं है । इसलिए वाल्मीकि ने लोटे की ओर इशारा करके ऋषियों से कहा, "अच्छा, तो यह लोटा ही दे दो ।" बेचारे सप्तऋषियों के लिए उस लोटे के बिना लंबी यात्रा करना बहुत कठिन होता, लेकिन वे बेकार में झगड़ा नहीं करना चाहते थे । अपना लोटा देते हुए उन्होंने पूछा, "भाई, हमें लोटा देने में कोई आपत्ति नहीं है, लेकिन हम यह जानना चाहते हैं कि तुम यह नीच काम किसलिए करते हो ?"

वाल्मीकि ने जवाब दिया, "मेरे ऊपर एक बड़े परिवार का बोझ है । अपना और अपने परिवार का पेट पालने के लिए मुझे यह काम करना पड़ता है ।" यह सुनकर एक ऋषि ने बड़ी गंभीरता से कहा, "भाई, एक बात सोचो । तुम्हारा परिवार तुम्हारे इस पाप की कमाई को खाता है । क्या वे लोग इस पाप का उत्तरदायित्व भी बँटाने को तैयार हैं ?"

वाल्मीकि ने बड़े विश्वास से कहा, " ज़रूर ! जब खाते हैं, तो क्यों नहीं बँटाएँगे ?" इस पर ऋषि बोले, "ज़रा अपने परिवारवालों से इसके बारे में पूछकर आओ ।"

वाल्मीकि अपने परिवार के लोगों से अपने पाप के बँटवारे की बात पूछने गये । जब वह लौटे तो वह बहुत उदास थे । हाथ जोड़कर बोले, "पूज्य ऋषियो ! आपने मेरी आँखें खोल दीं । मेरे परिवारवालों में से कोई भी मेरे पापों को बँटाने को तैयार नहीं है ।" एक ऋषि ने वाल्मीकि को समझाते हुए कहा, "तुम दुखी मत हो । उसमें उनका कोई दोष नहीं है । पाप और पुण्य तो पैसे की तरह बाँटे नहीं जा सकते ।"

पछताते हुए वाल्मीकि ने कहा, "अब मैं क्या करूँ ? अपने जीवन में मैंने बहुत पाप किये हैं ।अब मेरा उद्धार कैसे होगा ?" ऋषियों ने वाल्मीकि को बताया, "भाई, राम का नाम सब पापों को नष्ट कर सकता है ।तुम राम-नाम जपने की कोशिश करो ।" वाल्मीकि ने अपनी लाठी वहीं फेंक दी और तुरंत राम-नाम जपने लगे । कहते हैं कि शुरू में वह 'राम-राम' नहीं बोल सके । हिंसक स्वभाव के कारण मुँह से 'मरा-मरा' ही निकलता था । लेकिन उन्होंने अपनी कोशिश नहीं छोड़ी । एक बार जब वह जप करने के लिए बैठे, तो उठना ही भूल गये । धीरे-धीरे उनके शरीर पर दीमकों ने अपनी दीवार खड़ी कर दी । दीमकों की दीवार को संस्कृत में 'वाल्मीक' कहते हैं । शरीर पर दीमकों की दीवार बन जाने के कारण ही वह 'वाल्मीकि' कहलाने लगे ।

एक दिन वाल्मीकि नदी के किनारे पर बैठे थे । सामने एक पेड़ पर क्रौंच-क्रौंची का एक जोड़ा किलोल कर रहा था । अचानक क्रौंच को एक शिकारी का तीर लगा और वह मरकर गिर पड़ा । अपने साथी को मरा हुआ देखकर क्रौंची दुखी होकर रोने लगी । वाल्मीकि को इस घटना से बड़ा दुख हुआ । उसी दुख में अचानक उनके मुँह से कविता की कुछ पंक्तियाँ निकलीं । इन पंक्तियों का छंद बाद में श्लोक कहलाया । क्योंकि 'दुख' को संस्कृत में 'शोक' भी कहते हैं, इसीलिए कहा जाता है कि 'शोक से श्लोक निकला' ।

धीरे-धीरे वाल्मीकि के मुँह से श्लोक की धारा बहने लगी और उन्होंने रामचंद्र के सुन्दर चरित्र पर संस्कृत में रामायण लिखी ।

(दो)
राम को वनवास

प्राचीन काल में दशरथ नाम के राजा अयोध्या में राज्य करते थे । उनकी तीन रानियाँ थीं । सबसे बड़ी रानी कौशल्या के बेटे का नाम राम था । दूसरी रानी सुमित्रा के दो लड़के थे, लक्ष्मण और शत्रुघ्न । तीसरी रानी कैकेयी का एक बेटा था । उसका नाम भरत था । चारों भाइयों में परस्पर बहुत प्यार था ।

जब राजा दशरथ बूढ़े हो गये, तब उन्होंने सोचा कि उन्हें अपने सबसे बड़े बेटे राम को युवराज का पद दे देना चाहिये । राम सर्वगुण सम्पन्न थे और जनता उन्हें बहुत प्यार करती थी । जब अयोध्या में राम को युवराज बनाने की तैयारियाँ हो रही थीं, तभी रानी कैकेयी ने अपनी दासी मंथरा के परामर्श पर उस कार्य में बाधा डाल दी । बहुत दिन पहले एक युद्ध में कैकेयी ने दशरथ के जीवन की रक्षा की थी । इससे प्रसन्न होकर राजा दशरथ ने कैकेयी से दो वर माँगने को कहा था । कैकेयी ने उस समय अपने वर नहीं माँगे थे और कहा था, "अभी तो मेरे पास सब कुछ है । भविष्य में कभी आपसे अपने ये दो वर माँग लूँगी ।"

अयोध्या में जब राम के राज-तिलक समारोह की तैयारियाँ हो रही थीं, उसी समय कैकेयी ने दशरथ से अपने वे दो वर माँगे । पहला वर यह था कि राम के स्थान पर भरत को अयोध्या का राज मिले और दूसरा यह कि राम चौदह वर्ष तक वन में रहें । जब राजा ने कैकेयी के ये शब्द सुने तो उन्हें बहुत शोक हुआ और वे रात-भर सो न सके । अगले दिन जब राम ने अपने पिता के दुख का कारण सुना तो उन्होंने अपने पिता के वचनों को पूरा करने के लिए सहर्ष भरत को अयोध्या का राज्य देना और चौदह वर्ष के लिए वन में रहना स्वीकार किया । राम के वन जाने का समाचार सुनकर उनकी पत्नी सीता और छोटे भाई लक्ष्मण भी हठ करके उनके साथ वन जाने को तैयार हो गये । अपने प्रिय राम को वन जाते देख अयोध्या के वासियों को बहुत दुख हुआ । उस समय कैकेयी के पुत्र भरत अपने नाना के घर गये हुए थे और उनके साथ शत्रुघ्न भी । राम, सीता और लक्ष्मण के वन जाने के कुछ ही समय बाद राजा दशरथ की इसी शोक में मृत्यु हो गई । तब अयोध्या के राजगुरु वसिष्ठ ने तुरंत राजकुमार भरत और शत्रुघ्न को अयोध्या वापस बुलाने के लिये दूत भेजे ।

अयोध्या लौटने पर जब भरत और शत्रुघ्न ने राजा दशरथ की मृत्यु और राम, सीता और लक्ष्मण के वनवास का समाचार सुना तो वे अपने कानों पर विश्वास न कर सके । यह जानकर कि यह सब उनकी माता ने उन्हें राज्य दिलाने के लिये ही किया है, भरत को अपनी माता पर बहुत क्रोध आया । वे स्वयं अपने को धिक्कारने लगे कि मेरे कारण ही मेरे पिता की मृत्यु हुई और राम, सीता और लक्ष्मण को चौदह वर्ष का वनवास लेना पड़ा । ऐसी स्थिति में उन्हें अयोध्या का राजा बनना नहीं स्वीकार था । अतः उन्होंने निश्चय किया कि वे वन जाकर राम, लक्ष्मण और सीता को वापस अयोध्या लौटने को कहेंगे और उनके स्थान पर स्वयं चौदह वर्ष का वनवास करेंगे । यह निर्णय करके वे चित्रकूट पहुँचे, जहाँ राम, सीता और लक्ष्मण दो कुटियों में रहते थे । उनके साथ शत्रुघ्न, राजा दशरथ की तीनों रानियाँ, राजगुरु वसिष्ठ और कुछ प्रजा के लोग भी गये । भरत ने राम से अयोध्या वापस लौटने का बहुत आग्रह किया लेकिन राम न माने । वे अपने मृत पिता के वचन नहीं तोड़ना चाहते थे और भरत अयोध्या का राज्य नहीं स्वीकार करना चाहते थे । अंत में राम के बहुत समझाने पर भरत ने यह स्वीकार किया कि वे राम के वापस लौटने तक चौदह वर्ष के लिये अयोध्या का राज्य संभालेंगे । परन्तु अयोध्या के राज-सिंहासन पर राम के स्थान पर उनकी पादुकाएँ ही होंगी । भरत केवल राज्य के संगरक्षक के रूप में अयोध्या का राज्य-कार्य संभालेंगे । भरत स्वयं भी चौदह वर्ष तक अयोध्या नगर के बाहर नंदिग्राम में कुटि बनाकर वनवासी की तरह रहे ।

(तीन)
केवट-प्रसंग

अयोध्या का राज्य त्यागकर राम, लक्ष्मण और सीता के साथ, वन में गये । रास्ते में उन्हें गंगा पार करनी थी । गंगा के किनारे आकर राम ने केवट को बुलाया और नाव लाने को कहा । लेकिन केवट ने राम की बात अनसुनी कर दी और नाव नहीं लाया । राम ने सोचा, "क्योंकि मैं तपस्वी के वेश में हूँ इसलिए शायद केवट सोच रहा है कि मुझे गंगा के

पार ले जाने का पैसा नहीं मिलेगा।" इसलिए उन्होंने केवट से कहा, "भाई, हमें गंगा के पार जाना है। इसके लिए जो तुम कहोगे, वही दूँगा।"

राम के ये वचन सुनकर भी केवट पास नहीं आया। दूर से ही बोला, "आप अयोध्या के राजकुमार राम हैं, न ? मैंने आपके बारे में सुना है। लोग कहते हैं कि आपके चरणों की धूल मनुष्य बना देनेवाली कोई जड़ी है। उससे पत्थर की शिला भी सुंदर स्त्री बन जाती है। मेरी नाव तो लकड़ी की ही बनी है। लकड़ी पत्थर से कठोर तो होती नहीं। आपके चरणों की धूल से यदि मेरी लकड़ी की नाव भी स्त्री बन जाये, तो मैं क्या करूँगा ? मैं बहुत ग़रीब हूँ। मेरे पास केवल यही नाव है। मैं इसी नाव से अपने सारे परिवार का पालन करता हूँ। इसके बिना मेरा परिवार भूखा मर जाएगा।"

केवट के ये शब्द सुनकर राम और लक्ष्मण मुस्कुराये, लेकिन सीता केवट की यह बात नहीं समझ सकीं। सीता के पूछने पर राम ने उन्हें अहल्या की कहानी सुनाई : "एक बार ऋषि विश्वामित्र के साथ मैं और लक्ष्मण गौतम मुनि के आश्रम में पहुँचे। वह सुंदर आश्रम सुनसान पड़ा था। हमने जब इसका कारण पूछा तो ऋषि विश्वामित्र ने हमें बताया, 'पहले यहाँ गौतम मुनि अपनी सुंदर पत्नी अहल्या के साथ रहते थे। देवताओं के राजा इंद्र अहल्या की सुंदरता पर मोहित हो गये। एक दिन जब गौतम मुनि आश्रम में नहीं थे तो राजा इंद्र गौतम मुनि का रूप धरकर आश्रम में आये। अहल्या इंद्र को गौतम मुनि के वेश में पहचान गई, लेकिन अपनी सुंदरता के गर्व में वह अपना धर्म भूलकर इंद्र की इच्छा के सामने झुक गई। इसी पाप के कारण उसे गौतम मुनि ने शाप दिया और वह पत्थर की शिला बन गई। गौतम मुनि ने अहल्या को शाप देते समय कहा था कि बहुत दिनों बाद दशरथ के पुत्र राम जब इस आश्रम में आएँगे, तब उनके चरणों की धूल से ही तुम इस शाप से मुक्त होगी।' यह बताकर ऋषि विश्वामित्र ने मुझसे कहा था, 'अब तुम इस पत्थर की शिला को अपने चरणों से छूकर मुनि की पत्नी को शाप से मुक्त करो।' मैंने ऋषि की आज्ञा का पालन किया। जैसे ही मेरे चरणों ने पत्थर की शिला को छुआ, वह अहल्या बन गई। हे सीता, यह केवट उसी घटना की ओर संकेत कर रहा है।"

कुछ देर के बाद केवट राम के पास आया और बोला, "अगर आप मुझे अनुमति दें, तो मैं आपके चरणों की धूल को पानी से अच्छी तरह धो लूँ। आपके चरणों की धूल के धुल जाने से मेरी नाव सुरक्षित हो जाएगी, और तब मैं आपको गंगा के पार ले चलूँगा।" केवट

के डर को समझकर, राम हँसकर बोले, "भाई, तुम वही करो जिससे तुम्हारी नाव सुरक्षित रहे। अब जल्दी पानी लाकर पाँव धो लो। हमें देर हो रही है।"

केवट राम की आज्ञा पाते ही एक बर्तन में पानी भर लाया और बड़े प्रेम से उनके पाँव धोने लगा। फिर वह राम, लक्ष्मण और सीता को अपनी नाव में बिठाकर गंगा के पार ले गया। जब राम नाव से उतरे तो केवट ने उन्हें दंडवत् प्रणाम किया। उस समय राम यह सोचने लगे कि केवट को इस सेवा के लिए क्या दूँ। सीता ने पति के हृदय की बात जानकर अपनी अँगूठी केवट को देनी चाही, लेकिन केवट ने राम के चरण पकड़कर कहा, "हे प्रभु! आज मेरा जीवन धन्य हुआ। आपके चरण छूकर मुझे सब कुछ मिल गया।"

"रामायण" से

(एक)

महर्षि वाल्मीकि

महर्षि	M	'great rishi', a title given to Valmiki
वाल्मीकि	P.N.(M)	Valmiki, the author of the Sanskrit <u>Ramayana</u>
रचयिता	M	creator; composer; author
ऋषि	M	rishi, sage, seer
कवि *	M	poet
आदिकवि	M	'the first poet', a title given to Valmiki
जीवन *	M	life
लुटेरा	M	robber
बटोही	M	traveller
लूट	F	loot, plunder
लूट-मार	F	plundering and hitting
लूट-मार करना	Tr	to plunder and hit
पालना *	Tr	to rear, to nurture, to bring up
X का पेट पालना	Tr	'to nurture the stomach of X', i.e, to feed X, to support X (economically)
संयोग	M	coincidence
संयोग से	Adv	by coincidence

सप्तऋषि	P.N.(M pl)	'the Seven Rishis' (referring to the seven greatest rishis, represented by the seven stars of the Big Dipper)
से होकर *	Post	through, by way of, via
कहीं *	Adv	somewhere •
लाठी	F	big stick, club
गरजना	Intr	to thunder, to roar •
चौंकना *	Intr	to be startled; to be alarmed •
राज्य	M	kingdom
सताना	Tr	to harass •
नियम	M	rule, law
सन्यासी	M	ascetic
चंचल	A	restless; quick
लोटा	M	small metal water pot
के अलावा	Post	besides, except •
इशारा	M	sign, signal; indication •
X की ओर इशारा	Tr	to point towards X
बेचारा *	A	poor; helpless •
कठिन	A	difficult •
यात्रा *	F	journey •
बेकार	A	useless, good for nothing
बेकार में	Adv	uselessly
झगड़ा *	M	quarrel, dispute
झगड़ा करना	Tr	to quarrel
आपत्ति *	F	misfortune; objection
नीच	A	mean; base; vile •

बोझ	M	burden
गंभीरता *	F	seriousness
पाप *	M	sin
कमाई	F	earnings
उत्तरदायित्व	M	responsibility
बँटाना	Tr	to share
बँटवारा	M	division; distribution; sharing
उदास *	A	sad, dejected .
हाथ जोड़ना	Tr	to fold one's hands (in salutation/entreaty, etc.)
पूज्य	A	venerable
समझाना *	Tr	to explain; to advise
दोष	M	fault
पुण्य	M	merit
बाँटना	Tr	to divide, to distribute
पछताना	Intr	to repent, to be full of remorse
उद्धार	M	salvation
राम	P.N.(M)	Rama, the hero of the <u>Ramayana</u>
नष्ट करना	Tr	to destroy
राम-नाम	M	the name of Rama
जप	M	to repeat reverentially (a mantra or a name of a deity)
जपना / जप करना	Tr	to perform <u>japa</u>
फेंकना *	Tr	to throw
तुरन्त / तुरंत	Adv	at once, immediately .

हिंसक	A	violent
स्वभाव	M	nature, temperament
छोड़ना *	Tr	to abandon, to leave
दीमक	F	termite, white ant
दीमकों की दीवार	F	anthill
खड़ा करना *	Tr	to erect
वाल्मीक	M	Sanskrit word for anthill
कहलाना	Intr	to be called
किनारा *	M	shore, bank; edge, side; border
क्रौंच	M	the kraunch bird (a type of curlew)
क्रौंची	F	female kraunch
जोड़ा	M	pair
किलोल	M	sport, frolic
किलोल करना	Tr	to frolic
शिकारी	M	hunter
तीर	M	arrow
साथी *	M	companion; friend
घटना	F	event, incident
पंक्ति	F	line
छंद	M	meter (poetic)
बाद में *	Adv	later, subsequently
श्लोक	M	sloka, the name of the most popular Sanskrit epic meter
शोक	M	sorrow, grief
धारा	F	stream

रामचंद्र	P.N(M)	Ramachandra (the full name of Rama)
चरित्र	M	character; deeds; biography

(दो)
राम को वनवास

वन	M	forest, wood
वनवास	M	dwelling in a forest; exile
प्राचीन	A	ancient
काल	M	time; period
दशरथ	P.N.(M)	Dashratha
नाम का *	A	by the name of, named
राजा *	M	king
अयोध्या	P.N.(M)	Ayodhya
राज / राज्य *	M	kingdom
राज्य करना	Tr	to rule
रानी *	F	queen
कौशल्या	P.N.(F)	Kaushalya
सुमित्रा	P.N.(F)	Sumitra
लक्ष्मण	P.N.(M)	Lakshmana
शत्रुघ्न	P.N.(M)	Shatrughana
कैकेयी	P.N.(F)	Kaikeyi
भरत	P.N.(M)	Bharata
परस्पर	A	mutual; reciprocal; between each other

युवराज	M	crown prince, heir apparent
पद	M	position; rank; appointment; office
सर्व	A	all; whole
गुण	M	virtue, merit; quality
सम्पन्न	A	abundantly endowed (with)
जनता	F	public
दासी	F	maid-servant
मंथरा	P.N.(F)	Manthara
परामर्श	M	advice, counsel
कार्य	M	work; function
बाधा	F	hindrance, obstacle
बाधा डालना	T r	to cause an obstacle/hindrance
युद्ध	M	war
वर	M	boon
भविष्य	M	future
राज-तिलक	M	coronation; the anointing at the time of coronation
समारोह	M	celebration
स्थान	M	place
वर्ष *	M	year
शब्द *	M	word
वचन	M	word; promise, vow
पूरा *	A	complete, entire
पूरा करना	T r	to fulfill
सहर्ष	A	happily
स्वीकार *	A	accepted

स्वीकार करना	Tr	to accept
हठ करना	Tr	to insist; to be stubborn
वासी	M	dweller, inhabitant
पुत्र	M	son
नाना	M	grandfather (maternal)
मृत्यु	F	death
राजगुरु	M	royal mentor/preceptor
वसिष्ठ	P.N.(M)	Vasishtha
तुरंत *	Adv	at once, immediately
राजकुमार *	M	prince
दूत	M	messenger
दिलाना	Tr	to cause to be given
क्रोध	M	anger
धिक्कारना	Tr	to condemn; to reproach
स्थिति	F	situation
अतः *	Conj	hence, therefore
निश्चय *	M	decision; resolution
निर्णय	M	conclusion; decision
चित्रकूट	P.N.(M)	Chitrakuta
कुटी	F	cottage, hut; hermitage
प्रजा	F	subjects; public
आग्रह करना	Tr	to insist; to plead
मृत	A	dead
तोड़ना	Tr	to break
अंत में	Adv	in the end, finally
समझाना	Tr	to explain; here: to persuade
संभालना *	Tr	to take care of, to manage

62

परन्तु / परंतु	Conj	but
राज-सिंहासन	M	royal throne
पादुका	F	sandal
केवल	A/Adv	only; merely
संगरक्षक	M	caretaker
के रूप में	Post	in the form/capacity of, as
राज्य-कार्य	M	affairs of the kingdom; governance
नंदिग्राम	P.N.(M)	Nandigrama
वनवासी	M	inhabitant of a forest; an ascetic

(तीन)

केवट-प्रसंग

केवट	M	boatman
प्रसंग	M	episode
त्यागना	Tr	to renounce
पार *	M	the other bank/coast/side (of a road, river, etc.)
पार करना	Tr	to cross
के पार	Post	across, on/to the other side of
नाव *	F	boat
अनसुना	A	unheard
अनसुनी करना	Tr	to pretend not to hear what has been said
तपस्वी	M	ascetic
वेश	M	dress, external appearance

वचन	M	here: speech, words
चरण	M pl	feet
धूल *	F	dust
मनुष्य *	M	human being
जड़ी	F	medicinal root
पत्थर *	M	stone
शिला	F	large block (of stone, rock, ice, etc.)
स्त्री	F	woman
लकड़ी *	F	wood
कठोर	A	hard
यदि *	Conj	if
केवल *	A/Adv	only; merely
पालन	M	nurturing; observance
X का पालन करना	Tr	to nurture X, to take care of X
मुस्कुराना	Intr	to smile •
अहल्या	P.N.(F)	Ahalya, wife of sage Gautama
विश्वामित्र	P.N. (M)	Visvamitra, Rama's guru
गौतम	P.N. (M)	the sage Gautama, Ahalya's husband
मुनि	M	sage, hermit
आश्रम	M	ashram, hermitage
सुनसान *	A	deserted
देवता	M	god
इंद्र	P.N. (M)	Indra, the king of the gods
मोहित	A	charmed, enchanted •

X पर मोहित होना	Intr	to be enchanted by X
धरना	Tr	to hold; to put; to put on
वेश	M	dress; guise
पहचानना	Tr	to recognize
गर्व	M	pride
इच्छा *	F	desire, wish
झुकना	Intr	to bow
शाप	M	curse
मुक्त	A	free
X की आज्ञा का पालन करना	Tr	'to observe the order of X', i.e., to obey X
जैसे ही *	Conj	as soon as
संकेत	M	signal; indication; hint
X की ओर संकेत करना	Tr	to refer to; to hint at
अनुमति	F	approval, assent
सुरक्षित	A	protected, safe
बर्तन *	M	vessel, container
बिठाना *	Tr	to make someone sit
प्रणाम	M	reverential salutation
दंडवत् प्रणाम	M	'rod-like reverential salutation', i.e., prostration
सेवा *	F	service
अँगूठी *	F	ring
प्रभु	M	Lord
धन्य	A	blessed

६

"महाभारत" से

लक्ष्य-बेध

प्राचीन काल में हस्तिनापुर के राजा पांडु के पाँच पुत्र थे। ये पाँचों राजकुमार पांडव कहलाते थे। युधिष्ठिर इनमें सबसे बड़े थे। युधिष्ठिर से छोटे भीम थे, फिर अर्जुन। पांडवों में सबसे छोटे थे, नकुल और सहदेव। काफ़ी समय राज्य करने के बाद पांडु अपना राज्य अपने बड़े भाई धृतराष्ट्र को देकर जंगल में चले गये और वहीं उनकी मृत्यु हो गई।

राजा धृतराष्ट्र के सौ बेटे थे। ये कौरव कहलाते थे। दुर्योधन इनमें सबसे बड़ा था। पांडव और कौरव राजकुमार साथ-साथ खेलते और पढ़ते थे। उनके गुरु द्रोणाचार्य थे। सभी राजकुमार गुरु द्रोणाचार्य से शस्त्र-विद्या सीखते थे। इन सब राजकुमारों में सबसे अधिक योग्य अर्जुन थे। धनुर्विद्या में कोई उनके समान न था। इसी कारण द्रोणाचार्य को अर्जुन बहुत प्रिय थे।

एक दिन द्रोणाचार्य ने राजकुमारों की परीक्षा लेने का निश्चय किया। उन्होंने एक पेड़ पर तिनकों और कपड़े से बनी एक चिड़िया लटका दी। फिर सभी राजकुमारों को बुलाकर कहा, "आज तुम्हारी परीक्षा का दिन है। अपने धनुष और बाण लेकर तैयार हो जाओ। तुम्हें चिड़िया की दाहिनी आँख को अपने बाण से बेधना है। तुम सब लोग अपना निशाना साध लो। लेकिन मेरी आज्ञा मिलने से पहले अपना बाण न छोड़ना।"

गुरु की आज्ञा पाकर सब राजकुमारों ने निशाना साध लिया। पहले द्रोणाचार्य ने युधिष्ठिर से कहा, "युधिष्ठिर, तुम सबसे बड़े हो। सबसे पहले तुम्हारी ही परीक्षा होगी।" युधिष्ठिर ने कहा, "मैं तैयार हूँ, गुरुजी। आज्ञा दीजिये।" तब द्रोणाचार्य ने पूछा, "बताओ, तुम्हें सामने क्या दिखाई दे रहा है?" युधिष्ठिर ने जवाब दिया, "गुरुजी, मैं सामने इस पेड़ को, पेड़ की पत्तियों को, और पेड़ की डाल पर बैठी चिड़िया को देख रहा हूँ।" युधिष्ठिर के इस जवाब से द्रोणाचार्य संतुष्ट नहीं हुए।

इसके बाद द्रोणाचार्य ने एक-एक करके सभी राजकुमारों से यही सवाल पूछा, "तुम्हें सामने क्या दिखाई दे रहा है?" सभी का लगभग एक-सा ही जवाब था कि उन्हें सामने का पेड़, उसकी पत्तियाँ और पेड़ की शाखा पर बैठी चिड़िया दिखाई दे रही है। अंत

में निराश होकर द्रोणाचार्य ने अर्जुन से भी यही सवाल पूछा। अर्जुन ने तुरंत उत्तर दिया, "गुरुजी, मुझे तो सिर्फ़ चिड़िया ही दिखाई दे रही है। इस उत्तर से प्रसन्न होकर द्रोणाचार्य ने कहा, "अगर सिर्फ़ चिड़िया ही देख रहे हो, तो उसका वर्णन करो।" अर्जुन ने कहा, "चिड़िया का वर्णन कैसे करूँ ? मैं तो सिर्फ़ उसकी दाहिनी आँख ही देख रहा हूँ, उसका शरीर नहीं।"

अर्जुन के इस जवाब से संतुष्ट होकर द्रोणाचार्य ने उसे बाण चलाने की आज्ञा दी। अर्जुन का बाण ठीक चिड़िया की दाहिनी आँख में लगा। प्रसन्न होकर द्रोणाचार्य ने अर्जुन को गले लगाया और कहा, "केवल तुम ही धनुर्विद्या में उत्तीर्ण हुए। बाण चलानेवाले को इतना एकाग्रचित होना चाहिये कि अपने लक्ष्य के अलावा उसे कुछ भी दिखाई न दे। तभी उसका निशाना अचूक होगा। आसपास की चीज़ों पर ध्यान देने से लक्ष्य पर निशाना ठीक नहीं लगता। मैं तुमसे बहुत प्रसन्न हूँ।"

एकलव्य की गुरुदक्षिणा

द्रोणाचार्य पांडव और कौरव राजकुमारों को शस्त्र-विद्या सिखाते थे। इन सब राजकुमारों में अर्जुन द्रोणाचार्य को बहुत प्रिय थे क्योंकि वह बहुत वीर थे और धनुर्विद्या में कोई उनकी बराबरी नहीं कर सकता था। अर्जुन की योग्यता देखकर एक दिन द्रोणाचार्य ने अर्जुन से कहा था, "मैं ऐसा प्रयत्न करूँगा कि संसार में तुम्हारे समान कोई धनुर्धर न हो।"

द्रोणाचार्य के शिक्षा-कौशल की बात जल्दी ही आसपास के राज्यों में फैल गई। बहुत-से राजकुमार उनसे शस्त्र-विद्या सीखने आने लगे। एक दिन निषादराजा हिरण्यधनु का पुत्र एकलव्य भी शस्त्र-विद्या पाने के लिए उनके पास आया। क्योंकि वह निषाद जाति का था, इसलिए द्रोणाचार्य ने समाज के नियमों को देखते हुए उसे शिक्षा देना स्वीकार नहीं किया। एकलव्य द्रोणाचार्य के पाँव छूकर वन में लौट गया। वहाँ उसने द्रोणाचार्य की मिट्टी की प्रतिमा बनाई। अपने मन में द्रोणाचार्य को अपना गुरु

मानकर, वह उनकी प्रतिमा के सामने बाण चलाने का अभ्यास करने लगा। एकाग्रचित अभ्यास करने से वह जल्दी ही धनुर्विद्या में निपुण हो गया।

एक बार कौरव और पांडव राजकुमार शिकार खेलने के लिए वन में गये। उनके पीछे-पीछे उनका सामान और एक कुत्ता लेकर एक नौकर भी वहाँ गया। वन में एकलव्य अपना अभ्यास कर रहा था। उसका शरीर मैला-कुचैला था। कुत्ता उसे देखकर भौंकने लगा। कुत्ते को चुप करने के लिए एकलव्य ने सात बाण उसके मुँह में मारे। इन बाणों से कुत्ते का मुँह भर गया लेकिन उसको चोट नहीं लगी। कुत्ता भागता हुआ पांडवों के पास पहुँचा। उसका बाणों से भरा मुँह देखकर पांडवों को बड़ा आश्चर्य हुआ। वे जान गये कि पास में कोई बहुत निपुण बाण चलानेवाला है। ढूँढ़ने पर उनको वन में एकलव्य बाण चलाने का अभ्यास करते हुए मिल गया। उन्होंने पूछा, "तुम कौन हो और तुम्हारे गुरु कौन हैं ?" एकलव्य ने बताया, "मैं निषादराजा हिरण्यधनु का पुत्र और द्रोणाचार्य का शिष्य हूँ। मैं यहाँ धनुर्विद्या का अभ्यास करता हूँ।"

वन से लौटकर राजकुमारों ने द्रोणाचार्य को यह अद्भुत घटना सुनाई। एकांत में अर्जुन ने उनसे कहा, "गुरुदेव, आपने तो मुझसे कहा था कि आपका कोई भी शिष्य मुझसे बढ़कर न होगा। लेकिन आपका यह शिष्य एकलव्य तो हम सबसे बढ़कर है।" यह सुनकर द्रोणाचार्य कुछ देर सोचते रहे और फिर अर्जुन को लेकर उसी वन में गये। वहाँ उन्होंने देखा कि एकलव्य एकाग्रचित होकर धनुर्विद्या का अभ्यास कर रहा है।

द्रोणाचार्य को देखते ही एकलव्य उनके पास आया और उनके चरणों में दंडवत् प्रणाम किया। फिर हाथ जोड़कर उनके सामने खड़ा हो गया और बोला, "आपका शिष्य सेवा के लिए तैयार है। आज्ञा दीजिये।" द्रोणाचार्य ने कहा, "अगर तू मेरा शिष्य है, तो मुझे मेरी गुरुदक्षिणा दे।" प्रसन्न होकर एकलव्य ने कहा, "आज्ञा दीजिये। मेरे पास ऐसी कोई भी चीज़ नहीं है जिसे मैं आपको न दे सकूँ।" द्रोणाचार्य तुरंत बोले, "एकलव्य, तू मुझे अपने दाहिने हाथ का अँगूठा गुरुदक्षिणा में दे दे।"

गुरुभक्त एकलव्य ने अपने गुरु की इस क्रूर आज्ञा को भी ख़ुशी से मान लिया और तुरंत अपने दाहिने हाथ का अँगूठा काटकर द्रोणाचार्य को दे दिया। इसके बाद उसके बाण चलाने में पहले जैसी निपुणता नहीं रही और अर्जुन ही अपने समय के सबसे योग्य धनुर्धर रहे।

द्रौपदी का चीर

युधिष्ठिर कौरवों और पांडवों में सबसे बड़े और बहुत गुणी थे । धृतराष्ट्र युधिष्ठिर को युवराज बनाना चाहते थे, लेकिन दुर्योधन और उसके भाइयों की ईर्ष्या के कारण ऐसा नहीं हो सका । दुर्योधन पांडवों को पूरी तरह नष्ट करना चाहता था । एक बार उसने पांडवों और उनकी माता को एक घर में जलाकर मार डालने की कोशिश भी की थी । पर पांडव अपनी माता के साथ वहाँ से बच निकले थे ।

कौरवों के पिता धृतराष्ट्र नहीं चाहते थे कि पांडवों और कौरवों में वैर बढ़े । इसलिए उन्होंने पांडवों को बुलाकर उन्हें आधा राज्य दे दिया । पांडवों ने वहाँ इंद्रप्रस्थ नाम का एक सुन्दर नगर बसाया और अपने बल से राज्य का विस्तार करने लगे ।

कुछ समय बाद दुर्योधन अपने मामा शकुनि के साथ इंद्रप्रस्थ आया । पांडवों की सफलता, समृद्धि और ऐश्वर्य देखकर उसका हृदय ईर्ष्या से जलने लगा और उसने पांडवों को नष्ट करने का दृढ़ निश्चय कर लिया । लेकिन वह जानता था कि वीर पांडवों को युद्ध में हराना असंभव है । उसकी चिंता को देखकर उसके मामा शकुनि ने कहा, "अच्छा, मैं तुम्हें युधिष्ठिर को जीतने का उपाय बताता हूँ । युधिष्ठिर को जुआ खेलना बहुत पसंद है, लेकिन उनको खेलना नहीं आता । अगर तुम उन्हें जुआ खेलने के लिए बुलाओ तो वे मना नहीं कर सकेंगे और मैं चतुराई से उनका सारा राज्य और वैभव जीत लूँगा ।"

दुर्योधन को शकुनि का सुझाव बहुत पसंद आया और उसने पांडवों को जुआ खेलने के लिये निमंत्रण भेज दिया । पांडवों की ओर से युधिष्ठिर ने और कौरवों की ओर से शकुनि ने जुआ खेलना शुरू किया । शकुनि जुआ खेलने में बहुत चतुर था । उसने अपनी चतुराई से पांडवों का सब धन और राज्य जीत लिया । जब युधिष्ठिर अपना सब कुछ जुए में हार गये तो उन्होंने एक-एक करके अपने सब भाइयों को और अंत में स्वयं को भी दाव पर लगा दिया और हार गये । युधिष्ठिर की इतनी हार पर भी शकुनि न रुका । उसने कहा, "अभी तो तुम्हारे पास तुम्हारी प्रिया द्रौपदी है । तुम उसे दाव पर लगाकर इस बार अपना सब कुछ वापस जीत सकते हो ।" इस पर युधिष्ठिर ने द्रौपदी को भी दाव पर लगा दिया और शकुनि छल-कपट से इस बार भी जीत गया ।

कौरवों की इस जीत से दुर्योधन की प्रसन्नता का ठिकाना न रहा । उसने तुरंत एक सेवक को द्रौपदी को राजसभा में लाने की आज्ञा दी । जब लज्जा के कारण द्रौपदी राजसभा में नहीं आई तो दुर्योधन ने अपने छोटे भाई दुःशासन से कहा, "तुम स्वयं जाकर द्रौपदी को पकड़कर यहाँ लाओ ।" द्रौपदी के विरोध करने पर दुःशासन ने उसके बाल पकड़ लिये और खींचता हुआ उसे राजसभा में लाया ।

राजसभा में द्रौपदी को लाकर दुष्ट दुःशासन उसको नग्न करने के लिए उसका चीर खींचने लगा । ऐसे कठिन समय में द्रौपदी ने भगवान कृष्ण का स्मरण किया और मन ही मन प्रार्थना करने लगी, "हे प्रभु ! कौरव मेरा अपमान कर रहे हैं । मैं आपकी शरण में हूँ । आप मेरी रक्षा कीजिये ।" द्रौपदी की पुकार सुनकर भगवान कृष्ण तुरंत गुप्त रूप से उस सभा में आये और द्रौपदी के चीर को अनंत कर दिया । अब दुःशासन जितना द्रौपदी के चीर को खींचता उतना ही वह बढ़ता जाता । धीरे-धीरे राजसभा में रंग-बिरंगे कपड़े का ढेर लग गया और दुःशासन थककर हार गया ।

इस प्रकार भगवान कृष्ण ने द्रौपदी की लाज बचाई ।

महाभारत से

लक्ष्य-बेध

लक्ष्य	M	target, aim; goal
बेधना	Tr	to pierce
लक्ष्य-बेध	M	hitting the target
प्राचीन	A	ancient
काल	M	time; period
हस्तिनापुर	P.N. (M)	Hastinapura, the capital city of the Kauravas
पांडु	P.N. (M)	Pandu, the king of Hastinapura
पुत्र	M	son
पांडव	P.N. (M pl)	the Pandavas, the sons of Pandu
कहलाना	Intr	to be called
युधिष्ठिर	P.N. (M)	Yudhisthira, the eldest of the Pandavas
भीम	P.N. (M)	Bhima, the second Pandava
अर्जुन	P.N. (M)	Arjuna, the third Pandava
नकुल	P.N. (M)	Nakula, the fourth Pandava and Sahadeva's twin
सहदेव	P.N. (M)	Sahadeva, the fifth Pandava and Nakula's twin
धृतराष्ट्र	P.N. (M)	Dhritarashtra, Pandu's brother
मृत्यु	F	death

कौरव	P.N. (M pl)	the Kauravas, the descendants of Kuru; more specifically, the sons of Dhritarashtra
दुर्योधन	P.N. (M)	Duryodhana, the eldest of the Kauravas
गुरु *	M	teacher, preceptor
द्रोणाचार्य	P.N. (M)	Dronacharya, the preceptor of the Pandavas and the Kauravas
शस्त्र *	M	weapon
शस्त्र-विद्या	F	the science of weapons
अधिक *	A	more, much, many
योग्य	A	able, competent, qualified
धनुर्विद्या *	F	'the science of bows', i.e., archery
समान	A	equal; similar, alike
X के समान	A	equal to X, like X
तिनका	M	straw
चिड़िया *	F	bird
लटकाना	Tr	to hang, to suspend
धनुष	M	bow
बाण	M	arrow
निशाना	M	aim; target
(अपना) निशाना साधना	Tr	to take (one's) aim
आज्ञा *	F	order, command
छोड़ना	Tr	to leave; to let go, to release, to discharge; here: to shoot

दिखाई देना *	Ind. Intr	to be seen (by)/visible (to)
पत्ती	F	leaf
डाल	F	branch
संतुष्ट	A	satisfied
एक-एक करके *	Adv	one by one, one at a time
लगभग	Adv	approximately, almost, about, more or less
एक-सा *	A	similar; identical; the same
शाखा	F	branch
अंत *	M	end
अंत में	Adv	in the end, finally
निराश	A	disappointed; discouraged
वर्णन	M	description
X का वर्णन करना	Tr	to describe X
चलाना	Tr	to cause to move; here: to shoot
ठीक	A/Adv	correct; exactly
X में लगना	Intr	to be attached/connected to X; here: to reach X, to hit X
गला *	M	neck; throat
X को गले लगाना	Tr	to embrace X
उत्तीर्ण	A	passed (in an examination)
एकाग्र *	A	concentrated on one point
एकाग्रचित	A	having one's mind concentrated on one point, fully concentrated
के अलावा *	Post	besides, except; in addition to

73

अचूक	A	unerring, sure
आसपास *	Adv	in the vicinity, around, nearby
ध्यान *	M	attention; concentration
X पर ध्यान देना	Tr	to pay attention to X

एकलव्य की गुरुदक्षिणा

एकलव्य	P.N. (M)	Ekalavya, name of a Nishada prince
गुरुदक्षिणा	F	the gift voluntarily paid by the disciple to his preceptor at the conclusion of his studies
सिखाना *	Tr	to teach
वीर	A	brave
बराबरी *	F	equality
X की बराबरी करना	Tr	to equal X, to match X
योग्यता *	F	ability, competence
योग्य	A	able, competent; worthy
प्रयत्न	M	attempt
X का प्रयत्न करना	Tr	to try to do X
संसार	M	world
धनुर्धर	M	archer, bowman
शिक्षा *	F	instruction, teaching
कौशल	M	skill
फैलना *	Intr	to spread

74

निषाद	P.N. (M)	the Nishadas, a pre-Aryan tribe living in the Vindhya Mountains
हिरण्यधनु	P.N. (M)	Hiranyadhanu, a Nishada king and father of Ekalavya
जाति *	F	caste, a local system of ranking society in hereditary and mainly endogamous groups
नियम *	M	rulc, law
पाँव *	M	foot; leg
छूना *	Tr	to touch
वन	M	wood, forest
मिट्टी	F	earth, clay
प्रतिमा	F	image, statue
X को Y मानना	Tr	to accept X as Y
बाण	M	arrow
बाण चलाना	Tr	to shoot an arrow
X में बाण मारना	Tr	to shoot an arrow at X
शिकार *	M	hunting; victim, prey
शिकार खेलना	Tr	to hunt, to go hunting
नौकर *	M	servant
मैला	A	dirty
मैला-कुचैला	A	dirty and filthy
चुप *	A	silent, quiet
X को चुप करना	Tr	to silence X
चोट *	F	wound, hurt, injury

X को चोट लगना	Ind. Intr	for X to be injured/hurt
आश्चर्य *	M	surprise
X को आश्चर्य होना	Ind. Intr	for X to be surprised
शिष्य	M	disciple
अद्भुत	A	astonishing, extraordinary
घटना *	F	event, incident
सुनाना *	Tr	'to cause to listen', i.e., to tell, to relate, to recount, to recite
एकांत	M	solitude, seclusion; privacy
एकांत में	Adv	in private
गुरुदेव	M	term of address for a guru
X से बढ़कर	A	surpassing X, better than X
चरण	M pl	feet
प्रणाम	M	reverential salutation
दंडवत् प्रणाम	M	'rod-like reverential salutation', i.e., prostration
सेवा	F	service
अँगूठा *	M	thumb
भक्त	A/M	devoted; devotee
गुरुभक्त	A	devoted to one's guru
क्रूर	A	cruel
ख़ुशी से *	Adv	happily, gladly
मानना	Tr	to accept, to agree (to do something)
काटना *	Tr	to cut

निपुणता	F	skillfulness, dexterity

द्रौपदी का चीर

द्रौपदी	P.N. (F)	Draupadi, the wife of the five Pandavas
चीर	M	strip of cloth; clothing; here: sari
गुणी	A	endowed with good qualities, virtuous
युवराज	M	crown prince, heir apparent
ईर्ष्या	F	jealousy
नष्ट	A	destroyed
नष्ट करना	Tr	to destroy
जलाना *	Tr	to burn
वैर	M	enmity, hostility
बढ़ना *	Intr	to increase, to grow
आधा *	A	half
इंद्रप्रस्थ	P.N. (M)	Indraprastha, the capital city of the Pandavas
नगर	M	city, town
बसाना	Tr	to establish, to found (a settlement)
बल	M	strength
विस्तार	M	extension, enlargement
X का विस्तार करना	Tr	to extend X, to enlarge X
मामा *	M	uncle (mother's brother)

शकुनि	P.N. (M)	Shakuni, the maternal uncle of the Kauravas
सफलता *	F	success
समृद्धि	F	prosperity
ऐश्वर्य	M	prosperity; glory; opulence
दृढ़	A	firm
युद्ध	M	war
हराना	Tr	to defeat
असंभव	A	impossible
चिंता	F	worry
जीतना *	Intr/Tr	to win, to conquer
जीत	F	victory
उपाय	M	device, means; remedy
जुआ	M	gambling
जुआ खेलना	Tr	to gamble
मना करना *	Tr	to refuse; lit. to say 'No'
चतुराई	F	cleverness
वैभव	M	glory, magnificence
सुझाव	M	suggestion
निमंत्रण *	M	invitation
धन	M	wealth
हारना *	Intr/Tr	to lose; to be defeated
हार	F	defeat
दाव	M	stake
दाव पर लगाना	Tr	to put at stake
प्रिया	A (F only)	beloved
छल-कपट	M	deception, duplicity

प्रसन्नता	F	happiness
X का ठिकाना न रहना	Intr	for there to be no limit to X
सेवक	M	servant
राजसभा	F	royal court
लज्जा *	F	modesty
दुःशासन	P.N. (M)	Duhshasana, one of Duryodhana's brothers
विरोध	M	opposition
X का विरोध करना	T r	to oppose X, to resist X
बाल *	M	hair
खींचना *	T r	to drag, to pull
दुष्ट	A	wicked
नग्न	A	naked
कठिन *	A	difficult
भगवान कृष्ण	P.N. (M)	Lord Krishna
स्मरण	M	remembrance, recollection
X का स्मरण करना	T r	to remember X
हे !	Interjection	Oh!
प्रभु	M	Lord
अपमान *	M	insult, disgrace; disrespect
X का अपमान करना	T r	to insult X, to disgrace X
शरण	F	shelter, refuge
पुकार	F	call
गुप्त	A	hidden, secret
सभा	F	assembly
अनंत	A	endless
धीरे-धीरे *	Adv	gradually, slowly

रंग-बिरंगा	A	multicolored
ढेर	M	pile, heap
प्रकार *	M	kind; manner, way
इस प्रकार	Adv	in this way
लाज	F	modesty; honor
X की लाज बचाना	Tr	to save the honor of X

७

लोक-कथाएँ

जिसकी लाठी उसी की भैंस

एक चतुर ब्राह्मण को उसके एक यजमान ने दक्षिणा में एक भैंस दी। वह भैंस काफ़ी हट्टी-कट्टी थी और देखने में भी दुधारू लगती थी। भैंस को लेकर ब्राह्मण अपने गाँव की ओर चल दिया।

रास्ता सूना, वीरान और ख़तरनाक था। आधे रास्ते में ब्राह्मण को एक तगड़ा आदमी मिला जिसके हाथ में एक बड़ी लाठी थी। उसने ब्राह्मण से दोस्ती करने की कोशिश की और ब्राह्मण के साथ-साथ चलने लगा। कुछ दूर जाकर उसने रुककर कहा, "ब्राह्मण महाराज, आपकी यह भैंस तो बहुत हट्टी-कट्टी है। यह मुझे दे दो।"

"क्यों ...... ! क्यों दे दूँ ?" ब्राह्मण ने आश्चर्य से पूछा।

"मुझे क्यों-व्यों से कोई मतलब नहीं," उस आदमी ने अपनी लाठी हवा में घुमाते हुए कहा। "चुपचाप भैंस दे दो। नहीं तो भैंस तो लूँगा ही, उसके साथ-साथ तुम्हारी खोपड़ी भी चकनाचूर कर दूँगा। मैं भरसक ब्राह्मण की हत्या के पाप से बचना चाहता हूँ। वरना अब तक तुम्हारा काम तमाम कर देता।"

ब्राह्मण सकपकाया। वैसे वह भी हट्टा-कट्टा था। लेकिन सामनेवाले के हाथ में लाठी देखकर उसे घबराहट हुई। उसने कुछ सोचकर मुस्कुराते हुए कहा, "भाई, अगर तुम भैंस ही लेना चाहते हो, तो उसके बदले में कुछ देकर लो। मुफ़्त में लेने से तुम्हें पाप नहीं लगेगा ? और फिर मैं तो ब्राह्मण हूँ। कुछ देकर लोगे, तो पाप नहीं लगेगा।"

"यहाँ मेरे पास क्या है, जो मैं तुम्हें दूँ ?" उस आदमी ने कहा। "अगर कुछ होता, तो ज़रूर देता।"

"तुम्हारे पास यह लाठी है," ब्राह्मण ने मन ही मन मुस्कुराते हुए कहा। "इसे ही दे दो। वैसे मैं लाठी का करूँगा ही क्या, ब्राह्मण जो ठहरा ! पर ब्राह्मण हूँ, इसीसे तुम्हें पाप से बचाना अपना कर्त्तव्य समझता हूँ। लाठी के साथ भैंस की अदला-बदली करने से तुम पाप से बच जाओगे।"

यह सुनकर वह आदमी बहुत प्रसन्न हुआ। उसने सोचा, "यह ब्राह्मण कितना मूर्ख है ! इतनी हट्टी-कट्टी भैंस सिर्फ़ इस लाठी के बदले में दे रहा है !" उसने तुरंत अपनी लाठी ब्राह्मण को दी और भैंस पर अपने दोनों हाथ रखकर खड़ा हो गया।

"हट, हट जा !" ब्राह्मण ने ज़ोर से कहा। "हट जा मेरी भैंस के पास से। नहीं तो अभी तेरी खोपड़ी तोड़ दूँगा।" और उसने लाठी को हवा में घुमाया।

"यह क्या, महाराज ...... ?" वह आदमी घबराकर बोला। "मेरी लाठी के बदले में अपनी भैंस क्यों नहीं देते ?"

"जानता नहीं ?" ब्राह्मण ने फटकारते हुए कहा। "जिसकी लाठी उसी की भैंस ! भाग जा यहाँ से !"

बनिये को आशीर्वाद

किसी गाँव में एक बनिया रहता था। वह बहुत अमीर था लेकिन उसके कोई संतान नहीं थी। उसे हमेशा यही चिंता रहती थी कि उसके बाद कौन उसकी सम्पत्ति को संभालेगा।

गाँव के लोग उसे हमेशा समझाते, "भैरूँजी सबकी मनौती पूरी करते हैं। भैरूँजी के थान पर जाओ और भैरूँजी को बलि में एक भैंसा बोल दो। उनके आशीर्वाद से तुम्हारे घर अवश्य संतान होगी।" लेकिन बनिये का मन इस बात के लिए तैयार नहीं होता था। बनिया होकर वह भैंसे की बलि कैसे दे ? बनियों में तो जीव-हत्या बड़ा पाप समझा जाता है। लेकिन बनिये की पत्नी को गाँव की औरतों की बातें सुनकर यह विश्वास हो गया था कि भैरूँजी की कृपा से ही उसकी गोद भरेगी। वह रोज़-रोज़ बनिये से कहती, "भैरूँजी को बलि में भैंसा बोल दो।" बनिया उसे बार-बार समझाता, "हम बनिये हैं। हम जीव-हत्या का पाप अपने सिर कैसे लें ?" लेकिन उसकी पत्नी न मानी।

अंत में हार कर एक दिन रात के अँधेरे में बनिया भैरूँजी के थान पर गया। वहाँ उसने सात बार नाक रगड़कर हाथ जोड़कर प्रार्थना की : "भैरूँ बाबा, तुम सारी दुनिया से प्रसन्न रहते हो। पर मैंने क्या पाप किया है ? जिन घरों में खाने के लिए दाना भी नहीं है, वहाँ

बच्चों पर बच्चे पैदा होते रहते हैं । लेकिन मेरे बाद मेरा नाम लेनेवाला भी कोई नहीं है । मुझ पर भी थोड़ी दया करो । अगर अगले साल मेरे घर बच्चा हो, तो मैं एक भैंसा चढ़ाऊँगा ।"

यह कहकर अपने मन में विश्वास रखकर, बनिया अपने घर लौटा । उसने अपनी पत्नी को भैंसे की बलि देने की बात बताई । उस दिन के बाद से हर पाँचवें-सातवें दिन वह भैरूँजी के थान पर जाता, नाक रगड़ता, और भैंसा चढ़ाने की बार-बार मनौती करता । वह सोचता था कि ज़्यादा परेशान करने से ही भैरूँजी उसकी बात मानेंगे ।

भैरूँजी बनिये से प्रसन्न हुए या नहीं, यह तो सिर्फ़ भैरूँजी ही जानते हैं । पर संयोग से सेठानी को गर्भ रह गया । अब तो पति-पत्नी बहुत ख़ुश हुए । सेठानी ने कहा, "भैरूँ बाबा सचमुच बड़े कृपालु हैं । उनकी कृपा से ही मुझे यह गर्भ रहा है । अब हमें भैरूँजी को प्रसन्न रखने के लिए कम से कम एक बकरा ही चढ़ा देना चाहिए । अगर भैरूँजी नाराज़ हो जाएँ, तो कौन जाने आगे क्या हो ? वे तो पेट के जीव को पत्थर भी बना सकते हैं !"

सब बनियों की तरह यह बनिया भी बहुत कंजूस था । वह रोज़ सेठानी की बात टालता और उससे कहता, "बच्चा होने के बाद एक भैंसे की जगह दो भैंसे चढ़ा दूँगा । तू क्यों डरती है ? जो देवता सिर्फ़ भेंट लेने से ख़ुश हो जाते हैं, उनको मनाना मुश्किल नहीं है ।"

नवें महीने में सेठानी ने एक बेटे को जन्म दिया । बेटे को पाकर बनिया बहुत ख़ुश हुआ । वह थान पर रोज़ जाकर भैरूँजी का गुणगान करता और कहता, "सब देवताओं में श्रेष्ठ देवता तो भैरूँजी हैं, बाक़ी सब पत्थर हैं ।" इस कोरे बखान करने में उसकी जेब से क्या ख़र्च होता था ? पर भैंसे की बलि के विचार से अब उसका मन पीछे-पीछे सरकने लगा । बनिये की जात का होकर यह अकर्म वह कैसे करे ? जीव-हत्या का पाप अपने सिर कैसे ले ? उधर सेठानी रोज़-रोज़ बनिये को उसकी मनौती की याद दिलाती और कहती, "जाओ भैंसा चढ़ा आओ । अगर भैरूँजी नाराज़ हो जाएँ और बच्चे को कुछ हो जाए तो...?"

अंत में बनिये को एक उपाय सूझा जिससे वह अपनी भैंसा चढ़ाने की मनौती भी पूरी कर सके और जीव-हत्या के पाप से भी बच जाए । उसने अपने मन में सोचा कि अगर भैरूँजी लोगों को बच्चे दे सकते हैं, तो क्या वे ख़ुद ही अपने लिए भैंसे की बलि नहीं कर

सकते ? देवता तो मनुष्यों से ज़्यादा बलवान होते हैं ! यह सोचकर अपनी योजना के अनुसार बनिये ने एक भैंसा ख़रीदा । रात के अँधेरे में वह भैंसे को भैरूँजी के थान पर ले गया । वहाँ उसने एक मज़बूत रस्से से उस भैंसे को भैरूँजी की मूर्ति से बाँध दिया और कहा, "भैरूँ बाबा, यह भैंसा आपके लिए है । अब जब भी आप चाहें, तब यह भैंसा अपने हाथों से चढ़ा लें मेरे देवता ! आप तो महाबली हैं । मैंने अपना वचन पूरा किया ।" यह कहकर बनिया वहाँ से चला आया ।

भैंसा सारी रात भूखा-प्यासा उस मूर्ति से बँधा रहा । दूसरे दिन सवेरे जब कुत्तों ने भैंसे को भैरूँजी के थान पर देखा तो वे ज़ोर-ज़ोर से भौंकने लगे । भैंसा बहुत भूखा था । कुत्तों के भौंकने से वह डर गया । घबराकर भागने के लिए उसने अपनी गर्दन को झटका दिया । उस झटके से भैरूँजी की मूर्ति उखड़ गई । रस्से से बँधी मूर्ति लेकर भैंसा वहाँ से भागा । अब भैरूँजी उसके पीछे-पीछे घिसटने लगे ।

भैंसा माताजी के मढ़ के सामने से गुज़रा । भैरूँजी की मूर्ति को भैंसे के पीछे घिसटते देखकर माताजी ने अन्दर से ही हँसकर पूछा, "भैरूँ बाबा, यह क्या ? लोग तो तुम्हें महाबली कहते हैं, और तुम इस तरह भैंसे के पीछे घिसटते जा रहे हो !"

भैरूँ बाबा जान गये कि माताजी उनका मज़ाक उड़ा रही हैं । घिसटते-घिसटते उन्होंने इस ताने का जवाब दिया, "तुम यह सब कैसे समझोगी ? तुम हमेशा मढ़ के अंदर बैठी रहती हो । मेरी तरह लोग तुम्हें हर वक़्त मनौतियाँ माँग-माँगकर परेशान नहीं करते । और फिर इस बार तो मेरा बनिये से पाला पड़ा । ये बनिये बड़े चतुर होते हैं । इनकी मनौतियाँ पूरी करने में हम देवताओं को भी मुँह की खानी पड़ती है !"

लोक-कथाएँ

जिसकी लाठी उसी की भैंस

लोक-कथा *	F	folktale
लाठी	F	cudgel
भैंस *	F	female water buffalo
ब्राह्मण *	M	Brahmin
यजमान	M	patron, client
दक्षिणा	F	remuneration given to a priest or preceptor
हट्टा-कट्टा	A	strong, hefty
दुधारू	A	yielding much milk (said of dairy animals)
चल देना *	Intr	to set off, to take off
सूना	A	empty
वीरान	A	deserted, desolate
ख़तरनाक *	A	dangerous
आधे रास्ते में	Adv	half way to one's destination
तगड़ा	A	strong, robust
दोस्ती *	F	friendship
X से दोस्ती करना	Tr	to make friends with X
के साथ-साथ	Post	together with; here: alongside
महाराज	M	term of address for a king or a Brahmin
घुमाना	Tr	to cause to revolve, to twirl; here: to brandish

खोपड़ी	F	skull
चकनाचूर	A	broken into pieces
चकनाचूर करना	Tr	to break into pieces, to shatter
भरसक	Adv	as far as possible
हत्या	F	murder
वरना *	Conj	otherwise
तमाम	A	complete, entire
X का काम तमाम करना	Tr	'to complete the work of X', i.e., to put an end to X, to destroy X
सकपकाना	Intr	to be startled; to be confounded
घबराहट	F	nervousness
के बदले में *	Post	in return for, in exchange for
मुफ़्त *	A	free, without charge
मुफ़्त में	Adv	at no cost
X का क्या करना	Tr	what to do with X
कर्तव्य	M	duty
अदला-बदली	F	exchange
X के साथ Y की अदला-बदली करना	Tr	to exchange X for Y
मूर्ख *	A	foolish, stupid
खड़ा *	A	standing
खड़ा होना / हो जाना	Intr	to stand up
हटना	Intr	to get out of the way, to move aside

तोड़ना *	Tr	to break
फटकारना	Tr	to scold, to reprimand

बनिये को आशीर्वाद

बनिया *	M	bania (person belonging to a merchant caste), merchant
आशीर्वाद	M	blessing
संतान	F	offspring
चिंता *	F	worry
सम्पत्ति	F	wealth
भैरूँजी	P.N.(M)	Bhairon, a folk deity of Rajasthan
मनौती *	F	promise to make offerings to a deity or to perform some deed upon the deity's fulfillment of some desire
X की मनौती करना	Tr	to promise X (an offering or performance of a deed) to a deity upon the fulfillment of some desire
X की मनौती पूरी करना	Tr	to fulfill the promise (of an offering or the performance of a deed) to a deity upon the deity's fulfillment of a desire

X से मनौती माँगना	Tr	to ask (a deity) to fulfill some desire
थान	M	raised open platform where a deity's image is installed
बलि	F	sacrificial offerings to a deity (especially animal sacrifice)
बलि करना	Tr	to make a sacrificial offering to a deity
भैंसा *	M	male water buffalo
बोलना	Tr	to speak; here: to promise
अवश्य *	Adv	certainly
जीव-हत्या	F	destruction of life
कृपा	F	kindness, grace
X की गोद भरना	Intr/Tr	for X to be blessed with motherhood; to bless X with motherhood
सिर / सर *	M	head
रगड़ना	Tr	to rub
बाबा	M	old man; ascetic; term of address for ascetics
दाना	M	grain
पैदा होना *	Intr	to be born
थोड़ा *	A	a little, some
दया *	F	mercy, compassion, sympathy; pity
X पर दया करना	Tr	to have mercy on X

चढ़ाना	Tr	to cause to go up; to make an offering to a deity
परेशान *	A	troubled, bothered
परेशान करना	Tr	to trouble, to bother
संयोग	M	coincidence
संयोग से	Adv	by coincidence
सेठानी	F	wife of a <u>seth</u> (wealthy merchant)
गर्भ	M	womb; pregnancy; foetus
X को गर्भ रह जाना	Intr	for X to be pregnant
कृपालु	A	kind, compassionate
कम से कम *	Adv	at least
बकरा	M	goat
पेट *	M	stomach; womb
जीव	M	living being
कंजूस *	A	miserly, stingy
टालना	Tr	to postpone, to put off
की जगह *	Post	in place of, instead of
भेंट	F	present, gift; offering
X को मनाना	Tr	to make X agree (to something); to appease X
गुणगान	M	praise, song of praise
X का गुणगान करना	Tr	to sing praises of X
श्रेष्ठ	A	the best
कोरा	A	blank; here: empty
बखान	M	eulogy; praise
जेब *	F	pocket

ख़र्च होना *	Intr	to be spent
विचार *	M	thought, idea
सरकना	Intr	to slip, to slide, to lapse
जात / जाति	F	caste (jati)
अकर्म	M	misdeed, bad action, sin
X को (Y की) याद दिलाना	Tr	to remind X (of Y)
उपाय	M	device, means; remedy (for a situation)
सूझना	Intr	to occur to one
बचना	Intr	to be saved, to escape; here: to avoid
मनुष्य	M	human being
बल	M	strength, power
बलवान	A	powerful
महाबली	A	very powerful; one of the epithets of Bhairon
योजना	F	plan
के अनुसार *	Post	according to
मज़बूत	A	strong, sturdy; firm
रस्सा	M	rope
मूर्ति *	F	idol, statue
बाँधना	Tr	to tie
X से बाँधना	Tr	to tie to X, to fasten to X
वचन	M	promise
बँधना *	Intr	to be tied
X से बँधना	Intr	to be tied to X

गर्दन *	F	neck
झटका	M	jerk
उखड़ना	Intr	to be uprooted
घिसटना	Intr	to be dragged
माताजी	F	mother; here: local female deity
मढ़	M	enclosed shrine
गुज़रना	Intr	to pass
X के सामने से गुज़रना	Tr	to pass by X, to pass in front of X
मज़ाक *	M	joke; ridicule
X का मज़ाक उड़ाना	Tr	to make fun of X; to ridicule X
ताना	M	taunt
हर वक़्त	Adv	all the time
X से पाला पड़ना	Intr	to be confronted with X (a difficult person)
मुँह की खाना	Tr	to suffer a humiliating defeat; to receive a blow on the face; to kiss the dust

८

काकी

सियारामशरण गुप्त

उस दिन बड़े सबेरे जब श्यामू की नींद खुली, तब उसने देखा कि घर-भर में कुहराम मचा हुआ था। उसकी काकी उमा एक कंबल पर नीचे से ऊपर तक एक कपड़ा ओढ़े हुए भूमिशयन कर रही है, और घर के सब लोग उसे घेर कर बड़े करुण स्वर में विलाप कर रहे हैं।

लोग जब उमा को श्मशान ले जाने के लिए उठाने लगे, तब श्यामू ने बड़ा उपद्रव मचाया। लोगों के हाथों से छूटकर वह उमा के ऊपर जा गिरा। बोला — "काकी सो रही हैं, उन्हें इस तरह उठाकर कहाँ लिए जा रहे हो ? मैं न ले जाने दूँगा।"

लोग बड़ी कठिनता से उसे हटा पाए। काकी के अग्निसंस्कार में भी वह न जा सका। एक दासी राम-राम करके उसे घर पर ही संभाले रही।

यद्यपि बुद्धिमान गुरुजनों ने उसे विश्वास दिलाया कि उसकी काकी उसके मामा के यहाँ गई है, परंतु असत्य के वातावरण में सत्य बहुत समय तक छिपा न रह सका। आसपास के अन्य अबोध बालकों के मुँह से ही प्रकट हो गया। यह बात उससे छिपी न रह सकी कि काकी और कहीं नहीं, ऊपर राम के यहाँ गई हैं। काकी के लिए कई दिन तक लगातार रोते-रोते उसका रुदन तो क्रमशः शांत हो गया, परंतु शोक शांत न हो सका। वर्षा के अनंतर एक-दो दिन ही में पृथ्वी के ऊपर का पानी अगोचर हो जाता है : परंतु भीतर ही भीतर उसकी आर्द्रता जैसे बहुत दिन तक बनी रहती है, वैसे ही श्यामू के अंतस्तल में वह शोक जाकर बस गया था। वह प्रायः अकेला बैठा-बैठा शून्य मन से आकाश की ओर ताका करता था।

एक दिन उसने ऊपर एक पतंग उड़ती देखी। न जाने क्या सोचकर उसका हृदय एकदम खिल उठा। विश्वेश्वर के पास जाकर बोला — "काका, मुझे एक पतंग मँगा दो। अभी मँगा दो।"

पत्नी की मृत्यु के बाद से विश्वेश्वर अन्यमनस्क रहा करते थे। "अच्छा मँगा दूँगा," कहकर वे उदास भाव से और कहीं चले गए।

श्यामू पतंग के लिए बहुत उत्कंठित था। वह अपनी इच्छा किसी तरह रोक न सका। एक जगह खूँटी पर विश्वेश्वर का कोट टँगा हुआ था। इधर-उधर देखकर उसने उसके पास एक स्टूल सरकाकर रखा और ऊपर चढ़कर कोट की जेबें टटोलीं। उनमें से एक चवन्नी का आविष्कार करके वह तुरंत वहाँ से भाग गया।

सुखिया दासी का लड़का भोला श्यामू का समवयस्क साथी था। श्यामू ने उसे चवन्नी देकर कहा— "अपनी जीजी से कहकर गुप-चुप एक पतंग और डोर मँगा दो। देखो, ख़ूब अकेले में लाना, कोई जान न पावे।"

पतंग आई। एक अंधेरे घर में उसमें डोर बाँधी जाने लगी। श्यामू ने धीरे से कहा— "भोला, किसी से न कहो, तो एक बात कहूँ।"

भोला ने सिर हिलाकर कहा— "नहीं, किसी से न कहूँगा।"

श्यामू ने रहस्य खोला। कहा— "मैं यह पतंग ऊपर राम के यहाँ भेजूँगा, इसे पकड़कर काकी नीचे उतरेंगी। मैं लिखना नहीं जानता। नहीं तो इसपर उनका नाम लिख देता।"

भोला श्यामू से अधिक समझदार था। उसने कहा — "बात तो बड़ी अच्छी सोची, परंतु एक कठिनता है। यह डोर पतली है। इसे पकड़कर काकी उतर नहीं सकती। इसके टूट जाने का डर है। पतंग में मोटी रस्सी हो, तो सब ठीक हो जाए।"

श्यामू गंभीर हो गया। मतलब यह, —बात लाख रुपये की सुझाई गई है। मगर कठिनता यह थी कि मोटी रस्सी कैसे मँगाई जाए। पास में दाम हैं नहीं और घर के जो आदमी उसकी काकी को बिना दया-माया के जला आए हैं, वे उसे इस काम के लिए कुछ नहीं देंगे। उस दिन श्यामू को चिंता के मारे बड़ी रात तक नींद नहीं आई।

पहले दिन की तरकीब से दूसरे दिन उसने विश्वेश्वर के कोट से एक रुपया निकाला। ले जाकर भोला को दिया और बोला— "देख भोला, किसीको मालूम न होने पावे। अच्छी-अच्छी दो रस्सियाँ मँगा दे। एक रस्सी ओछी पड़ेगी। जवाहर भैया से मैं एक कागज़ पर 'काकी' लिखवा रखूँगा। नाम की चिट रहेगी, तो पतंग ठीक उन्हीं के पास पहुँच जाएगी।"

दो घण्टे बाद प्रफुल्ल मन से श्यामू और भोला अंधेरी कोठरी में बैठे-बैठे पतंग में रस्सी बाँध रहे थे। अकस्मात शुभ कार्य में विघ्न की तरह उग्र रूप धारण किए हुए

विश्वेश्वर वहाँ आ घुसे । भोला और श्यामू को धमकाकर बोले—"तुमने हमारे कोट से रुपया निकाला है ?"

भोला सकपकाकर एक ही डाँट में मुख़बिर हो गया । बोला—"श्यामू भैया ने रस्सी और पतंग मँगाने के लिए निकाला था ।"... विश्वेश्वर ने श्यामू को दो तमाचे जड़कर कहा—"चोरी सीखकर जेल जाएगा ? अच्छा, तुझे आज अच्छी तरह समझाता हूँ ।" कहकर फिर तमाचे जड़े और कान मलने के बाद पतंग फाड़ डाली । अब रस्सियों की ओर देखकर पूछा—"ये किसने मँगाईं ?"

भोला ने कहा—"इन्होंने मँगाई थीं । कहते थे, इससे पतंग तानकर काकी को राम के यहाँ से नीचे उतारेंगे ।"

विश्वेश्वर हतबुद्धि होकर वहीं खड़े रह गए । उन्होंने फटी हुई पतंग उठाकर देखी । उसपर चिपके हुए कागज़ पर लिखा हुआ था—"काकी" ।

काकी

काकी *	F	aunt (paternal)
काका	M	uncle (paternal)
श्यामू	P.N.(M)	Shyamu
नींद *	F	sleep, slumber
नींद खुलना	Intr	to be awakened from one's sleep
कुहराम	M	loud lamentation, wailing
मचना	Intr	to be raised up, to be caused
उमा	P.N.(F)	Uma
कंबल *	M	blanket
ओढ़ना *	Tr	to cover (the body) with
भूमिशयन	M	sleeping on the ground
घेरना	Tr	to encircle
करुण	A	touching; pathetic, tragic
स्वर	M	sound; tone; voice
विलाप	M	lamentation, wailing, weeping
श्मशान	M	cremation ground
उपद्रव	M	disturbance, tumult
उपद्रव मचाना	Tr	to cause a disturbance/tumult
छूटना	Intr	to be released
कठिनता	F	difficulty
हटाना *	Tr	to remove
अग्निसंस्कार	M	cremation

दासी	F	maid-servant
राम-राम करके	Adv	'repeating the name of God', i.e., with great difficulty/ trepidation
यद्यपि	Conj	though, although, even though
बुद्धिमान	A	intelligent, wise
गुरुजन	M pl	elderly people
विश्वास दिलाना *	Tr	to assure
परंतु *	Conj	but
असत्य *	M	lie, falsehood, untruth
सत्य	M	truth
वातावरण *	M	atmosphere
छिपना	Intr	to hide; to be hidden
अन्य	A	other, another
अबोध	A	innocent
बालक	M	child
प्रकट	A	revealed
प्रकट होना	Intr	to be revealed
राम	P.N.(M)	Rama; here: God
कई *	A	several
रुदन	M	crying, weeping
क्रमशः	Adv	gradually, by degrees
शांत / शान्त *	A	quiet; still; peaceful
शोक	M	sorrow, grief
वर्षा	F	rain
अनंतर	Adv	after, afterwards

पृथ्वी	F	the earth, ground
अगोचर	A	imperceptible, invisible
भीतर *	Adv	inside, within
आर्द्रता	F	wetness
अंतस्तल	M	depth, base; inner heart, in one's heart of hearts
बसना *	Intr	to settle; to inhabit; here: to stay
प्रायः	Adv	often; usually
अकेला	A	lonely, lonesome; solitary
शून्य	A/M	empty; nothingness; zero
मन	M	heart; mind
आकाश *	M	sky
ताकना *	Tr	to stare, to gaze
पतंग *	F	kite
उड़ना *	Intr	to fly
एकदम *	Adv	suddenly, in one breath
खिलना	Intr	to blossom, to bloom; to be delighted
विश्वेश्वर	P.N.(M)	Vishveshwar
मँगाना *	Tr	to cause to bring; to order
मृत्यु	F	death
अन्यमनस्क	A	absentminded
भाव *	M	emotion, sentiment, feeling; price
उत्कंठित	A	eager, keenly desirous
खूँटी	F	small peg

टँगना	Intr	to be hung
सरकाना	Tr	to slide (something)
टटोलना	Tr	to feel; to search (by hand)
चवन्नी	F	twenty-five paisa (four anna) coin
आविष्कार	M	invention; discovery
सुखिया	P.N.(F)	Sukhiya
भोला	P.N. (M)	Bhola
समवयस्क	A	of the same age
जीजी	F	elder sister
गुप-चुप	Adv	secretly and quietly
डोर	F	string
हिलाना *	Tr	to shake; to move
रहस्य	M	secret
उतरना *	Intr	to get down
नहीं तो *	Conj	otherwise; or else
अधिक	A	more
समझदार *	A	sensible; wise; intelligent
रस्सी	F	rope
गंभीर *	A	serious
लाख	A	a hundred thousand
सुझाना	Tr	to suggest
दया-माया	F	mercy, compassion
के मारे	Post	because of, due to
तरकीब	F	device; means, way
ओछा	A	small
जवाहर	P.N.(M)	Jawahar

लिखवाना	Tr	to have written
चिट	F	slip, a small piece of paper
प्रफुल्ल	A	cheerful, delighted
कोठरी	F	small room
अकस्मात	Adv	unexpectedly, all of a sudden
शुभ	A	auspicious; good
कार्य	M	task, work
विघ्न	M	interference; obstacle
उग्र	A	violent, fierce, wrathful
धारण करना	Tr	to wear, to put on, to hold
घुसना *	Intr	to enter
धमकाना	Tr	to threaten, to rebuke
सकपकाना	Intr	to be startled, to be confounded
डाँट	F	scolding
डाँटना	Tr	to scold
मुख़बिर	A	informer
तमाचा	M	slap
जड़ना	Tr	to fix; to lay on
चोरी *	F	theft; stealing
मलना	Tr	to rub
फाड़ना	Tr	to tear off, to rip off
तानना	Tr	to stretch, to spread; here: to fly
उतारना *	Tr	to cause to descend, to bring down; to take off (garment, shoes, etc.)

हतबुद्धि	A	without one's wits; at a loss
चिपकना	Intr	to adhere; to stick

९
पहाड़ की स्मृति
यशपाल

अब तो मंडी में रेल, बिजली और मोटर सभी कुछ हो गया है पर एक ज़माना था, जब यह सब कुछ न था। हमीरपुर से रुवालसर के रास्ते लोग मंडी जाया करते थे। उस समय व्यापार या तो ख़च्चरों द्वारा होता था, या फिर आदमी की पीठ पर चलता था। उन दिनों मैं मंडी की राह कुल्लू गया था।

मंडी 'नग्गर' से कुछ उधर ही एक अधेड़ उमर की पहाड़िन को, बाँस की टोकरी में ख़ुरबानियाँ लिये सड़क किनारे बैठे देखा। पहाड़ी लोग अक्सर इस तरह कुछ फल-वल ले सड़क के किनारे बैठ जाते हैं और राह चलतों के हाथ पैसे-पैसे दो-दो पैसे का सौदा बेचते रहते हैं। ख़ुरबानियाँ बहुत बड़ी-बड़ी और बढ़िया थीं।

मेरे समीप पहुँचते ही उस पहाड़िन ने बिगड़ी हुई पंजाबी में सवाल किया — "क्या तुम लाहौर के रहने वाले हो ?"

मेरी पोशाक देखकर ही शायद उसे यह ख़याल आया होगा कि मैं लाहौर का रहने वाला हो सकता हूँ।

सोचा — क्या यह मुझे पहचानती है ? उत्तर दिया — "हाँ, मैं लाहौर का रहने वाला हूँ।"

उसकी आँखें क़द्रे ख़ुशी से चमक उठीं। उसने पूछा — "तुम परसराम को जानते हो ?"

विस्मय से मैंने पूछा — "परसराम ? कौन परसराम ?"

कुछ व्यग्र होकर उसने उत्तर दिया — "परसराम ठेकेदार !"

कुछ मतलब न समझ फिर पूछा — "कौन परसराम ठेकेदार ?"

मैं जिस ओर से चलकर आ रहा था, उसी ओर हाथ से संकेत कर उसने कहा — "वे दोनों पुल जिसने बनवाए थे।"

बात मेरी समझ में न आई। मैंने उत्तर दिया — "मैं परसराम को नहीं जानता। होगा कोई, क्यों ?"

उदास हो उसने कहा — "तुम लाहौर के रहने वाले हो और उसे नहीं पहचानते ! वह भी तो लाहौर का रहने वाला है । .... परसराम ठेकेदार है न ?"

पहाड़िन की अधीरता से कुछ द्रवित हो मैंने पूछा — "किस गली, किस मुहल्ले का रहने वाला है वह ?"

बहुत चिन्तित भाव से एक हाथ गाल पर रखकर उसने धीरे-धीरे कहा — "गली-मुहल्ला ? ... गली-मुहल्ला नहीं, वह लाहौर का रहने वाला है । तुम भी तो लाहौर के रहने वाले हो उसे नहीं पहचानते ?"

उस औरत की नादानी पर मैं हँस न सका । उसे समझाने की कोशिश की कि लाहौर बहुत बड़ा शहर है । अधिक नहीं तो दो-ढाई लाख आदमी लाहौर में बसते होंगे । वहाँ एक-एक मुहल्ले में इतने आदमी हैं कि एक दूसरे को नहीं पहचान सकते । मैं हीरा मंडी में रहता हूँ । यदि परसराम ठेकेदार मजंग में रहता हो, तो वह मुझसे साढ़े तीन मील दूर रहता है, हालाँकि वह भी लाहौर में रहता है और मैं भी लाहौर में रहता हूँ और हम लोगों के बीच दूसरे लाखों आदमी रहते हैं ।

बात औरत की समझ में न आई । उसकी आँखों की प्रसन्नता काफ़ूर हो गई । गाल पर हाथ रखकर धीमी आवाज़ में उसने कहा — "लाहौर का रहने वाला है, लम्बा-लम्बा, गोरा-गोरा, प्यारी-प्यारी आँखें हैं, तुम से कुछ जवान है, भूरा-भूरा कोट पहनता है, रेशमी साफ़ा बाँधता है, वह लाहौर का रहने वाला है ।"

मैंने दुखित हो उत्तर दिया — "नहीं, मैं नहीं पहचानता ।"

उसकी टोकरी के पास उकड़ूँ बैठ ख़ुरबानियाँ चुन-चुन कर मैं अपने रूमाल में रखने लगा । सहानुभूति के तौर पर मैंने पूछा — "क्यों, तुम्हें उससे कुछ काम है क्या ?"

गहरी साँस खींचकर उसने कहा — "परसराम यहाँ पुल बनवाता था । पाँच बरस हो गए, तब वह यहाँ था । वह जाने लगा तो मैंने कहा — 'मत जा ।' उसने कहा, 'मैं बहुत जल्दी, थोड़े ही दिन में लौट आऊँगा ।' वह आया ही नहीं ..... लाहौर तो बहुत दूर है न ?"

मैंने उत्तर दिया — "हाँ, बहुत दूर है ।"

उसकी आँखों में नमी आ गई । उसने गर्दन झुकाकर कहा— "न जाने वह क्यों नहीं आया ...... न जाने कब आएगा ...... पाँच बरस हो गये, आया नहीं ।" वह चुप हो गई।

102

कुछ देर बाद गर्दन झुकाए ही बोली — "उसकी राह देखती रहती हूँ, इसलिए यहाँ सड़क पर भी आ बैठती हूँ। मेरा बहुत-सा काम हर्ज होता है लेकिन दिल घबराता है तो यहाँ आ बैठती हूँ। दो और आदमी लाहौर से आये थे पर वह नहीं आया। पाँच बरस हो गये !" वह चुप हो गई।

एक छोटी-सी लड़की, प्रायः पाँच बरस की, एक ओर से दौड़ती आई। मुझ अपरिचित को देख वह सहम गई। फिर मुझे अलक्ष कर माँ के आँचल में मुँह छिपा वह उसके गले में लिपट गई।

मैंने पूछा — "यह तुम्हारी लड़की है ?"

सिर झुकाकर उसने हामी भरी। लड़की के सिर पर हाथ फेरते हुए उसने कहा — "यह भी पाँच बरस की हो गई। इसने बाप को अभी तक नहीं देखा। देखे तो पहचान भी न पाये।"

उन दोनों की ओर देखते हुए मन में विचार आया — कवि लोग कहते हैं कि विरह प्रेम का जीवन और मिलन अन्त। क्या यह अपने प्रेम का अन्त कर देना चाहती है ? यों यह प्रेम क्या सदा न रहेगा ? फिर ख़याल आया— यह स्त्री निर्लज्ज है ? क्या इसका प्रेम, त्याग और तपस्या का उदाहरण, यही है ?

पूछा — "कितने पैसे ?"

बोली — "नहीं, पैसे क्या ? तुम लाहौर के रहने वाले हो, तुम से पैसे क्या ?" और दोनों हाथों की अंजलि से जितनी ख़ुरबानियाँ रूमाल में आ सकती थीं, उसने भर दीं।

समझ गया औरत पैसे न लेगी। उसकी उदास सूरत मन में चुभ-सी रही थी; उठकर जाते भी क्रूरता अनुभव होती थी। असबाब का ख़च्चर दूर निकल गया होगा, इस ख़याल से उठना ही पड़ा। एक अठन्नी निकाल आत्मीयता के भाव से बच्चे के हाथ में देनी चाही। औरत ने इनकार किया परन्तु मेरा भाव समझकर, उसने बेटी को अनुमति दे दी।

उन्हें छोड़ मैं बस्ती की एक धर्मशाला में जा टिका। कल्पना में वही सड़क के किनारे प्रतीक्षा में बैठी पहाड़िन दिखाई देती रही। मानो वहीं प्रतीक्षा में बैठ-बैठकर वह अपनी शेष आयु व्यतीत कर देगी।

सुबह धूप निकलने पर घूमने निकला। पैर स्वयं उसी सड़क की ओर चल दिये। चट्टानों की आड़ में मोड़ घूमकर देखा — वह औरत अपने खेतों में निराई कर रही है।

आने-जाने वाले की आहट पा एक नज़र सड़क पर डाल लेती है। मालूम पड़ता था, उसके व्यथा और श्रम से क्लान्त शरीर को आशा की एक मन्द लौ ने जीवित रखा है। यह मन्द लौ परसराम के लौट आने की आशा है।

मुझे देख उसके चेहरे पर फीकी-सी मुस्कुराहट फिर आई। हाथ की कुदाली एक तरफ़ डालकर वह बोली — "लाहौर लौट रहे हो ?"

उत्तर दिया — "नहीं, ज़रा ऐसे ही घूमने चला आया।"

मैं उसके खेत में चला गया। पूछा — "परसराम यहाँ कितने दिन रहा था ?"

पहाड़िन ने जवाब दिया — "आठ महीने। कहता था — 'जल्दी ही लौट आऊँगा,' अभी तक नहीं आया। जाने कब आएगा ? लड़की भी इतनी बड़ी हो गई !"

मैंने पूछा — "तो तुम उसके साथ लाहौर क्यों नहीं चली गई ?"

उसने गाल पर हाथ रखते हुए कहा — "हाँ मैं नहीं गई। परसराम ने तो कहा था — 'तू चल।' पर मैं नहीं गई। देखो मैं कैसे जाती ? यहाँ का सब कैसे छोड़ जाती ? वे सामने ख़ुरबानियों के पेड़ हैं, वे नासपातियों के हैं, सेब के हैं, दो अख़रोट के हैं। मैं यहाँ से कभी कहीं नहीं गई। एक दफ़े जब मैं छोटी थी, मेरी मौसी मुझे अपने गाँव, वहाँ नीचे, ले गई थी। उसका घर बहुत दूर है। दस कोस होगा। वहाँ बहुत वैसा-वैसा है, न यह पहाड़, न यह ब्यास नदी की आवाज़, न ऐसे पेड़, रूखा-रूखा मालूम होता है। वहाँ मुझे बुख़ार आ गया था, तब मेरा फूफा मुझे पीठ पर लाद कर यहाँ लाया। आते ही मैं चंगी हो गई। मैं कभी कहीं नहीं गई। लाहौर तो बहुत दूर है, वहाँ शायद लोग बीमार हो जाते हैं। परसराम के लिये मुझे बहुत डर लगता है। न जाने क्या हाल हो ? हमारे यहाँ बीमार कभी ही कोई होता है। हो भी जाए तो हर्दू जुलाहा झाड़-फूँक देता है। लाहौर में क्या कोई अच्छा झाड़ने वाला है ?"

मैंने उत्तर दिया — "हाँ, है क्यों नहीं। बहुत से हैं।"

सन्तोष से सिर हिलाकर उसने कहा — "अच्छा।"

सकुचाते-सकुचाते मैंने पूछा — "परसराम के आने से पहले तुम्हारा ब्याह नहीं हुआ था ?"

उसने कहा — "ब्याह तो हुआ था, बहुत पहले। मुझे ब्याह के यहाँ से मेरा आदमी तकू मुझे ले गया था। वहाँ मुझे अच्छा नहीं लगा। मैं बीमार हो गई। वहाँ मेरी सौत मुझे

बहुत मारती थी। मैं यहाँ लौट आई। मेरा आदमी कभी-कभी यहाँ आकर रहता था। ब्याह के तीन साल बाद वह गुज़र गया। मैं माँ के पास ही रही। मैंने परसराम से कहा था — 'यहाँ सब कुछ है, तू कहीं मत जा।' कहता था, 'मैं जल्दी आ जाऊँगा।' पाँच बरस हो गये, वह अभी तक नहीं आया। देखो कब आये। अब तो दो बरस से माँ भी नहीं है।"

चौथे दिन तीसरे पहर मैं फिर उधर से गुज़रा। वह सिर झुकाए अपने खेत में काम कर रही थी। कुछ गुनगुनाती जाती थी। मैं क्षण-भर खड़ा देखता रहा। शायद वह विरह का गीत गुनगुना रही थी या पिछले दिनों की याद कर रही थी। उसके ध्यान में विघ्न डालना उचित न समझा, लौट आया।

मंडी में मैं सप्ताह-भर ठहरा। कुल्लू के लिये चलने से पहले मैं उसे फिर एक दफ़े देखने के लिये गया। वह अपने खेतों में अनमनी-सी निराई कर रही थी। उसकी लड़की खेत से निकाली हुई घास को दौड़-दौड़ कर बाहर फेंक आती थी।

मैंने कहा — "आज जा रहा हूँ।"

उसने उत्सुकता से पूछा — "लाहौर ?"

मैंने कहा — "हाँ, कुल्लू जा रहा हूँ, वहाँ से लाहौर लौट जाऊँगा।"

बड़ी आजिज़ी से उसने कहा — "परसराम से मेरा सन्देसा ज़रूर कहना। कहना — दिन भर सड़क ताका करती हूँ; पाँच बरस हो गये, अब ज़रूर लौट आ। तेरी लड़की तुझे पुकारती रहती है। कहोगे न ?"

मैंने कहा — "ज़रूर कहूँगा।"

अपनी बेटी को प्यार कर वह बोली — "देख, बाबू तेरे बाप के पास जा रहे हैं। बाबू को सलाम कर। बाबू तेरे बाप को भेज देंगे।"

"अच्छा" — कहकर मैं लौट पड़ा और फिर उधर न देख सका। ऐसा जान पड़ता था, मेरी गर्दन की पीठ पर उसकी आँखें गड़ी जा रही हैं। मन में एक बेचैनी-सी अनुभव हो रही थी। कह नहीं सकता — परसराम के प्रति क्रोध था .... पहाड़िन के प्रति करुणा थी या परसराम से ईर्ष्या .... ?

पहाड़ की स्मृति

पहाड़ *	M	mountain
पहाड़ी	A/M/F	mountainous, relating to the mountains; man from/of the mountains; hill
पहाड़िन	F	woman from/of the mountains
स्मृति	F	memory
मंडी	P.N.(M)	Mandi (name of a city)
रेल	F	train; railroad
बिजली	F	electricity
मोटर	F	motor; car
ज़माना *	M	time, period, era
हमीरपुर	P.N. (M)	Hamirpur
रुवालसर	P.N. (M)	Ruwalsar
के रास्ते (से)	Post	by way of
व्यापार	M	trade, commerce
ख़च्चर	M	mule
(के) द्वारा	Post	by means of
पीठ *	F	back (of the body)
राह	F	way, path, route
X की राह देखना	Tr	'to look (down) the road of/for X', i.e., to wait for X
कुल्लू	P.N. (M)	Kullu/Kulu
नग्गर	M	town (dialectical form of नगर), city

अधेड़	A	middle-aged
उमर / उम्र *	F	age
बाँस	M	bamboo
टोकरी *	F	basket
ख़ुरबानी	F	apricot
राह्-चलता	M	passerby
सौदा	M	goods
बढ़िया *	A	fine, of good quality, excellent
समीप	Adv	near
बिगड़ना	Intr	to be spoiled/damaged; to develop bad habits/character
बिगड़ी हुई पंजाबी		incorrectly spoken Punjabi
पोशाक	F	clothing, attire
ख़्याल / ख़याल	M	idea, thought
क़द्रे	A	a little, some
चमकना *	Intr	to sparkle, to shine
परसराम	P.N. (M)	Parasram
विस्मय	M	astonishment
व्यग्र	A	impatient; agitated
ठेकेदार	M	contractor
संकेत	M	sign, signal; indication; hint
X की ओर संकेत करना	Tr	to hint/point towards X
बनवाना *	Tr	to cause to make/build, to have made/built
समझ *	F	understanding

X की समझ में आना	Intr	to be understood/grasped by X
अधीरता	F	impatience
द्रवित	A	moved (by emotion)
गली	F	lane
मुहल्ला	M	<u>muhalla</u>, a section/quarter of a city
चिन्तित / चिंतित	A	worried
गाल *	M	cheek
नादानी	A	ignorance
लाख *	A	<u>lakh</u>, a hundred thousand
हीरामंडी	P.N. (M)	Hiramandi, an area in Lahore
मजंग	P.N. (M)	Majang, an area in Lahore
के बीच *	Post	between
प्रसन्नता	F	happiness
काफ़ूर होना	Intr	to disappear, to vanish
धीमा	A	slow; low
गोरा *	A	light (skin color), fair-skinned
प्यारा	A	dear, beloved; lovely
भूरा	A	brown
रेशमी	A	silk
साफ़ा	M	turban
साफ़ा बाँधना	Tr	'to tie a turban', i.e., to put on a turban
दुखित	A	saddened, sorrowful
उकड़ूँ बैठना	Intr	to squat

चुनना *	Tr	to select, to choose
रूमाल *	M	handkerchief
सहानुभूति *	F	sympathy
के तौर पर *	Post	as, in the manner of
X से काम होना	Ind. Intr	to have business with X
गहरा *	A	deep
साँस *	F	sigh, breath
खींचना	Tr	to drag, to pull; here: to draw a breath
बरस	M	year
नमी	F	moisture
झुकाना	Tr	to bend, to lower
हर्ज / हर्ज़	M	harm, damage, hindrance
हर्ज होना	Intr	to be hurt; to be hindered/ disturbed
दिल *	M	heart
प्रायः	Adv	about, approximately
परिचित	A	known, familiar
अपरिचित	A	unfamiliar, unacquainted; here: stranger
सहमना	Intr	to be frightened
अलक्ष करना	Tr	to disregard
आँचल	M	edge of a sari
छिपाना	Tr	to hide
लिपटना	Intr	to embrace, to cling
हामी	F	assent, acceptance

हामी भरना	Tr	to give assent; lit. to say 'Yes'
हाथ फेरना	Tr	to stroke, to caress
विरह	M	separation (from loved one)
मिलन	M	meeting, union
अंत / अन्त	M	end
X का अन्त करना	Tr	to end X
यों	Adv	like this
सदा	Adv	always
निर्लज्ज	A	shameless
त्याग	M	renunciation, sacrifice
तपस्या	F	penance, ascetic practice, self-mortification
अंजलि	F	the cup-shaped hollow formed by joining the two palms, cupped hands
सूरत	F	face
चुभना	Intr	to pierce, to sting
क्रूरता	F	cruelty
अनुभव	M	experience
अनुभव होना	Intr	to be felt, to be experienced
असबाब	M	baggage
अठन्नी	F	eight-anna coin (1/2 rupee)
आत्मीयता	F	friendliness, affection
इनकार *	M	refusal
इनकार करना	Tr	to refuse
अनुमति	F	permission

बस्ती	F	settlement, village
धर्मशाला	F	stopping place (for pilgrims and travelers), inn
टिकना	Intr	to stay, to put up at
कल्पना	F	imagination
प्रतीक्षा	F	waiting
मानों / मानो *	Conj	as if, as though
शेष	A	rest, remaining
आयु	F	age, lifetime
व्यतीत करना	Tr	to spend (time)
चट्टान	F	rock
आड़	F	something which hides something from view: shield, screen
मोड़	M	turn, bend
मोड़ घूमना	Intr	to round a bend
निराई करना	Tr	to weed
आने-जानेवाला	M	passerby
आहट	F	sound (of footsteps)
पाना	Tr	to get; here: to hear
नज़र *	F	view; glance
X पर नज़र डालना	Tr	to cast a glance at X, to glance at X
मालूम पड़ना	Ind. Intr	to seem/appear
व्यथा	F	pain
श्रम	M	labor, hard work
क्लान्त	A	exhausted, weary

मन्द लौ	F	dim/low flame
जीवित	A	alive
फीका	A	tasteless; dim, dull; here: wan
मुस्कराहट / मुस्कुराहट *	F	smile
कुदाली	F	spade
डालना	Tr	to put; here: to put down
नासपाती / नाशपाती	F	pear
अख़रोट	M	walnut
दफ़ा	F	time, occasion
मौसी	F	aunt (mother's sister)
कोस	M	kos (about two miles)
वैसा-वैसा	A	so-so, not so good
ब्यास	P.N.(F)	Beas, a river in Punjab
रूखा	A	dry, harsh
फूफा	M	uncle (father's sister's husband)
लादना	Tr	to load
चंगा	A	well, recovered
चंगा होना	Intr	to recover
हर्दू	P.N. (M)	Hardu
जुलाहा	M	weaver; name of a traditional weaver's caste
झाड़ना-फूँकना	Tr	to recite spells and incantations; to exorcise
झाड़नेवाला	M	healer; exorcist
सन्तोष	M	satisfaction, contentment
सकुचाना	Intr	to hesitate

ब्याह	M	marriage
ब्याहना	Tr	to marry, to wed
तकू	P.N. (M)	Taku
सौत	F	co-wife
गुज़रना *	Intr	to pass
गुज़र जाना	Intr	to pass away, to die
पहर	M	traditional measure of time equal to three hours
तीसरे पहर	Adv	the third 'watch', i.e., in the late afternoon
गुनगुनाना	Tr	to hum
क्षण	M	moment
क्षण-भर	Adv	for a moment
विघ्न	M	interruption; obstacle
X में विघ्न डालना	Tr	to interrupt X, to disturb X
उचित	A	proper, right
ठहरना *	Intr	to stay, to remain (at a place)
अनमना	A	absent-minded; dejected
घास	F	grass
उत्सुकता	F	eagerness
आजिज़ी	F	meekness, humbleness
सन्देसा	M	message
ताकना	Tr	to gaze at, to stare at
पुकारना *	Tr	to call
प्यार *	M	love, affection

X को प्यार करना	Tr	to love X, to physically express affection for X; here: to fondle
बाबू	M	babu, gentleman
सलाम	M	greeting, salutation
X को सलाम करना	Tr	to greet X, to say hello to X
X को जान पड़ना	Ind. Intr	to seem/appear to X
गड़ना	Intr	to be fixed; to penetrate
बेचैनी *	F	uneasiness
के प्रति	Post	towards; for, in regard to
क्रोध *	M	anger
करुणा *	F	pity; compassion
ईर्ष्या *	F	envy, jealousy

१०

कुछ कविताएँ

"मधुशाला" से

— बच्चन

(१)

भावुकता अंगूर लता से
खींच कल्पना की हाला,
कवि साक़ी बनकर आया है
भरकर कविता का प्याला;
　　कभी न कणभर खाली होगा,
　　लाख पिएँ, दो लाख पिएँ !
　　　　पाठकगण हैं पीनेवाले,
　　　　पुस्तक मेरी मधुशाला ।

(२)

प्रियतम, तू मेरी हाला है,
मैं तेरा प्यासा प्याला,
अपने को मुझमें भरकर तू
बनता है पीनेवाला;
　　मैं तुझको छक छलका करता,
　　मस्त मुझे पी तू होता;
　　　　एक दूसरे को हम दोनों
　　　　आज परस्पर मधुशाला ।

(३)

मैं मदिरालय के अंदर हूँ,
मेरे हाथों में प्याला,
प्याले में मदिरालय बिंबित
करनेवाली है हाला;

इस उधेड़-बुन में ही मेरा
सारा जीवन बीत गया —
मैं मधुशाला के अंदर या
मेरे अंदर मधुशाला !

(४)

मदिरालय जाने को घर से
चलता है पीनेवाला,
'किस पथ से जाऊँ ?'
असमंजस में है वह भोलाभाला;
अलग-अलग पथ बतलाते सब
पर मैं यह बतलाता हूँ ...
'राह पकड़ तू एक चला चल,
पा जाएगा मधुशाला ।'

रात यूँ दिल में
— फ़ैज़ अहमद फ़ैज़

रात यूँ दिल में तेरी खोई हुई याद आई,
जैसे वीराने में चुपके से बहार आ जाए ।
जैसे सहराओं में हौले से चले बादे नसीम,
जैसे बीमार को बेवजह क़रार आ जाए ।

चूड़ी का टुकड़ा
— गिरजा कुमार माथुर

आज अचानक सूनी-सी सन्ध्या में
जब मैं यूँ ही मैले कपड़े देख रहा था
किसी काम में जी बहलाने,

116

एक सिल्क के कुर्ते की सिलवट में लिपटा

गिरा रेशमी चूड़ी का एक छोटा-सा टुकड़ा
उन गोरी कलाइयों में जो तुम पहने थीं
रंग-भरी उस मिलन-रात में ।
मैं वैसा का वैसा ही रह गया सोचता
पिछली बातें,
दूज-कोर-से उस टुकड़े पर
तिरने लगीं तुम्हारी सब लज्जित तसवीरें —
सेज सुनहली,
कसे हुए बन्धन में चूड़ी का झर जाना ।
निकल गयीं सपने जैसी वे रातें,
याद दिलाने रहा सुहाग-भरा यह टुकड़ा ।

प्यार : यात्रा और आँख
— जगदीश गुप्त

जिसका पहला ही अक्षर आधा हो
वह हमें पूर्णता तक कैसे ले जायेगा ?
प्यार
एक दिशाहीन यात्रा है
एक यातना से दूसरी यातना तक,
न यात्रा का अन्त है
और न यातना का ।
कहते हैं यह हमेशा अन्धा ही जनमता है
पर बिना आँख का,
मुझे कुछ भी नहीं चाहिए ।
पहले आँख दो
फिर प्यार
फिर आँखों का प्यार
फिर,
कुछ दूर हटकर,
अपने को देख लेने दो
एक बार ।

एक वाक्य

— धर्मवीर भारती

चेकबुक पीली हो या लाल,
दाम सिक्के हों या शोहरत,
कह दो उनसे
जो ख़रीदने आए हों तुम्हें —
हर भूखा आदमी बिकाऊ नहीं होता ।

परिवार

— विश्वनाथ त्रिपाठी

मेरा बाप —
        विजित एवरेस्ट
मेरी माँ —
        अभाव शेषनाग से विषतप्त क्षीर सागर
मेरा भाई —
        लद!दू घोड़े-सा बोझा ढोता सिंह शावक
मेरी बहन —
        मैले चिथड़ों से बनी हुई गुड़िया
और मैं —
        उबलता हुआ
        केतली का पानी
        जिसे बन-बनकर भाप आप ख़त्म होते रहना है ।

हर धर्मयुद्ध में
— वेद प्रकाश वटुक

हर धर्मयुद्ध में
विजय राम की होती है,
मुक्ति रावण को मिलती है,
राज्य प्राप्त होता है विभीषणों को
और सत्य की सीता को
मिलते हैं :
अग्नि परीक्षा,
बनवास
और धरती में समा जाना ।

कुछ कविताएँ

"मधुशाला" से

मधुशाला	F	'house of wine', i.e., tavern
भावुकता *	F	emotion, emotional state
अंगूर *	M	grape
लता	F	vine
खींचना	Tr	to draw, to pull; here: to extract
कल्पना *	F	imagination
हाला	F	wine
साक़ी	M	<u>saqi</u>, cupbearer
प्याला *	M	cup
कण	M	particle; here: drop
भर	Suffix	all, entire, whole
X भर न / नहीं		not even X
ख़ाली *	A	empty
पाठक *	M	reader
गण	Suffix	suffix signifying a collectivity
प्रियतम	M/F	dearest
छकना	Intr	to be filled, to be fulfilled
छलकना	Intr	to overflow
मस्त *	A	intoxicated (by passion); radiant with joy
परस्पर	A	mutual

मदिरालय	M	'house of wine', i.e., tavern
बिंबित	A	reflected
बिंबित करना	Tr	to reflect
उधेड़-बुन	F	indecision; dilemma
बीतना *	Intr	to pass, to be spent (time)
पथ *	M	path, way, course, route
असमंजस	M	dilemma; suspense
भोलाभाला *	A	innocent, honest and simple
अलग-अलग	A	different; distinct
बतलाना	Tr	to tell
राह	F	path; route, course
पकड़ना	Tr	to catch (hold of); to grasp, to seize
पाना	Tr	to get, to obtain; to acquire; here: to be able to reach

रात यूँ दिल में

यूँ / यों *	Adv	in this way, in this manner, like this, thus
खोना	Tr	to lose
जैसे *	Conj	as if
वीराना	M	deserted/desolated place
चुपके से *	Adv	quietly
बहार	F	spring (season); delight, joy
सहरा	M	desert
हौले से	Adv	quietly; gently

121

बादे नसीम	F	morning breeze
बीमार *	A/M	sick, ill; patient
बेवजह (से) *	Adv	for no reason; unexpectedly
क़रार	M	rest, repose; peace; relief (from pain)

चूड़ी का टुकड़ा

चूड़ी *	F	bangle
टुकड़ा *	M	piece
सूना	A	empty; lonely
सन्ध्या	F	evening
यूँ ही / यों ही *	Adv	casually, accidentally, by chance; just like this, for no particular reason
मैला *	A	dirty
जी	M	mind; heart
बहलाना	Tr	to amuse, to entertain
X में जी बहलाना	Tr	'to entertain one's mind with X', i.e., to distract oneself by X
सिल्क	F	silk
कुर्ता / कुरता *	M	kurta (a type of long shirt)
सिलवट	F	wrinkle; fold
X में / से लिपटना	Intr	to cling to X
रेशमी	A	silk, silken
कलाई	F	wrist

पहनना *	Tr	to wear, to put on (clothes, etc.)
रंग	M	color; here: beauty, gaiety, passion
मिलन	M	union
वैसा का वैसा	A	as before, unchanged
पिछला *	A	past; previous
दूज	F	the second day of the lunar fortnight
कोर	M	edge; here: crescent
तिरना	Intr	to swim, to float
लज्जित	A	bashful
सेज	F	bed
सुनहला	A	golden
कसना	Intr/Tr	to be tightened; to tighten
बन्धन	M	bond, tie; the act of binding/ holding fast
झरना	Intr	to cascade, to fall
सपना *	M	dream
सुहाग	M	happiness (specifically wedded happiness)

प्यार : यात्रा और आँख

अक्षर *	M	letter (of the alphabet)
पूर्णता	F	completeness
दिशाहीन	A	without direction

123

यातना	F	torture
अंधा / अन्धा *	A/M	blind; a blind person
जनमना	Intr	to be born
हटना *	Intr	to move aside, to move away

एक वाक्य

वाक्य *	M	sentence
चेकबुक	F	check book
दाम *	M	price
सिक्का	M	coin
शोहरत	F	fame, renown, celebrity
बिकाऊ	A	for sale, which/who can be bought

परिवार

विजित	A	conquered
एवरेस्ट	P.N.(M)	Everest
अभाव	M	lack, want; poverty
शेषनाग	P.N.(M)	the mythological thousand-headed serpent on which the god Vishnu rests
विषतप्त	A	poisoned
क्षीर सागर	P.N.(M)	the mythological Ocean of Milk on which Sheshnag rests
लद!दू	A	loaded, loaded down

घोड़ा *	M	horse
बोझा	M	load, burden
ढोना	Tr	to haul, to carry
सिंह शावक	M	lion cub
चिथड़ा	M	rag
गुड़िया *	F	doll
उबलना *	Intr	to boil
केतली	F	kettle
भाप	F	steam
आप	Adv	by itself

हर धर्मयुद्ध में

धर्मयुद्ध	M	'war of dharma', i.e., righteous war
विजय *	F	victory
राम	P.N. (M)	the god Rama
मुक्ति *	F	liberation, release (spiritual)
रावण	M	Ravana, the demon king of Lanka who abducted Rama's wife and whom Rama fought and defeated
प्राप्त	A	obtained
प्राप्त होना	Ind. Intr	to be obtained
विभीषण	P.N. (M)	Vibhishana, the younger brother of Ravana, who defected to Rama and was

		given the kingdom of Lanka as a reward
सीता	P.N. (F)	Sita, Rama's wife
अग्नि परीक्षा	F	ordeal by fire
बनवास	M	exile in forest
धरती	F	earth
समाना	Intr	to enter, to be absorbed

११

"आख़िरी चट्टान तक" से

मोहन राकेश

यूँ ही भटकते हुए

एक भिखारिन, अपने बच्चे को छाती से चिपकाए, होंठ उसके गाल पर रखे अधमुँदी आँखों से फ़ुट-बोर्ड पर लटककर चलती गाड़ी से नीचे उतर गई ....।

गाड़ी आवली के प्लेटफ़ार्म पर आकर रुक गई।

आवली अर्णाकुलम् के बहुत पास है। किसी से सुना था कि वहाँ की नदी का पानी बहुत अच्छा है। मैं प्लेटफ़ार्म पर उतरकर रेल की पटरी के साथ-साथ चलने लगा। नदी तक पहुँचने से पहले दो-एक जगह रुककर रास्ते का पता लिया। जिस समय नदी के किनारे पहुँचा, एक मल्लाह दूसरे पार जाने के लिए सवारियों को बुला रहा था। बिना यह सोचे कि दूसरे पार जाकर क्या होगा, मैं नाव में बैठ गया।

दूसरे पार पहुँचकर किनारे के साथ-साथ चलने लगा। नदी में पानी अधिक नहीं था। दो-एक जगह किनारे के पास पशु नहा रहे थे। कुछ नावों में पतली चौकोर ईंटें भरकर ढोई जा रही थीं। एक जगह नहाने का घाट बना था, जहाँ कुछ लोग पानी में डुबकियाँ लगा रहे थे। सामने नदी का पुल था। पुल बहुत ऊँचा था इसलिए उसके नीचे से गुज़रता हुआ पानी बहुत ख़ामोश और उदास लग रहा था।

मैं किनारे के साथ-साथ चलकर पुल के ऊपर चला गया। ऊपर से नीचे झाँकने पर पुल और भी ऊँचा लगता था। धार के एक तरफ़ खुली सूखी ज़मीन पर धोबियों ने कपड़े फैला रखे थे। सब कपड़े सफ़ेद थे। लगता था जैसे वे मनुष्य-शरीर के व्यंग्य-चित्र हों जो स्कूल से लौटते हुए लड़कों ने चाक के चूरे से बना दिये हों।

लोगों का नहाना, कपड़े धोना, नावों में ईंटें ले जाना, यह सब कुछ पुल पर से देखते हुए, जीवन का एक ऐसा टुकड़ा लगता था, जो नदी के पानी के साथ-साथ उसी की गति और उसी की ख़ामोशी लिये हुए चल रहा था। मेरा मन होने लगा कि मैं भी नदी के कमर तक गहरे पानी में उतर कर नहा लूँ। मैं फिर पुल से नीचे चला गया।

नदी से नहाकर निकला तो मन हो रहा था कि किसी से बात करूँ । नदी के पानी ने शरीर में स्फूर्ति भर दी थी । मैं किसी से बात करके हलका-सा क़हक़हा लगाना चाहता था । मैंने एक मल्लाह से बात करने की कोशिश की, पर उसमें सफलता नहीं मिली । उसकी भाषा दूसरी थी और मेरी इच्छा उस पर मन का कोई भाव प्रकट करने की नहीं, मुँह से बोलकर बात कहने की थी । उस समय यह बात मुझे बुरी तरह अखरने लगी कि मैं वहाँ अजनबी हूँ, इतने लोगों के बीच होता हुआ भी अकेला हूँ । जब आदमी किसी से बात न कर सके किसी से इतना भी न कह सके कि 'नदी का पानी ठंडा है, नहाकर मज़ा आ गया ।' तो मन उदास न होगा ?

पानी भी मेरी तरह उदास पुल के नीचे से निकलता हुआ आगे बढ़ रहा था । दो लड़के ऊपर पुल पर पानी की तरफ़ झाँक रहे थे । उनमें से एक ने एक ढेला पानी में फेंका । उससे कुछ छींटे उड़कर मुझ पर पड़े । फिर दूसरे लड़के ने भी एक ढेला फेंका । इस बार भी उसी तरह मेरे ऊपर छींटे पड़े । लड़के दो-एक मिनट यह खेल खेलते रहे । फिर आगे-पीछे दौड़ते हुए पुल से सड़क पर चले गए । मेरे आस-पास की ज़मीन भी छींटों से भीग गई थी । और अब उसमें से सोंधी-सी गन्ध आ रही थी । वह गन्ध इतनी परिचित थी कि मेरा मन हुआ कि गीली मिट्टी को पैर के नाख़ून से ज़रा-सा छेड़ दूँ । मेरी अजनबीपन की अनुभूति दूर होने लगी । मैं वहाँ से ऊपर के एक अनजान कच्चे रास्ते पर चल दिया ।

रास्ते के एक ओर कुछ बच्चे बरामदे में खेल रहे थे । बरामदे में ही एक स्त्री चावल पीस रही थी । एक युवक टाँगें फैलाए फ़र्श पर बैठा अख़बार पढ़ रहा था । यह उस घर की अपनी दोपहर थी । मुझे अपने उस घर की दोपहर याद आने लगी जहाँ मैंने जीवन के पहले सोलह साल बिताए थे । उस घर की अपनी ही एक सुबह और अपनी एक दोपहर और शाम होती थी — सबेरे स्कूल जाने की हलचल, दोपहर की ख़ामोश धूप और शाम को पिताजी के दोस्तों की मजलिस । वह सुबह, वह दोपहर और वह शाम ही हमारे घर का इतिहास और संस्कृति थी । जिन घरों के आगे से मैं गुज़र रहा था, उनमें से हर घर का अपना एक इतिहास और अपनी एक संस्कृति थी । ये छोटे-छोटे इतिहास और छोटी-छोटी संस्कृतियाँ मिलकर एक बड़े इतिहास और एक बड़ी संस्कृति का निर्माण कर रही थीं ! मेरी अजनबीपन की अनुभूति काफ़ी हद तक दूर हो चुकी थी ।

आगे खेतों के साथ रास्ते की तरफ़ मिट्टी की ऊँची मेड़ें बनी थीं, जिन्हें नारियल के पत्तों की चटाइयों से ढका गया था; शायद बरसात से उनकी रक्षा के लिए। एक जगह मैदान की खुली धूप में एक मज़दूर ईंटें तोड़ रहा था। पास ही तीन-चार हड्डियों के ढाँचों-जैसे बच्चे, जिनके सिर उनके शरीरों की तुलना में बहुत बड़े थे, एक-दूसरे पर रोड़े फेंक रहे थे। कुछ हटकर एक स्त्री अपना सूखा स्तन एक नवजात शिशु के मुँह में दिये उसके गालों की रूखी चमड़ी को चूम रही थी। यह उस परिवार की अपनी दोपहर थी — एक और छोटा-सा इतिहास ! एक और छोटी-सी संस्कृति !

वहाँ से आगे जाकर मैं पक्की सड़क की तरफ़ मुड़ गया।

"आख़िरी चट्टान तक" से

भटकना	Intr	to lose one's way; to wander about
भिखारिन *	F	beggar (female)
भिखारी	M	beggar (male)
छाती *	F	breast; chest
चिपकाना	Tr	to stick; to cause to cling
X से चिपकाना	Tr	to cause to stick/cling to X; here: to hold close to X
मुँदना	Intr	to be closed
अधमुँदा	A	half-closed
फ़ुट-बोर्ड	M	footboard
लटकना	Intr	to hang, to be suspended, to swing
आवली	P.N.(M)	Avali, a village near the town of Ernakulam
प्लेटफ़ार्म	M	platform
अर्णाकुलम्	P.N.(M)	Ernakulam, a town in Kerala
पटरी	F	train track
X का पता लेना	Tr	to obtain information about X
मल्लाह	M	boatman
सवारी *	F	passenger
पशु	M	animal, livestock
चौकोर	A	square or rectangular
ईंट	F	brick

भरना	Tr/Intr	to fill; to be filled; here: to be loaded
ढोना	Tr	to carry, to haul
घाट	M	<u>ghat</u> (steps going down into a river), bathing place on the bank of a river, wharf
डुबकी	F	dip
डुबकी लगाना	Tr	to take a dip
पुल *	M	bridge
गुज़रना	Intr	to pass
X से गुज़रना	Intr	to pass by X
ख़ामोश *	A	silent
ख़ामोशी	F	silence
झाँकना	Tr	to peep, to peer
धार	F	current, flow of water, stream
सूखना *	Intr	to dry up, to be dry
सूखा	A	dry
ज़मीन *	F	land, ground
फैलाना *	Tr	to spread (out), to stretch (out)
लगना	Ind. Intr	to seem, to appear
मनुष्य	M	man, human being
मनुष्य-शरीर *	M	human body
व्यंग्य *	M	irony, sarcasm; satire
व्यंग्य-चित्र	M	'irony picture', i.e., cartoon
चाक	M	chalk

चूरा	M	powder
गति	F	speed; motion, movement
मन *	M	mind; heart
X का मन होना	Intr	for X to feel like (doing something)
X का मन करना	Tr	for X to feel like (doing something)
कमर *	F	waist
स्फूर्ति	F	inspiration; energy; freshness
हल्का / हलका *	A	light
क़हक़हा	M	loud burst of laughter
क़हक़हा लगाना	Tr	to burst into loud laughter
प्रकट करना	Tr	to express, to display
अखरना	Ind. Intr	to irritate
X को Y अखरना	Intr	for X to be irritated by Y
अजनबी *	A/M	unknown; stranger
मज़ा *	M	pleasure, enjoyment
X को मज़ा आना	Ind. Intr	for X to enjoy oneself
ढेला	M	clod, lump of earth
छींटा	M	drop (of water), splash
खेल *	M	game
भीगना	Intr	to be wet, to get wet
सोंधा	A	sweet-smelling, having the pleasant smell of freshly moistened soil
गन्ध	F	smell, odor, fragrance
परिचित *	A	known, familiar

गीला *	A	wet, damp
मिट्टी *	F	earth, clay, soil
नाख़ून *	M	nail
ज़रा *	A/Adv	a little; slightly
छेड़ना	Tr	to disturb, to irritate, to meddle; here: to scratch
अजनबीपन	M	state of being a stranger
अनुभूति *	F	experience of emotion
दूर *	A	far, distant, remote
दूर होना	Intr	'to become far', i.e. to go away
अनजान	A	unknown, strange
कच्चा *	A	unripe; unfinished; here: unpaved
बरामदा	M	verandah
स्त्री	F	woman
पीसना	Tr	to grind
युवक	M	youth, young man
टाँग	F	leg
X को (Y की) याद आना	Ind. Intr	for X to recall/remember (Y)
बिताना	Tr	to spend (time), to pass (time)
हलचल	F	commotion
मजलिस	F	gathering, meeting
इतिहास *	M	history
निर्माण	M	construction, creation
X का निर्माण करना	Tr	to build/construct/create X

काफ़ी *	A/Adv	enough, sufficient; very, quite
हद	F	limit; extent
मेंड़ / मेड़	F	boundary wall between two fields
नारियल *	M	coconut
पत्ता *	M	leaf
चटाई	F	mat
ढकना *	Tr/Intr	to cover; to be covered
बरसात *	F	the rains, the rainy season
तोड़ना	Tr	to break
ढाँचा	M	skeleton
तुलना	F	comparison
की तुलना में	Post	in comparison with
रोड़ा	M	gravel, fragments of stone or brick, pebbles
स्तन	M	breast
नवजात	A	newborn
शिशु	M	child, infant
रूखा	A	dry; rough
चमड़ी / चमड़ा *	F/M	skin
चूमना *	Tr	to kiss
पक्का *	A	ripe, in finished form; here: paved
मुड़ना *	Intr	to turn

१२

एक हारे हुए नेता का इंटरव्यू

श्रीलाल शुक्ल

मैं जिस समय उनके बँगले पर पहुँचा, वे बरामदे में 'फर्नीचर' जैसे पड़े थे। मैंने लड़ाई के बाद अपने को वाटरलू के मैदान में खड़े हुए पाया।

बँगले के सामने का लॉन चौपट हो चुका था। दो-तीन 'जीपें' धूल में लथपथ खड़ी थीं और कुछ पुरानी मोटरों के 'टायर' और पुर्ज़े इधर-उधर बिखरे पड़े थे। एक 'शेड' के नीचे 'लाउडस्पीकरों' के चार 'सैट' और कुछ फटी-पुरानी दरियाँ पड़ी थीं। एक तरफ़ कई बाँस और लाठी-डंडे बेतरतीब डाल दिये गए थे। 'शेड' के नीचे चार-पाँच बोरे भी रखे थे और मुझे पता नहीं था कि उनमें चाकू हैं या शराब की बोतलें।

बरामदे में 'पोस्टरों' का एक 'बंडल' हवा के रुख़ पर दायें-बायें लुढ़क रहा था, निर्वाचक-सूचियाँ इधर-उधर उड़ रही थीं।

मैंने उन्हें बताया कि मैं पत्रकार हूँ। उन्होंने कहा कि मैं हार चुका हूँ और अपना ओहदा छोड़ चुका हूँ। आपको अब मैं कुछ नहीं दे सकता। मैंने कहा कि आप मुझे 'इंटरव्यू' दे सकते हैं।

मैंने उन्हें बढ़ावा देते हुए कहा कि आपकी हालत नेपोलियन जैसी है। आप सिर्फ़ हारे हैं, मरे नहीं हैं। इस हालत में आप और कुछ भले ही न दे सकें, इंटरव्यू दे ही सकते हैं। आप अपने दूसरे बुज़ुर्ग साथियों को देखें। कई सालों से देश को उन्होंने इंटरव्यू के सिवाय दिया ही क्या है ?

वे मान गये। बोले, "दो मिनट रुकिये। मैं अपनी इंद्रियाँ 'फ़िट' कर लूँ।"

वे बयासी साल के हो चुके थे और अब तक मैंने अपनी बात उनके कान में चीख़-चीख़कर कही थी। उन्होंने घंटी बजाकर नौकर से कुछ चीज़ें मँगायीं। उन्होंने मुँह में नकली दाँतों का सैट लगा लिया, आँख पर चश्मा चढ़ाया और कान में एक 'इयरफ़ोन' ठूँस लिया। ऐसा करते ही वे वैसे दिखने लगे जैसे कि वे अपने 'कार्टूनों' में दिखा करते थे। इसके बाद वे आरामकुर्सी पर एक ऐसी मुद्रा में पड़ गए जो लेटने और बैठने, ज़िन्दा रहने और मरने के बीच की एक स्थिति थी।

मैंने कहा, "आपकी हार की ख़बर सुनकर मुझे बड़ा खेद हुआ।" वे बोले, "यह बात मुझसे कई लोग कह चुके हैं—वे भी, जो मेरे ख़िलाफ़ 'वोट' देकर आये हैं।"

मैंने समझाया, "यह कोई आश्चर्य की बात नहीं। दरअसल जनता एक खेदपूर्ण स्थिति से गुज़र रही है। आप जीत जाते तब भी उसे खेद होता; आप हार गये, उसे तब भी खेद है।"

"अब आपका आगे का कार्यक्रम क्या है?" मैंने पूछा।

"इंटरव्यू देना।—आप ख़ुद बता चुके हैं।" उन्होंने जवाब दिया।

"मैं समझता हूँ।" मैंने कहा, "पर कुछ दिन हुए अख़बारों में छपा था कि आप राजनीति से संन्यास ले रहे हैं।"

"ग़लत छपा था। वास्तव में मैंने कहा था कि संन्यासियों को भी राजनीति में आना चाहिए।"

उनके जवाब काफ़ी चुस्त थे। लगता था, उनका दिमाग़ उनके शरीर का अंग नहीं है; कहीं अलग से लाकर, नकली दाँतों की तरह फ़िट किया गया है। मैंने पूछा, "तो सक्रिय राजनीति में आप अब भी भाग लेते रहेंगे?"

उन्होंने जवाब दिया, "जीत जाता तो दूसरी बात थी। अब सक्रिय राजनीति के सिवाय मुझे करना ही क्या है?"

"आप आधी शताब्दी से सक्रिय राजनीति में हैं।" मैंने पूछा, "आपका जी नहीं ऊबता?"

"हम इसी को देश-सेवा कहते हैं।" उन्होंने गम्भीरता से कहा और उनका मुँह दूसरी ओर लुढ़क गया।

"क्या आप यह ज़रूरी नहीं समझते कि राजनीति में अब नई पीढ़ी को भी स्थान मिलना चाहिए?"

उन्होंने चेष्टा करके सर ऊपर उठाया। कुछ देर वे छत की ओर देखते रहे। बोले, "नई पीढ़ी है कहाँ? मुझे तो कहीं दिखी नहीं।"

इस जवाब ने मुझे ढेर कर दिया। मैंने अपनी बात दोहरायी, "तो क्या आपकी राय में इस देश में नवयुवक हैं ही नहीं?"

वे मेरी ज़िद से शायद नाराज़ हो गये । तेज़ी से बोले, "होंगे ! होंगे कहीं, पर मैं नहीं जानता ।"

मैंने उसी तरह फिर पूछा, "और क्या आपकी राय में जनता में ऐसे लोग हैं ही नहीं जो …।"

वे मेरी बात काटकर बोले, "जनता ! जनता भी होगी कहीं ! पर मैं नहीं जानता ।"

मैं उन्हें ठंडा करने की नीयत से चुप हो गया । कुछ देर में वे ठंडे हो गये । मैंने पूछा, "चुनाव में आपकी जो हार हुई है, उसके क्या कारण हैं ? उसे आप कहाँ तक अपनी नीतियों की हार समझते हैं ?"

वे थोड़ी देर सोचते रहे । फिर बोले, "देखिये यह नीतियों की हार नहीं हो सकती, क्योंकि मेरी कोई नीति ही नहीं थी ।"

उन्होंने जल्दी से जोड़ा, "पर यह 'प्रेस' के लिए नहीं है ।"

मुझे समझाते हुए उन्होंने कहा, "वैसे अपने को हारा हुआ कहने के बजाय यह कहने में ज़्यादा सुन्दरता है कि यह मेरी नहीं, नीतियों की हार है । इससे हार का कलंक अपने ऊपर से टल जाता है ।"

"तो और कौन कारण हो सकता है ? जातिवाद ?"

"जातिवाद से मुझे कोई शिकायत नहीं है । उसके सहारे मैं कई बार जीत भी चुका हूँ ।" उन्होंने सिर हिलाकर कहा, "मेरी हार के असली कारण हैं शनिश्चर और राहु ।"

"नीतियाँ, सिद्धान्त, जनता का 'मूड'—ये सब कहने की बातें हैं । वास्तव में मुझे ग्रहों ने हराया है । मुझे पहले से ही पता था । सात-सात ज्योतिषियों ने मुझे चेतावनी दी थी कि गोचर में बारहवें हानि स्थान पर शनिश्चर और राहु विराजमान हैं और उसके ऊपर मंगल की पूर्ण दृष्टि है ।"

कुछ रुककर उन्होंने पूछा, "आपको ज्योतिष में विश्वास तो है न ? यह हमारे ऋषियों का वरदान है । ज्योतिष-विज्ञान !"

उनकी यह बात अनसुनी करके मैंने कहा, "ज्योतिषियों की यह राय सुनकर भी आप चुनाव लड़े थे ?"

"उससे बचत कहाँ थी !" उन्होंने कहा, "फिर वही ग्रहों का फेर ! उच्च का गुरु चतुर्थ स्थान से बैठकर दशम स्थान को पूर्ण दृष्टि से देख रहा था । ऐसी अवस्था में चुनाव तो लड़ना ही था ।"

मैं समझ गया, अब ये प्रत्येक ग्रह पर जाएँगे, सिर्फ़ उसी ग्रह पर क़दम न रखेंगे जिसका कि नाम पृथ्वी है । मैंने अपनी 'नोटबुक' बन्द कर ली और उन्हें धन्यवाद देकर उठ खड़ा हुआ । वे अब भी ज्योतिष के बारे में कुछ कह रहे थे ।

उन्हें टोककर मैंने अपनी अन्तिम बात कही, "आज का समाज बहुत दुखी है । उसके लिए आपकी ओर से एक आशा का सन्देश चाहिए ।"

शायद उन्होंने मेरी पूरी बात नहीं सुनी । पर वे आँखें मिलमिलाने लगे और व्याकुलता पूर्वक बोले, "आशा ? आप जानते हैं उसे ? कहाँ रहती है वह आजकल ?"

मैंने सुन लिया । अब मुझे धक्के देकर निकालने की ज़रूरत न थी ।

एक हारे हुए नेता का इंटरव्यू

नेता *	M/F	leader
बँगला	M	bungalow
बरामदा	M	verandah
वाटरलू	P.N.(M)	Waterloo
मैदान	M	field; plains; here:battlefield
पाना	Tr	to get, to obtain; here: to find
चौपट	A	wide open; leveled; razed; ruined
धूल	F	dust
लथपथ	A	soaked, drenched (in); besmeared (with)
पुर्ज़ा *	M	part of a machine
बिखरना	Intr	to be scattered
पड़ना	Intr	to fall, to drop; to lie (down)
फटना	Intr	to be torn
दरी	F	cotton carpet
बाँस	M	bamboo; pole
लाठी	F	big staff; cudgel
डंडा	M	staff, stick
बेतरतीब	A	disorderly; unsystematic
बोरा	M	sack, gunny sack
चाकू	M	knife
बोतल	F	bottle
बंडल	M	bundle

रुख़	M	direction; attitude
लुढ़कना	Intr	to roll down, to be toppled
निर्वाचक	M	an elector
सूची *	F	list
पत्रकार *	M/F	journalist
ओहदा *	M	post
बढ़ावा	M	encouragement
हालत *	F	state, condition
नपोलियन	P.N.(M)	Napoleon
भले ही	Adv	even though, even if
बुज़ुर्ग	A	elderly
साथी	M	companion; here: associate, fellow
के सिवाय *	Post	except (for), apart from, besides
इंद्रिय	F	the senses, an organ of sense
बयासी	A	eighty-two
चीख़ना *	Intr	to scream; to shout
घंटी	F	small bell
बजाना	Tr	to ring
नकली	A	artificial, false
दाँत *	M	tooth
चश्मा *	M	spectacles, eyeglasses
चढ़ाना	Tr	to cause to go up; to put on
ठूँसना	Tr	to thrust forcefully, to cram in, to stuff full

दिखना *	Intr	to be seen, to be visible, to appear
आरामकुर्सी	F	easy chair
मुद्रा	F	posture
ज़िंदा / ज़िन्दा *	A	alive, living
स्थिति *	F	state; phase; position; situation
खेद	M	regret; sorrow
X को खेद होना	Ind. Intr	for X to have regrets, for X to be sorry
ख़िलाफ़	A	against, opposed
दरअसल	Adv	in reality, in fact, as a matter of fact
जनता *	F	public
खेदपूर्ण	A	full of regrets
कार्यक्रम	M	program; schedule of activity
ख़ुद	Pro	self, oneself
	Adv	by oneself, of one's own accord, on one's own
छपना	Intr	to be printed
राजनीति *	F	politics
संन्यास	M	renunciation, asceticism
संन्यासी	M	ascetic
वास्तव में *	Adv	actually, in reality, in fact
चुस्त *	A	quick; alert; clever
दिमाग़ *	M	brain; mind; intellect
अंग	M	part; organ

सक्रिय	A	active
X में भाग लेना	Tr	to take part in X, to participate in X
शताब्दी *	F	century
जी	M	mind; heart
(जी) ऊबना *	Intr	to be fed up; to be bored
देश-सेवा	F	service to the country
स्थान	M	place, spot; position
चेष्टा	F	effort
सर	M	head
छत	F	ceiling; roof
ढेर करना	Tr	to strike down
नवयुवक	M	young man, youth
ज़िद	F	insistence; stubbornness
तेज़ी से *	Adv	quickly
बात काटना *	Tr	to interrupt (another's speech)
नीयत *	F	intention
चुनाव *	M	election; selection
नीति *	F	policy
जोड़ना *	Tr	to add
के बजाय *	Post	instead of, in place of
कलंक	M	stigma; disgrace
टलना	Intr	to be averted
जातिवाद *	M	casteism; communalism
शिकायत *	F	complaint
के सहारे *	Post	with support/help of

असली *	A	real, true
शनिश्चर	M	Saturn
राहु	M	Rahu (one of the nine principal planets; eclipse personified)
सिद्धान्त	M	principle
ग्रह	M	planet
हराना	T r	to defeat
ज्योतिषी	M	astrologer
ज्योतिष	M	astrology
ज्योतिष-विज्ञान	M	the science of astrology
चेतावनी	F	warning
गोचर	M	astrological chart in one's horoscope
हानि	F	harm; loss; damage
विराजमान	A	(graciously) seated
मंगल	M	Mars
पूर्ण दृष्टि	F	full view, full glance
ऋषि	M	sage
वरदान	M	boon
अनसुनी करना *	T r	to ignore (deliberately), to pretend not to hear
बचत	F	saving; escape
फेर	M	complication
उच्च	A	high, elevated
गुरु	M	Jupiter
चतुर्थ	A	the fourth

दशम	A	tenth
अवस्था	F	condition; state
प्रत्येक	A	each and/or every one
क़दम *	M	step; footstep
पृथ्वी *	F	Earth; ground
टोकना *	Tr	to interrupt
अन्तिम *	A	last, final
संदेश / सन्देश *	M	message
मिलमिलाना	Intr	to blink (rapidly)
व्याकुलता *	F	restlessness; impatience
व्याकुलतापूर्वक	Adv	with restlessness/impatience
धक्का	M	push
निकालना *	Tr	to take out; to push out

१३

"सत्य के प्रयोग" से

मोहनदास करमचंद गांधी

प्रिटोरिया जाते हुए

डरबन में मैं लोगों से जान-पहचान कर रहा था कि 'फ़र्म' के वकील का पत्र आया कि मामले की तैयारी होनी चाहिए और अब्दुल्ला सेठ को ख़ुद प्रिटोरिया आना या किसी को वहाँ भेजना चाहिए।

यह पत्र अब्दुल्ला सेठ ने मुझे दिखाकर पूछा, "आप प्रिटोरिया जाएँगे ?" मैंने कहा, "मुझे मामला समझाइए तो कह सकता हूँ। अभी तो यह भी नहीं जानता कि वहाँ मुझे क्या करना होगा।" उन्होंने अपने मुनीमों को मुझे मामला समझा देने का आदेश किया।

सातवें या आठवें दिन मैं डरबन से रवाना हुआ। मेरे लिए पहले दर्जे का टिकट कटाया गया। ट्रेन में सोने के लिए पाँच 'शिलिंग' का टिकट अलग लेना पड़ता था। अब्दुल्ला सेठ ने उसे मँगा लेने का आग्रह किया, पर मैंने ज़िद से, अभिमान-वश और पाँच शिलिंग की बचत के ख़याल से सोने का टिकट कटाने से इनकार किया।

अब्दुल्ला सेठ ने मुझे चेताया, "देखिये, यह देश दूसरा है, हिन्दुस्तान नहीं है। ख़ुदा की मेहरबानी है। आप पैसे की कंजूसी न करें। सब ज़रूरी सुविधा कर लें।"

मैंने उन्हें धन्यवाद दिया और बेफ़िक्र रहने को कहा।

नेटाल की राजधानी मेरित्सबर्ग में ट्रेन ९ बजे के क़रीब पहुँची। यहाँ बिस्तर दिये जाते थे। रेलवे के एक नौकर ने आ कर पूछा, "आपको बिस्तर चाहिए ?"

मैंने कहा, "मेरे पास अपना बिस्तर है।"

वह चला गया। इसी बीच एक यात्री आया। उसने मेरी ओर देखा। मेरे चमड़े को 'रंगदार' देखकर कुछ भड़का। बाहर निकला। एक-दो अफ़सरों को साथ लेकर आया। पर किसी ने मुझसे कुछ कहा नहीं। अंत में एक अफ़सर आया। उसने कहा, "इधर आओ। तुम्हें आख़िरी डब्बे में जाना है।"

मैंने कहा, "मेरे पास पहले दर्जे का टिकट है।"

उसने जवाब दिया, "इसकी परवाह नहीं। मैं तुमसे कहता हूँ कि तुम्हें आख़िरी डब्बे में जाना है।"

"मैं कहता हूं कि मुझे इस डब्बे में डरबन से बैठाया गया है और मैं इसी में जाना चाहता हूँ।"

अफ़सर ने कहा, "यह नहीं हो सकता। तुम्हें उतरना पड़ेगा। न उतरोगे तो सिपाही उतारेगा।"

मैंने कहा, "तो सिपाही भले ही उतारे, मैं अपने आप तो नहीं उतरता।"

सिपाही आया। उसने हाथ पकड़ा और मुझे धक्का देकर नीचे उतारा। मेरा सामान उतार लिया। मैंने दूसरे डब्बे में जाने से इनकार किया। ट्रेन चल दी। मैं 'वेटिंगरूम' में घुसा। अपना हाथबेग साथ रखा। बाक़ी सामान को नहीं छुआ। रेलवेवालों ने उसे उठाकर कहीं धर दिया।

जाड़े के दिन थे। दक्षिण अफ़्रीका की सर्दी ऊँचे भागों में बहुत सख़्त होती है। मेरित्सबर्ग ऐसे ही प्रदेश में था। इससे ठंड ख़ूब लगी। मेरा ओवरकोट मेरे सामान में था। सामान माँगने की हिम्मत न हुई। फिर बेइज़्ज़ती हो तो? ठंड से काँपने लगा। कमरे में रोशनी न थी। आधी रात के लगभग एक यात्री आया। ऐसा लगा कि वह बात करना चाहता है, पर मेरा मन बात करने लायक न था।

मैंने अपना कर्त्तव्य सोचा, — "या तो मुझे अपने हक़ों के लिए लड़ना चाहिए या वापस जाना चाहिए, अन्यथा जो अपमान होते हैं उन्हें सहन करूँ और प्रिटोरिया पहुँचूँ और मुक़दमा ख़त्म करके देश को लौट जाऊँ। मुक़दमे को छोड़कर भाग जाना तो नामर्दी होगी। मुझे जो तकलीफ़ मिली है वह तो ऊपरी तकलीफ़ है। वह गहराई में पैठे हुए एक महारोग का लक्षण है। यह महारोग है रंग-द्वेष। इस गंभीर रोग को मिटाने की शक्ति अपने में हो तो उसका उपयोग मुझे करना चाहिए। उसमें अपने ऊपर जो कष्ट आयें उन्हें सहना चाहिए और उसका विरोध बस उतना ही करना चाहिए जितना रंग-द्वेष दूर करने के लिए आवश्यक हो।"

यह तै करके दूसरी गाड़ी से, जिस तरह भी हो, आगे जाने का निश्चय किया।

सवेरे ही मैंने 'जनरल मैनेजर' को शिकायत का लंबा तार भेजा। दादा अब्दुल्ला को भी सूचना दी। अब्दुल्ला सेठ तुरंत जनरल मैनेजर से मिले। जनरल मैनेजर ने अपने

आदमियों का बचाव किया, पर बतलाया कि मुझे बिना रोक-टोक के मेरे मुक़ाम पर पहुँचा देने की 'स्टेशनमास्टर' को हिदायत कर दी है। अब्दुल्ला सेठ ने मेरित्सबर्ग के हिंदू व्यापारियों को भी मुझसे मिलने और मेरे आराम का ख़्याल रखने के लिए तार दिया। दूसरे स्टेशनों को भी वैसे तार भेजे। इससे व्यापारी भाई मुझसे स्टेशन पर मिलने आये। उन्होंने अपने पर गुज़रने वाली मुसीबतों का ज़िक्र मुझसे किया और कहा कि आप पर जो बीती है वह कोई नई बात नहीं है। पहले-दूसरे दर्जे में यात्रा करने वाले हिंदुस्तानियों को अफ़सरों और मुसाफ़िरों की ओर से दिक़्क़तें उठानी ही पड़ती हैं। इन बातों के सुनने में दिन बीत गया। रात हुई। ट्रेन मुझे चार्ल्सटाउन ले चली।

अधिक दुर्दशा

चार्ल्सटाउन ट्रेन सवेरे पहुँचती थी। वहाँ से जोहानसबर्ग जाने को उस समय ट्रेन नहीं, घोड़े की सिकरम थी। बीच में स्टैंडरटन में एक रात ठहरना पड़ता था। मेरे पास सिकरम का टिकट था। एक दिन देर से पहुँचने के कारण यह टिकट रद्द नहीं होता था। इसके सिवा अब्दुल्ला सेठ ने चार्ल्सटाउन के सिकरमवाले को तार भी दे दिया था; पर उसे तो कोई बहाना ढूँढ़ना था, अतः मुझे निरा अजनबी जानकर बोला, "तुम्हारा टिकट तो रद्द हो गया है।" मैंने उचित उत्तर दिया। टिकट रद्द हो जाने की बात मुझसे कहने का कारण तो और ही था। सब यात्री सिकरम के भीतर ही बैठते हैं। पर मैं तो 'कुली' समझा जाता था, अजनबी लगता था, इससे मुझे गोरे यात्रियों के पास न बिठाना पड़े तो अच्छा हो, यह थी सिकरमवाले की नीयत। सिकरम के बाहर अर्थात् कोचवान के दाहिने-बायें दो जगहें थीं। उनमें से एक पर सिकरम-कंपनी का एक गोरा 'नायक' (लीडर) बैठता था। वह अंदर बैठा और मुझे हाँकनेवाले की बग़ल में बिठाया। मैं समझ गया कि यह निरा अन्याय है, अपमान है। पर मैंने इस अपमान को पी जाना ही ठीक समझा। मैं ज़बरदस्ती तो अंदर बैठ ही न सकता था। तकरार करने लगूँ तो सिकरम चल दे और मेरा एक दिन ख़राब हो, और फिर अगले दिन भी क्या बीतेगी, यह तो भगवान ही जानता था। अतः मैं समझदारी से काम लेकर बाहर बैठ गया। मन में तो बहुत दुःखी हुआ।

कोई तीन बजे सिकरम पारडीकोप पहुँचा । अब उस गोरे नायक की जहाँ मैं बैठा था वहाँ बैठने की इच्छा हुई । उसे सिगरेट पीना था, थोड़ी हवा भी खानी रही होगी । अतः उसने एक मैला-सा बोरा पड़ा था उसे कोचवान की बगल से लेकर पैर रखने की पटरी पर बिछा दिया और मुझसे कहा, "सामी, तुम यहाँ बैठो । मैं हाँकनेवाले के पास बैठूँगा ।" यह अपमान सहने में मैं असमर्थ था । अतः मैंने डरते-डरते उससे कहा, "तुमने मुझे यहाँ बिठाया, यह अपमान मैंने बरदाश्त कर लिया । मेरी जगह तो अंदर बैठने की थी, पर तुम अंदर बैठ गये, मुझे यहाँ बिठा दिया; अब तुम्हें बाहर बैठने की इच्छा हो रही है और सिगरेट पीना है, इससे मुझे अपने पैरों के सामने बिठाना चाहते हो ! मैं अंदर जाने को तैयार हूँ, पर तुम्हारे पैरों के पास बैठने को तैयार नहीं हूँ ।"

मुश्किल से इतना मैं कह पाया था कि तब तक मुझपर तमाचों की वर्षा होने लगी और वह गोरा मेरी बाँह पकड़कर मुझे नीचे ढकेलने लगा । कोचबक्स के पास ही पीतल के सींकचे थे, उनसे मैं लिपट गया, और कलाई उखड़ जाए तो भी सींकचे न छोड़ने की ठान ली । मेरे ऊपर जो गुज़र रही थी, यात्री उसे देख रहे थे । वह गोरा मुझे गालियाँ दे रहा था, खींच रहा था और मार भी रहा था और मैं चुपचाप सब सह रहा था । वह बलवान था, मैं बलहीन । यात्रियों में से कुछ को दया आई और उनमें से एक बोल उठा, "अरे भाई, इस बेचारे को वहाँ बैठा रहने दो । क्यों बिला वजह मारते हो ? उसकी बात तो ठीक है । वहाँ नहीं तो उसे हमारे पास अंदर बैठने दो ।" गोरा बोला, "हरगिज़ नहीं ।" पर कुछ सिटपिटाया ज़रूर । इससे उसने मुझे मारना बंद किया । मेरी बाँह छोड़ दी । हाँ, दो-चार गालियाँ और दीं, एक होटेंटाट नौकर दूसरी तरफ़ बैठा था, उसे अपने पावों के पास बिठाया और ख़ुद बाहर बैठा । यात्री भीतर बैठे । सीटी बजी । सिकरम चला । मेरी छाती तो धड़क ही रही थी । मुक़ाम पर ज़िंदा पहुँच सकूँगा या नहीं, इसमें शक हो रहा था । वह गोरा आँखें तरेरकर लगातार घूरता रहा । अँगुली दिखाकर बड़बड़ाता, "याद रख, स्टैंडरटन पहुँचने दे, फिर तेरी ख़बर लूँगा ।" मैं तो होंठ सिये ही रहा और ईश्वर से रक्षा की प्रार्थना करता रहा ।

रात हुई । स्टैंडरटन पहुँचे । कुछ हिन्दुस्तानी चेहरे दिखाई दिये । कुछ ढाढ़स बंधा । नीचे उतरते ही भारतीय भाइयों ने कहा, "हम आपको ईसा सेठ की गद्दी ले जाने को खड़े हैं । हमें दादा अब्दुल्ला का तार मिला है ।" मैं बहुत ख़ुश हुआ । उनके साथ सेठ ईसा

हाजी सुमार की दुकान पर गया । सेठ और उनके गुमाश्तों आदि ने मुझे चारों ओर से घेर लिया । अपने ऊपर जो बीती थी उन्हें सुनाई । वे बहुत दुःखी हुए और अपने कड़वे अनुभवों की कहानी सुनाकर मुझे आश्वासन दिया । मैं सिकरम-कंपनी के 'एजेंट' को अपने साथ हुए व्यवहार की ख़बर देना चाहता था । मैंने एजेंट को पत्र लिखा । उक्त गोरे की दी हुई धमकी भी लिख दी और सवेरे आगे की यात्रा में मुझे अंदर दूसरे मुसाफ़िरों के साथ जगह मिलेगी, इसका आश्वासन माँगा । पत्र एजेंट के पास भेज दिया । एजेंट ने जवाब दिया, "स्टेंडरटन से बड़ी सिकरम जाती है और कोचवान वग़ैरह बदल जाते हैं । जिस आदमी के ख़िलाफ़ आपने शिकायत की है वह कल न रहेगा । आपको दूसरे यात्रियों के पास ही जगह मिलेगी ।" इस संदेश से मुझे कुछ राहत मिली । उस मारनेवाले गोरे पर मुक़दमा चलाने की बात तो मैंने सोची ही न थी, इसलिए यह मार का प्रकरण यहीं समाप्त हो गया । सवेरे मुझे ईसा सेठ के आदमी सिकरम पर लिवा ले गये । मुझे ठीक जगह मिल गई और बिना किसी हैरानी के उस रात को जोहानसबर्ग पहुँच गया ।

"सत्य के प्रयोग" से

प्रिटोरिया जाते हुए

सत्य *	M	truth
प्रयोग	M	experiment
प्रिटोरिया	P.N.(M)	Pretoria
डरबन	P.N.(M)	Durban
जान-पहचान *	F	acquaintance
वकील *	M	lawyer
मामला *	M	matter, affair; case
अब्दुल्ला सेठ	P.N.(M)	Abdulla Seth
मुनीम	M	clerk; accountant
आदेश	M	command; instruction
रवाना होना *	Intr	to depart
दर्जा *	M	class; rank, status
टिकट कटाना	Tr	to get a ticket
आग्रह करना	Tr	to insist
ज़िद	F	obstinacy, stubbornness
अभिमान	M	pride
अभिमान-वश	Adv	compelled by pride
बचत	F	saving
चेताना	Tr	to warn, to caution
ख़ुदा	M	God
मेहरबानी	F	grace, favor; kindness
कंजूसी	F	miserliness
सुविधा	F	convenience

150

बेफ़िक्र	A	unworried
नेटाल	P.N.(M)	Natal
मेरित्सबर्ग	P.N.(M)	Maritzburg
के क़रीब / करीब	Post	near, close to
बिस्तर	M	bedding
रंगदार *	A	colored
भड़कना	Intr	to flare up, to be excited/enraged
अफ़सर *	M	official
डब्बा / डिब्बा *	M	box; railway compartment
परवाह *	F	concern; care
बैठाना	Tr	to seat (someone)
सिपाही	M	policeman, constable; soldier
धक्का	M	push
हाथबेग	M	handbag
छूना	Tr	to touch
धरना	Tr	to place, to put
अफ़्रीका	P.N.(M)	Africa
सर्दी	F	winter; cold
भाग	M	part, portion; here: region
सख़्त	A	hard; harsh; here: severe
हिम्मत *	F	courage
बेइज़्ज़ती *	F	insult
काँपना	Intr	to shiver, to tremble
रोशनी	F	light
लायक	A	able, capable, competent
के लायक	Post	fit for, proper for

कर्त्तव्य	M	duty
हक़	M	right
लड़ना	Intr	to fight
अन्यथा	Adv	otherwise
सहना / सहन करना *	Tr	to endure, to tolerate
मुक़दमा	M	lawsuit
नामर्दी	F	cowardice; unmanliness
तकलीफ़ *	F	hardship, trouble, difficulty; distress
ऊपरी	A	superficial, external
गहराई	F	depth
पैठना	Intr	to penetrate, to infiltrate
महारोग	M	disease, affliction
लक्षण	M	symptom, indication
रंग-द्वेष *	M	color prejudice
मिटाना	Tr	to root out, to erase
शक्ति	F	power, strength
उपयोग	M	use, utilization
कष्ट	M	hardship; suffering; trouble
विरोध	M	opposition
दूर करना *	Tr	to remove
आवश्यक	A	necessary
तै / तय करना	Tr	to decide
निश्चय करना	Tr	to decide, to resolve
शिकायत	F	complaint, grievance
तार	M	telegram
सूचना	F	information

बचाव	M	protection; defense
रोक-टोक	F	restriction, obstruction
मुकाम / मुक़ाम	M	destination; halting place
हिदायत	F	instruction
व्यापारी *	M	merchant, trader
आराम	M	comfort; rest
X का ख़्याल रखना	Tr	to attend to X, to look after X
गुज़रना	Intr	to pass; to befall, to happen
मुसीबत	F	hardship, difficulty
ज़िक्र *	M	mention, reference; account
ज़िक्र करना	Tr	to mention
बीतना	Intr	to pass, to elapse (time); to happen, to be experienced (as events), to befall
मुसाफ़िर *	M/F	traveler, passenger
दिक़्क़त / दिक्कत *	F	difficulty, trouble
चार्ल्सटाउन	P.N.(M)	Charlestown

अधिक दुर्दशा

दुर्दशा	F	predicament, plight; misfortune
जोहानसबर्ग	P.N.(M)	Johannesburg
घोड़े की सिकरम	F	stagecoach
स्टैंडरटन	P.N.(M)	Standerton
रद्द	A	canceled; rejected

के सिवा	Post	except (for), apart from, besides
बहाना *	M	pretext, excuse
अतः	Conj	hence, therefore
निरा	A	pure; complete; mere
उचित	A	proper, appropriate
उत्तर	M	answer
गोरा	M	here: white man
नीयत	F	motive; intention
अर्थात्	Adv	that is to say, in other words
कोचवान	M	buggy/coach-driver
नायक	M	leader
हाँकना	Tr	to drive (an animal or an animal-driven vehicle)
की बग़ल में *	Post	by the side of
अन्याय	M	injustice
ज़बरदस्ती (से) *	Adv	by force, forcibly
तकरार	F	dispute, quarrel, wrangle
भगवान	M	God
समझदारी *	F	discernment, wisdom, understanding
दुःखी / दुखी	A	sad, unhappy
पारडीकोप	P.N.(M)	Pardekoph
बोरा	M	sack, gunny sack
पटरी	F	strip of wood or metal
बिछाना	Tr	to spread out
असमर्थ	A	unable, incapable

बरदाश्त करना	Tr	to endure, to tolerate
तमाचा	M	slap
वर्षा	F	rain; rainfall; here: hail
बाँह *	F	arm
ढकेलना	Tr	to push
कोचबक्स	M	coachbox
पीतल	M/F	brass
सींकचा	M	rails
लिपटना	Intr	to cling; to embrace
कलाई	F	wrist
उखड़ना	Intr	to be uprooted; to be dislocated
छोड़ना	Tr	to leave; here: to let go, to release
ठानना	Tr	to resolve, to determine
गाली *	F	swear word, curse word, term of abuse
खींचना	Tr	to pull; here: to drag
बल *	M	power, strength
बलवान	A	strong, powerful
बलहीन	A	weak, powerless
बिला	Prefix	without
बिला वजह	Adv	without any reason or motive
हरगिज़ नहीं *	Adv	absolutely not; never, under no circumstances
सिटपिटाना	Intr	to be embarrassed; to be taken aback

होटेंटाट नौकर	M	Hottentot servant
सीटी	F	whistle
छाती	F	chest; breast, bosom; here: heart
धड़कना	Intr	to throb; to palpitate, to beat (fast)
शक *	M	doubt
आँखें तरेरना	Tr	to look with angry eyes
घूरना	Tr	to glare (at), to stare intently (at)
अँगुली *	F	finger
बड़बड़ाना	Intr	to grumble
सीना	Tr	to sew
ईश्वर	M	God
चेहरा	M	face
ढाढ़स	M	encouragement; consolation, solace
ढाढ़स बंधना	Ind. Intr	to be consoled/encouraged
गद्दी	F	seat; cushion; here: shop
सेठ ईसा हाजी सुमार	P.N.(M)	Seth Isa Haji Sumar
गुमाश्ता	M	business representative/agent
घेरना	Tr	to surround, to encircle
कड़वा	A	bitter
आश्वासन	M	assurance
व्यवहार	M	behavior; treatment
उक्त	A	mentioned, stated
धमकी *	F	threat

वग़ैरह	Adv	et cetera (etc.)
बदलना	T r	to change; to replace
के ख़िलाफ़ *	Post	against, in opposition to
राहत	F	relief
मार	F	beating
प्रकरण	M	chapter
समाप्त	A	finished, ended
लिवा ले जाना	Tr (non-ने)	to take someone somewhere, to escort
हैरानी	F	surprise; botheration, trouble

१४
कुछ और कविताएँ

सखि, वे मुझसे कहकर जाते
— मैथिलीशरण गुप्त

सिद्धिहेतु स्वामी गए, यह गौरव की बात,
पर चोरी-चोरी गए, यह बड़ा व्याघात ।
    सखि, वे मुझसे कहकर जाते,
    कह, तो क्या मुझको वे अपनी पथबाधा ही पाते ?

मुझको बहुत उन्होंने माना,
फिर भी क्या पूरा पहचाना ?
मैंने मुख्य उसी को जाना,
    जो वे मन में लाते ।
    सखि, वे मुझसे कहकर जाते ।

स्वयं सुसज्जित करके क्षण में
प्रियतम को, प्राणों के पण में,
हमीं भेज देती हैं रण में —
    क्षात्रधर्म के नाते ।
    सखि, वे मुझसे कहकर जाते ।

हुआ न यह भी भाग्य अभागा,
किसपर विफल गर्व अब जागा ?
जिसने अपनाया था, त्यागा ।
    रहें स्मरण ही आते !
    सखि, वे मुझसे कहकर जाते ।

नयन उन्हें हैं निष्ठुर कहते,
पर इनसे जो आँसू बहते,
सदय हृदय वे कैसे सहते ?

गए तरस ही खाते !
सखि, वे मुझसे कहकर जाते ।

जाएँ, सिद्धि पाएँ वे सुख से,
दुखी न हों इस जन के दुख से,
उपालंभ दूँ मैं किस मुख से ?
आज अधिक वे भाते !
सखि, वे मुझसे कहकर जाते ।

गए, लौट भी वे आएँगे,
कुछ अपूर्व अनुपम लाएँगे,
रोते प्राण उन्हें पाएँगे,
पर क्या गाते-गाते ?
सखि, वे मुझसे कहकर जाते ।

मैं नहीं चाहता चिर सुख

— सुमित्रानंदन पंत

मैं नहीं चाहता चिर सुख,
मैं नहीं चाहता चिर दुख;
सुख-दुख की आँख मिचौनी
खोले जीवन अपना मुख !

सुख-दुख के मधुर मिलन से
यह जीवन हो परिपूरन,
फिर घन में ओझल हो शशि,
फिर शशि से ओझल हो घन !

जग पीड़ित है अति दुख से
जग पीड़ित रे अति सुख से,
मानव-जग में बँट जाएँ
दुख सुख से औ' सुख दुख से ।

अविरत दुख है उत्पीड़न,
अविरत सुख भी उत्पीड़न,
दुख-सुख की निशा-दिवा में,
सोता-जगता जग-जीवन ।

यह साँझ-उषा का आँगन,
आलिंगन विरह-मिलन का,
चिर हास-अश्रुमय आनन
रे इस मानव-जीवन का ।

साँप

— अज्ञेय

साँप !
तुम सभ्य तो हुए नहीं
नगर में बसना
भी तुम्हें नहीं आया ।

एक बात पूछूँ— उत्तर दोगे ?
तब कैसे सीखा डँसना —
विष कहाँ पाया ?

नादानी

— वेद प्रकाश वटुक

जानता हूँ
नादानी है
अतीत के गर्त में
दबी जो कहानी है
फिर भी अगर मुझे
फिर जन्म मिले, जीवन —
तो तुम्हें फिर दूँगा

अपना हृदय,
अपनापन
ओ मेरी प्यार की उदासीनता
मेरे धन !

तनहाई
— फ़ैज़ अहमद फ़ैज़

फिर कोई आया, दिल-ए ज़ार ! नहीं, कोई नहीं ।
राहरौ होगा, कहीं और चला जाएगा ।
ढल चुकी रात, बिखरने लगा तारों का ग़ुबार,
लड़खड़ाने लगे ऐवानों में ख़्वाबीदा चिराग़ ।
सो गई रास्ता तक-तक के हर इक राहगुज़ार,
अजनबी ख़ाक ने धुंदला दिये क़दमों के सुराग़ ।
गुल करो शमें, बढ़ा दो मै-ओ-मीना-ओ-अयाग़,
अपने बेख़्वाब किवाड़ों को मुक़फ़्फ़ल कर लो ।
अब यहाँ कोई नहीं, कोई नहीं आयेगा ।

इन्तिज़ार
— साहिर लुध्यानवी

चाँद मद्धम है आस्माँ चुप है,
नींद की गोद में जहाँ चुप है ।
       दूर वादी में दूधिया बादल,
       झुक के परबत को प्यार करते हैं ।
       दिल में नाकाम हसरतें लेकर,
       हम तेरा इन्तिज़ार करते हैं ।

       इन बहारों के साये में आ जा,
       फिर मोहब्बत जवाँ रहे न रहे ।
       ज़िन्दगी तेरे नामुरादों पर,
       कल तलक मेहरबाँ रहे न रहे ।

161

रोज़ की तरह आज भी तारे,
सुबह की गर्द में न खो जाएँ।
या तेरे ग़म में जागती आँखें,
कम से कम एक रात सो जाएँ।

चाँद मद्धम है आस्माँ चुप है,
नींद की गोद में जहाँ चुप है।

चन्द अशार

— मिर्ज़ा असदुल्लाह ख़ाँ 'ग़ालिब'

यह कह सकते हो हम दिल में नहीं हैं, पर यह बतलाओ,
कि जब दिल में तुम ही तुम हो, तो आँखों से निहाँ क्यों हो।

दिल-ए नादाँ तुझे हुआ क्या है, आख़िर इस दर्द की दवा क्या है,
हम हैं मुश्ताक़ और वह बेज़ार, या इलाही यह माजरा क्या है।

यह न थी हमारी क़िस्मत कि विसाल-ए यार होता,
अगर और जीते रहते, यही इन्तिज़ार होता।

कहूँ किस से मैं कि क्या है, शब-ए ग़म बुरी बला है,
मुझे क्या बुरा था मरना, अगर एक बार होता।

जू-ए ख़ूँ आँखों से बहने दो कि है शब-ए फ़िराक़,
मैं यह समझूँगा कि शमें दो फ़िरोज़ाँ हो गईं।

न था कुछ तो ख़ुदा था, कुछ न होता तो ख़ुदा होता,
डुबोया मुझको होने ने, न होता मैं तो क्या होता।

कुछ और कविताएँ

सखि, वे मुझसे कहकर जाते

सखि / सखी	F	(female) friend or companion
सिद्धि	F	accomplishment; fulfillment; here: enlightenment, salvation
हेतु	M	reason, cause; motive
स्वामी	M	mastcr, lord; husband
गौरव *	M	pride, honor
चोरी-चोरी *	Adv	stealthily; clandestinely
व्याघात	M	dire blow (often as struck against one's beliefs, rights, etc.)
बाधा	F	obstruction, hindrance
पाना	Tr	to get, to obtain; here: to find
मानना	Tr	to agree, to accept; here: to regard, to respect
पहचानना	Tr	to recognize; to identify
मुख्य	A	principal, main, chief, predominant
सुसज्जित	A	well-adorned, well-equipped
क्षण	M	moment
प्रियतम	M/F	dearest, most loved; here: husband
प्राण	M	life; vital breath; soul, spirit

पण	M	bet; stake
रण	M	war, battle; here: battlefield
क्षात्रधर्म	M	duty of the warrior caste
के नाते	Post	as, by the virtue of being
भाग्य *	M	fate, fortune, luck; destiny
अभागा	A	unfortunate
विफल	A	failed, fruitless, futile
गर्व *	M	pride
जागना *	Intr	to rise, to wake up
अपनाना *	Tr	to treat as one's own
त्यागना *	Tr	to renounce, to abandon
स्मरण	M	memory; remembrance
नयन	M	eye
निष्ठुर	A	merciless, cruel
आँसू *	M	tear
सदय	A	kind, compassionate
तरस	M	compassion, pity, mercy
तरस खाना	Tr	to pity
जन	M	people; folk; here: person
उपालंभ	M	complaint; reproach
मुख *	M	mouth; face
भाना	Ind. Intr	to be pleasing/appealing, to be liked
अपूर्व	A	unprecedented; novel, unique
अनुपम	A	unparalleled, matchless

मैं नहीं चाहता चिर सुख

चिर	A	long-lasting, eternal
सुख	M	happiness, joy; contentment
आँख मिचौनी *	F	(the game of) hide and seek
मधुर	A	sweet, pleasant
मिलन *	M	meeting; union
परिपूरन	A	full; complete; perfect
घन	M	cloud
ओझल	A	disappeared, out of sight
शशि	M	moon
जग *	M	world
पीड़ित	A	oppressed, tortured; distressed
अति	A	excessive
मानव	M	human, human being; mankind
बँटना	Intr	to be distributed/ divided/apportioned
अविरत	A	uninterrupted; continuous
उत्पीड़न	M	oppression, torture
निशा *	F	night
दिवा	M	day
जगना *	Intr	to wake up, to awaken
साँझ	F	evening, dusk
उषा	F	dawn
आँगन *	M	courtyard

आलिंगन *	M	an embrace
विरह *	M	separation (from a loved one)
हास	M	laughter
अश्रु	M	tear
हास-अश्रुमय	A	filled with laughter and tears
आनन	M	face

साँप

साँप *	M	snake
सभ्य	A	civilized, civil
नगर *	M	city
उत्तर	M	answer
डँसना *	Tr	to bite; to sting
विष	M	poison

नादानी

नादानी *	F	ignorance; stupidity
अतीत	A/M	past; the past
गर्त	M	pit; recess
दबना *	Intr	to be pressed (down); to be covered
अपनापन *	M	(feeling of) oneness, affinity
उदासीनता *	F	indifference; disinterestedness
धन *	M	wealth

तनहाई

तनहाई *	F	solitude; loneliness
ज़ार	A	sad; lamenting, weeping
दिल-ए ज़ार	M	sad/weeping heart
राहरौ	M	traveler
ढलना	Intr	to decrease, to be on the decline; here: to be spent (time), to be over
बिखरना *	Intr	to be dispersed, to be scattered
तारा *	M	star
ग़ुबार	M	dust; cloud
लड़खड़ाना	Intr	to stagger; to waver, to flicker
ऐवान	M	assembly building, public hall
ख़्वाब *	M	dream
ख़्वाबीदा	A	sleepy
चिराग़	M	lamp
तकना	Tr	to stare, to gaze, to watch intently
रास्ता तकना	Tr	'to gaze at the road', i.e., to wait (intently)
हर इक / एक	A	every
राहगुज़ार / राहगुज़र	F	road, path

अजनबी	A	unknown, unfamiliar; strange, alien
ख़ाक	F	dust
धुंदलाना	Tr	to blur, to make something unclear/indistinct
क़दम	M	footstep
सुराग़	M	trace, mark, print
गुल	M	flower; wick
गुल करना	Tr	to extinguish, to put out (a lamp, candle, etc.)
शमा	F	candle, lamp
बढ़ाना	Tr	to extend; to offer; here: to remove, to put away
मै	F	wine
ओ / और	Conj	and
मीना	M	flask of wine
अयाग़	M	cup
बेख़्वाब	A	without dreams; sleepless
किवाड़ *	M	doorleaf; here: eyelid
मुक़फ़्फ़ल	A	locked
मुक़फ़्फ़ल करना	Tr	to lock; to close tight

इन्तिज़ार

इन्तिज़ार / इन्तज़ार	M	waiting, wait
चाँद *	M	moon
मद्धम	A	slow; dim; moderate

आस्माँ / आसमान *	M	sky
चुप	A	silent, quiet
नींद	F	sleep, slumber
गोद *	F	lap
जहाँ / जहान	M	the world; the people
वादी	F	valley
दूधिया	A	milky; milk-white
बादल *	M	cloud
झुकना	Intr	to bend; to lean (towards)
परबत / पर्वत *	M	mountain; hill
नाकाम	A	unsuccessful; fruitless; ineffective
हसरत	F	desire; longing
बहार	F	spring (season); bloom
साया	M	shade; shadow
मोहब्बत	F	love; affection
जवाँ / जवान *	A	young, youthful
ज़िन्दगी *	F	life
नामुराद	A	ill-fated; frustrated (one whose wishes or desires are not fulfilled)
तलक / तक	Post	up to, still, until, by (a certain time)
मेहरबाँ / मेहरबान *	A	kind, merciful
गर्द	F	dust, dirt
खोना *	Tr/Intr	to lose; to be lost
ग़म *	M	grief, sorrow

169

| जागना * | Intr | to be awake, to wake up; to rise |

चन्द अशार

चन्द	A	a few
शेर *	M	couplet
अशार	M pl	couplets
बतलाना	Tr	to tell
निहाँ	A	hidden
नादाँ / नादान	A	ignorant; foolish
दिल-ए नादाँ	M	foolish heart
आख़िर	M/Adv	the end; after all, at last
दर्द	M	pain, suffering
दवा	F	medicine; remedy
मुश्ताक़	A	eager, desirous, filled with longing
बेज़ार	A	indifferent, filled with aversion
या	Interjection	Oh!
इलाही	M	God
माजरा	M	affair, matter, event; here: perplexing situation
क़िस्मत *	F	fate, fortune; luck
विसाल	M	union (of lover and beloved)

यार *	M/F	friend, companion; lover, beloved
विसाल-ए यार	M	union with the beloved
इंतज़ार / इन्तिज़ार	M	waiting, expectation
शब	F	night
शब-ए ग़म	F	night of sorrow
बला	F	calamity
जू	F	stream
ख़ूँ / ख़ून	M	blood
जू-ए ख़ूँ	M	stream of blood
फ़िराक़	M	separation
शब	F	night
शब-ए फ़िराक़	F	night of separation
शमा (pl शमें) *	F	candle
फ़रोज़ाँ / फ़ुरोज़ाँ / फ़िरोज़ाँ	A	lighted, lit
ख़ुदा	M	God
डुबोना	Tr	to drown, to immerse, to submerge
होना	M	being, existence

१५

प्रायश्चित्त

भगवती चरण वर्मा

अगर कबरी बिल्ली घर-भर में किसी से प्रेम करती थी, तो रामू की बहू से, और अगर रामू की बहू घर-भर में किसी से घृणा करती थी, तो कबरी बिल्ली से। रामू की बहू दो महीने हुए मायके से प्रथम बार ससुराल आई थी, पति की प्यारी और सास की दुलारी, चौदह वर्ष की बालिका। भंडार-घर की चाबी उसकी करधनी में लटकने लगी, नौकरों पर उसका हुक्म चलने लगा, और रामू की बहू घर में सब कुछ। सासजी ने माला ली और पूजा-पाठ में मन लगाया।

लेकिन ठहरी चौदह वर्ष की बालिका। कभी भंडार-घर खुला है, तो कभी भंडार-घर में बैठे-बैठे सो गई। कबरी बिल्ली को मौक़ा मिला, घी-दूध पर अब वह जुट गई। रामू की बहू की जान आफ़त में और कबरी बिल्ली के छक्के-पंजे। रामू की बहू हाँडी में घी रखते-रखते ऊँघ गई और बचा हुआ घी कबरी के पेट में। रामू की बहू दूध ढक कर मिसरानी को जिन्स देने गई और दूध नदारद। अगर यह बात यहीं तक रह जाती, तो भी बुरा न था, पर कबरी रामू की बहू को कुछ ऐसा परच गई थी कि रामू की बहू के लिए खाना-पीना दुश्वार था। रामू की बहू के कमरे में रबड़ी से भरी कटोरी पहुँची और रामू जब आये तब कटोरी साफ़ चटी हुई। बाज़ार से बालाई आई और जब तक रामू की बहू ने पान लगाया, बालाई ग़ायब।

रामू की बहू ने तै कर लिया कि या तो वही घर में रहेगी या फिर कबरी बिल्ली ही। मोरचाबन्दी हो गई और दोनों सतर्क। बिल्ली फँसाने का कठघरा आया। उसमें दूध, मलाई, चूहे और बिल्ली को स्वादिष्ट लगने वाले विविध प्रकार के अनेक व्यंजन भी रखे गये। लेकिन बिल्ली ने उधर निगाह तक न डाली। इधर कबरी ने सरगर्मी दिखलाई। अभी तक तो वह रामू की बहू से डरती थी; पर अब वह साथ लग गई, लेकिन इतने फ़ासले पर कि रामू की बहू उस पर हाथ न लगा सके।

कबरी के हौसले बढ़ जाने से रामू की बहू को घर में रहना मुश्किल हो गया। उसे मिलती थीं सास से मीठी झिड़कियाँ, और पति देव को मिलता था रूखा-सूखा भोजन।

एक दिन रामू की बहू ने रामू के लिए खीर बनाई । पिस्ता, बादाम, मखाने और तरह-तरह के मेवे दूध में औटाये गये, सोने का वर्क चिपकाया गया और खीर से भरकर कटोरा कमरे के एक ऐसे ऊँचे ताक़ पर रखा गया, जहाँ बिल्ली न पहुँच सके । रामू की बहू इसके बाद पान लगाने में लग गई ।

उधर बिल्ली कमरे में आई, ताक़ के नीचे खड़े होकर उसने ऊपर कटोरे की ओर देखा, सूँघा कि माल अच्छा है, ताक़ की ऊँचाई अन्दाज़ी और देखा कि रामू की बहू पान लगा रही है । पान लगाकर रामू की बहू सासजी को पान देने चली गई, कबरी ने छलाँग मारी, पंजा कटोरे में लगा और कटोरा झनझनाहट की आवाज़ के साथ फ़र्श पर ।

आवाज़ रामू की बहू के कान में पहुँची, सास के सामने पान फेंककर वह दौड़ी । क्या देखती है ? फूल का कटोरा टुकड़े-टुकड़े, खीर फ़र्श पर और बिल्ली डटकर खीर उड़ा रही है । रामू की बहू को देखते ही कबरी चम्पत ।

रामू की बहू पर ख़ून सवार हो गया । यह सोचकर कि "न रहेगा बाँस न बजेगी बाँसुरी," रामू की बहू ने कबरी की हत्या पर कमर कस ली । रात-भर उसे नींद न आई । किस दाँव से कबरी पर वार किया जाय कि फिर ज़िन्दा न बचे, यही पड़े-पड़े सोचती रही । सुबह हुई और वह देखती है कि कबरी देहरी पर बैठी बड़े प्रेम से उसे देख रही है ।

रामू की बहू ने कुछ सोचा, इसके बाद मुस्कुराती हुई वह उठी । कबरी रामू की बहू के उठते ही खिसक गयी । रामू की बहू एक कटोरा दूध कमरे के दरवाज़े की देहरी पर रखकर चली गई । हाथ में पाटा लेकर वह लौटी तो देखती है कि कबरी दूध पर जुटी हुई है । मौक़ा हाथ में आ गया था । सारा बल लगाकर पाटा उसने बिल्ली पर पटक दिया । कबरी न हिली न डुली, न चीखी न चिल्लाई, बस एकदम उलट गई ।

आवाज़ जो हुई तो महरी झाड़ू छोड़कर, मिसरानी रसोई छोड़कर और सास पूजा छोड़कर घटनास्थल पर उपस्थित हो गईं । रामू की बहू सर झुकाये हुए अपराधिनी की भाँति बातें सुन रही थी ।

महरी बोली— "अरे राम! बिल्ली तो मर गई! माँजी, बिल्ली की हत्या बहू से हो गई, यह तो बुरा हुआ !"

मिसरानी बोली — "माँजी, बिल्ली की हत्या और आदमी की हत्या बराबर हैं, हम तो रसोई न बनावेंगी, जब तक बहू के सिर हत्या रहेगी ।"

सासजी बोलीं — "हाँ, ठीक तो कहती हो, अब जब तक बहू के सिर से हत्या न उतर जाय, तब तक न कोई पानी पी सकता है और न खाना खा सकता है। बहू, यह क्या कर डाला ?"

महरी ने कहा— "अब क्या हो ? कहो, तो पंडितजी को बुला लाऊँ।"

सास की जान में जान आई — "अरे हाँ, जल्दी दौड़के पंडितजी को बुला ला।"

बिल्ली की हत्या की ख़बर बिजली की तरह पड़ोस में फैल गई — पड़ोस की औरतों का रामू के घर में ताँता बँध गया। चारों तरफ़ से प्रश्नों की बौछार, और रामू की बहू सिर झुकाये बैठी रही।

पंडित परमसुख को जब यह ख़बर मिली, उस समय वे पूजा कर रहे थे। ख़बर पाते ही वे उठ पड़े। पंडिताइन से मुस्कुराते हुए बोले— "भोजन न बनाना, लाला घासीराम की पतोहू ने बिल्ली मार डाली। प्रायश्चित्त होगा, पकवानों पर हाथ लगेगा।"

पंडित परमसुख चौबे छोटे-से मोटे-से आदमी थे। लम्बाई चार फ़ीट दस इंच, और तोंद का घेरा अट्ठावन इंच। चेहरा गोल-मटोल, मूँछ बड़ी-बड़ी, रंग गोरा, चोटी कमर तक पहुँचती हुई।

कहा जाता है कि मथुरा में जब पंसेरी ख़ुराक वाले पंडितों को ढूँढ़ा जाता था, तो पंडित परमसुखजी को उस लिस्ट में प्रथम स्थान दिया जाता था।

पंडित परमसुख पहुँचे और कोरम पूरा हुआ। पंचायत बैठी — सासजी, मिसरानी, किसनू की माँ, छन्नू की दादी और पंडित परमसुख। बाक़ी स्त्रियाँ बहू से सहानुभूति प्रकट कर रही थीं।

किसनू की माँ ने कहा — "पंडितजी, बिल्ली की हत्या करने से कौन-सा नरक मिलता है ?"

पंडित परमसुख ने पत्रा देखते हुए कहा — "बिल्ली की हत्या अकेले से तो नरक का नाम नहीं बतलाया जा सकता। वह महूरत भी मालूम हो, जब बिल्ली की हत्या हुई, तब नरक का पता लग सकता है।"

"यही कोई सात बजे सुबह" — मिसरानी ने कहा।

पंडित परमसुख ने पत्रे के पन्ने उलटे, अक्षरों पर उँगलियाँ चलाईं, मत्थे पर हाथ लगाया और कुछ सोचा। चेहरे पर धुँधलापन आया, माथे पर बल पड़े, नाक कुछ सिकुड़ी

और स्वर गम्भीर हो गया — "हरे कृष्ण! हरे कृष्ण! बड़ा बुरा हुआ, प्रातःकाल ब्राह्म-मुहूर्त में बिल्ली की हत्या ! घोर कुम्भीपाक नरक का विधान है ! रामू की माँ, यह तो बड़ा बुरा हुआ ।"

रामू की माँ की आँखों में आँसू आ गये — "तो फिर पंडितजी, अब क्या होगा, आप ही बतलाएँ !"

पंडित परमसुख मुस्कुराये — "रामू की माँ, चिन्ता की कौन-सी बात है । हम पुरोहित फिर कौन दिन के लिए हैं ? शास्त्रों में प्रायश्चित्त का विधान है, सो प्रायश्चित्त से सब ठीक हो जाएगा ।"

रामू की माँ ने कहा — "पंडितजी, इसी लिए तो आपको बुलवाया था । अब आगे बतलाओ कि क्या किया जाय ।"

"किया क्या जाय, यही एक सोने की बिल्ली बनवाकर बहू से दान करवा दी जाय । जब तक बिल्ली न दे दी जाएगी, तब तक घर अपवित्र रहेगा । बिल्ली के दान के बाद इक्कीस दिन का पाठ हो जाय ।"

छन्नू की दादी बोली — "हाँ, और क्या ? पंडितजी ठीक ही तो कहते हैं । बिल्ली अभी दान दे दी जाय और पाठ फिर हो जाय ।"

रामू की माँ ने कहा — "तो पंडितजी, कितने तोले की बिल्ली बनवाई जाय ?"

पंडित परमसुख मुस्कुराये । अपनी तोंद पर हाथ फेरते हुए उन्होंने कहा — "बिल्ली कितने तोले की बनवाई जाय ? अरे रामू की माँ, शास्त्रों में तो लिखा है कि बिल्ली के वज़न-भर की सोने की बिल्ली बनवाई जाय; लेकिन अब कलियुग आ गया है, धर्म-कर्म का नाश हो गया है, श्रद्धा नहीं रही । सो रामू की माँ, बिल्ली के तौल-भर की बिल्ली कैसे बनेगी, क्योंकि यह बिल्ली बीस-इक्कीस सेर से कम की न होगी । हाँ, कम-से-कम इक्कीस तोले की बिल्ली बनवा कर दान करवा दो, और आगे तो अपनी-अपनी श्रद्धा !"

रामू की माँ ने आँखें फाड़कर पंडित परमसुख को देखा — "अरे बाप रे, इक्कीस तोला सोना ! पंडितजी यह तो बहुत है, तोला-भर की बिल्ली से काम न निकलेगा ?"

पंडित परमसुख हँस पड़े — "रामू की माँ ! एक तोला सोने की बिल्ली ! अरे रुपये का लोभ बहू से बढ़ गया ? बहू के सिर बड़ा पाप है, इसमें इतना लोभ ठीक नहीं !"

175

मोल-तोल शुरू हुआ और मामला ग्यारह तोले की बिल्ली पर ठीक हो गया।

इसके बाद पूजा-पाठ की बात आई। पंडित परमसुख ने कहा — "उसमें क्या मुश्किल है ? हम लोग किस दिन के लिये हैं रामू की माँ ? मैं पाठ कर दिया करूँगा, पूजा की सामग्री आप हमारे घर भिजवा देना।"

"पूजा का सामान कितना लगेगा ?"

"अरे, कम-से-कम सामान में हम पूजा कर देंगे। दान के लिये क़रीब दस मन गेहूँ, एक मन चावल, एक मन दाल, मन-भर तिल, पाँच मन जौ और पाँच मन चना, चार पंसेरी घी, और मन-भर नमक भी लगेगा। बस, इतने से काम चल जायेगा।"

"अरे बाप रे, इतना सामान ! पंडितजी इसमें तो सौ-डेढ़ सौ रुपया ख़र्च हो जायेगा !" — रामू की माँ ने रुआँसी होकर कहा।

"फिर इससे कम में तो काम न चलेगा। बिल्ली की हत्या कितना बड़ा पाप है, रामू की माँ ! ख़र्च को देखते वक़्त, पहले बहू के पाप को तो देख लो ! यह तो प्रायश्चित्त है, कोई हँसी-खेल थोड़े ही है। और जैसी जिसकी मरजादा हो, प्रायश्चित्त में उसे वैसा ख़र्च भी करना पड़ता है। आप लोग कोई ऐसे-वैसे थोड़े ही हैं ! अरे, सौ-डेढ़ सौ रुपया आप लोगों के हाथ का मैल है !"

पंडित परमसुख की बात से पंच प्रभावित हुए। किसून की माँ ने कहा — "पंडितजी ठीक तो कहते हैं, बिल्ली की हत्या कोई ऐसा-वैसा पाप तो है नहीं। बड़े पाप के लिये बड़ा ख़र्च भी चाहिए।"

छन्नू की दादी ने कहा — "हाँ, और नहीं तो क्या ? दान-पुन्न से ही पाप कटते हैं ! दान-पुन्न में किफ़ायत ठीक नहीं।"

मिसरानी ने कहा — "और फिर माँजी, आप लोग बड़े आदमी ठहरे। इतना ख़र्च आप लोगों को थोड़े ही अखरेगा !"

रामू की माँ ने अपने चारों ओर देखा — सभी पंच पंडितजी के साथ। पंडित परमसुख मुस्कुरा रहे थे। उन्होंने कहा — "रामू की माँ ! एक तरफ़ तो बहू के लिए कुम्भीपाक नरक है और दूसरी तरफ़ तुम्हारे ज़िम्मे थोड़ा-सा ख़र्चा है। सो उससे मुँह न मोड़ो।"

एक ठंडी साँस लेते हुए रामू की माँ ने कहा — "अब तो जो नाच नचाओगे, नाचना ही पड़ेगा।"

पंडित परमसुख ज़रा कुछ बिगड़कर बोले — "रामू की माँ ! यह तो अपनी ख़ुशी की बात है। अगर तुम्हें यह अखरता है, तो न करो। मैं चला।" इतना कहकर पंडितजी ने पोथी-पत्रा बटोरा।

"अरे पंडितजी, रामू की माँ को कुछ नहीं अखरता ! बेचारी को कितना दुख है ! बिगड़ो न !" — मिसरानी, छन्नू की दादी और किसून की माँ ने एक स्वर में कहा।

रामू की माँ ने पंडितजी के पैर पकड़े और पंडितजी ने अब जमकर आसन जमाया।

"और क्या हो ?"

"इक्कीस दिन के पाठ के इक्कीस रुपये और इक्कीस दिन तक दोनों बखत पाँच-पाँच ब्राह्मणों को भोजन करवाना पड़ेगा।" कुछ रुककर पंडित परमसुख ने कहा — "सो इसकी चिन्ता न करो। मैं अकेले दोनों समय भोजन कर लूँगा और मेरे अकेले भोजन करने से पाँच ब्राह्मणों के भोजन का फल मिल जाएगा।"

"यह तो पंडितजी ठीक ही कहते हैं, पंडितजी की तोंद तो देखो !" मिसरानी ने मुस्कुराते हुए पंडितजी पर व्यंग्य किया।

"अच्छा, तो फिर प्रायश्चित्त का प्रबंध करवाओ, रामू की माँ। ग्यारह तोला सोना निकालो, मैं उसकी बिल्ली बनवा लाऊँ। दो घंटे में मैं बनवाकर लौटूँगा, तब तक सब पूजा का प्रबन्ध कर रखो। और देखो, पूजा के लिए......"

पंडितजी की बात ख़त्म भी न हुई थी कि महरी हाँफती हुई कमरे में घुस आई और सब लोग चौंक उठे। रामू की माँ ने घबराकर कहा — "अरी, क्या हुआ री ?"

महरी ने लड़खड़ाते स्वर में कहा — "माँजी, बिल्ली तो उठकर भाग गई !"

प्रायश्चित्त

प्रायश्चित्त	M	penance
कबरा	A	spotted
बिल्ली *	F	cat
रामू	P.N. (M)	Ramu
बहू *	F	daughter-in-law; wife
घृणा *	F	hatred
X से घृणा करना	Tr	to hate X
मायका	M	maternal home (of a married woman)
प्रथम	A	first
ससुराल *	F	father-in-law's home
सास *	F	mother-in-law
दुलारा	A	beloved, dear, darling
बालिका	F	young girl
भंडार-घर	M	storeroom
चाबी *	F	key
करधनी	F	gold or silver belt for the waist
लटकना	Intr	to hang
हुक्म *	M	order, command
माला	F	rosary; garland
पाठ	M	reading (of religious books)
X में मन लगाना *	Tr	to apply one's mind to X
घी	M	ghee, clarified butter

X में / पर जुटना	Intr	to be engaged in/occupied with/busy at X
जान	F	life
आफ़त	F	trouble
छक्के पंजे	M pl	'dice-throw of sixes and fives', i.e., tactical advantage
ऊँघना	Intr	to doze off
ढकना	Tr	to cover
मिसरानी	F	cook
जिन्स	F	commodity, goods; cereals
नदारद	A	missing; vanished
X से परचना	Intr	to get to know X well, to become familiar with X
दुश्वार	A	difficult
रबड़ी	F	dessert made of thickened and sweetened milk
कटोरी *	F	small metal bowl
कटोरा	M	large metal bowl
चटना	Intr	to be licked
बालाई	F	cream
पान	M	paan (betel-leaf)
पान लगाना	Tr	to prepare paan
ग़ायब *	A	disappeared, vanished
तै / तय करना *	Tr	to decide
मोरचाबन्दी	F	taking up strategic positions; entrenchment
सतर्क	A	alert

फँसाना	Tr	to catch; to trap
कठघरा	M	large wooden cage
मलाई	F	cream
चूहा *	M	rat
स्वादिष्ट	A	delicious
विविध	A	various
व्यंजन	M	rich (cooked) food; dainties
निगाह *	F	look, glance
सरगर्मी	F	enthusiasm, zeal, ardor
फ़ासला *	M	distance
X पर हाथ लगाना	Tr	to lay hands on X, to touch X
हौसला	M	courage, daring
झिड़की	F	scolding
पति-देव	M	'husband-god', i.e., term of respect for a husband
रूखा-सूखा	A	rough and dry; unappetizing (food)
भोजन *	M	food; meal
खीर	F	kheer (a kind of Indian rice pudding)
पिस्ता	M	pistachio nut
बादाम	M	almond
मखाना	M	parched or fried lotus seeds
मेवा	M	dried fruit
औटाना	Tr	to thicken by simmering
सोना	M	gold

वर्क़ / वरक़	M	very fine gold or silver leaf (used in India to decorate sweets)
चिपकाना	Tr	to stick, to make adhere
ताक़	M	shelf
सूँघना *	Tr	to smell, to sniff
माल *	M	goods, stuff
ऊँचाई	F	height
अन्दाज़ा	M	estimate, guess
अन्दाज़ना	Tr	to estimate, to guess
छलाँग	F	leap, jump
छलाँग मारना	Tr	to leap
पंजा	M	paw
झनझनाहट	F	clatter, metallic ring
फूल	M	flower; an alloy of copper and tin
डटना	Intr	to stay firm, to be determined
उड़ाना	Tr	to cause to fly away; here: to gulp down, to do away with
चम्पत	A	disappeared
ख़ून	M	blood; murder
सवार	A	mounted
X पर ख़ून सवार होना	Intr	for X to become bent on murder
न रहेगा बाँस न बजे बाँसुर	Proverb	'if there isn't bamboo, the flute won't play', i.e. , the

		problem will only be solved by getting at the root of it
हत्या *	F	murder
कसना	Tr	to tighten
कमर कसना	Tr	'to tighten one's waist', i.e., to gird one's loins, to prepare for a task
दाँव / दाव	M	strategy
वार करना	Tr	to assault, to strike a blow
देहरी	F	threshold
खिसकना	Intr	to slip away, to sneak away
पाटा	M	small wooden board
पटकना	Tr	to throw down, to dash down
हिलना *	Intr	to move
डुलना	Intr	to move, to quiver
चीखना / चीख़ना	Intr	to scream
उलटना	Intr/Tr	to overturn; to be overturned, to turn over
महरी	F	sweeper
झाड़ू *	F	broom
रसोई *	F	kitchen
घटनास्थल	M	scene of the incident/ accident
उपस्थित	A	present (at a location)
उपस्थित होना	Intr	to be present
झुकाना	Tr	to bow, to lower
अपराधिनी	F	(female) criminal

की भाँति	Post	like
बराबर *	A	equal
अरे राम !	Interjection	Oh God!
उतरना	Intr	to get down, to come off
X की जान में जान आना	Intr	'for life to return into the life of X', i.e., for X to become revived
बिजली *	F	lightning; electricity
पड़ोस *	M	neighborhood, vicinity
फैलना	Intr	to spread
ताँता	M	queue, line
ताँता बँधना	Intr	'for a queue to be tied', i.e., for a queue to be formed
बौछार	F	shower, flurry
पंडित	M	pandit, Brahmin
परमसुख चौबे	P.N. (M)	Paramsukh Chaube
पंडिताइन	F	pandit's wife
लाला	Term of address	respectful term of address for a <u>bania</u> or <u>kayastha</u> man
घासीराम	P.N. (M)	Ghasiram
पतोहू	F	daughter-in-law
पकवान	M	fried delicacy
लम्बाई *	F	length; height
तोंद	F	potbelly
घेरा	M	circumference
अट्ठावन	A	fifty-eight

गोल-मटोल	A	round and fat
मूँछ *	F	moustache
चोटी	F	braid; lock of hair worn by Hindu men
पंसेरी	F	weight of 5 seers
ख़ुराक	F	diet
स्थान *	M	place
कोरम	M	quorum
पंचायत	F	panchayat, a jury of five
पंच	M	the group of five constituting the panchayat
दादी	F	grandmother (paternal)
सहानुभूति	F	sympathy
प्रकट	A	manifest, evident, expressed
प्रकट करना	Tr	to express
नरक *	M	hell
पत्रा	M	astrological almanac
अकेला	A	alone
अकेले से	Adv	by itself, alone
बतलाना	Tr	to tell
मुहूर्त / महूरत	M	time of day; a division of time equivalent to 48 minutes, of which there are 30 in a day; here: exact time
X का पता लगना	Intr	for X to be found out
कोई *	Adv	about, approximately
उँगली / अँगुली	F	finger

मत्था / माथा	M	forehead
धुँधलापन	M	cloudiness, haze
बल पड़ना	Intr	for furrows to be formed; to frown
सिकुड़ना	Intr	to contract; to shrink; to wrinkle
हरे कृष्ण !	Interjection	Oh God!
प्रातःकाल	M	early morning
ब्राह्म-मुहूर्त	M	name of the <u>mahurata</u> that comes just before dawn; the early morning hours
घोर	A	terrible, awful
कुम्भीपाक नरक	M	name of the hell in which wicked people are baked like earthen pots
विधान	M	regulation, ordinance
पुरोहित	M	Hindu priest
शास्त्र	M	scriptures (Hindu)
सो *	Conj	so, therefore
दान	M	charity; a religious gift
दान करना	Tr	to give as a religious gift/charity
अपवित्र	A	impure, polluted
तोला	M	<u>tola</u>, an Indian unit of weight
X पर हाथ फेरना	Tr	to stroke X with one's hand
वज़न *	M	weight

X के वज़न-भर का Y	M/F	a Y of X's weight
कलियुग	M	'the Kali age', i.e., the age of vice
धर्म-कर्म	M	religious act/rite
नाश	M	destruction
X का नाश होना	Intr	for X to be destroyed
श्रद्धा	F	faith, devotion
सेर	M	<u>seer</u> (measure of weight equal to about 2 pounds)
आँखें फाड़ना	Tr	'to tear open one's eyes', i.e., to pop open one's eyes
लोभ *	M	greed
मोल-तोल	M	bargaining, haggling
सामग्री	F	material, goods
मन	M	<u>maund</u> (measure of weight equal to 80 pounds)
दाल *	F	lentils, pulses
तिल	M	sesame seed
जौ	M	barley
चना	M	gram, chickpea
नमक *	M	salt
रुआँसा	A	tearful
हँसी-खेल	M	'laughter and play', i.e., fun, a laughing matter; an easy job
थोड़े ही	Adv	hardly, scarcely
मरजादा / मर्यादा	F	dignity; rank
ऐसा-वैसा	A	ordinary, insignificant

मैल	M	dirt
हाथ का मैल	M	'the dirt on one's hand', i.e., something insignificant
प्रभावित	A	influenced
पुन्न / पुण्य	M	meritorious deed
कटना	Intr	to be cut; to be destroyed
किफ़ायत	F	economy
X को अखरना	Ind. Intr	to bother/ trouble/ annoy X
ज़िम्मा	M	responsibility, obligation
X से मुँह मोड़ना	Tr	'to turn one's face away from X', i.e., to avoid X
ठंडी साँस	F	'cold breath', i.e., a sigh
नाच	M	dance
नाचना	Intr	to dance
नचाना	Tr	to make (someone/ something) dance
बिगड़ना	Intr	to be spoiled; to be angry
पोथी	F	book
पत्रा	M	almanac
बटोरना	Tr	to gather up, to collect
जमना	Intr	to become set, to become fixed, to settle
जमाना	Tr	to settle, to fix, to establish
(अपना) आसन जमाना	Tr	'to fix/establish one's seat', i.e., to settle oneself firmly in one's seat
बखत / वक़्त	M	time

फल	M	fruit; outcome; reward
X पर व्यंग / व्यंग्य करना *	Tr	to say something sarcastic to X, to make fun of X
प्रबंध	M	arrangement, provision
हाँफना	Intr	to pant, to huff
लड़खड़ाना	Intr	to stagger, to wobble

१६
टोबा टेकसिंह

सादत हसन मंटो

बँटवारे के दो-तीन साल बाद, पाकिस्तान और हिन्दुस्तान की सरकारों को यह ख़्याल आया कि नैतिक अपराधियों की तरह पागलों का तबादला भी होना चाहिए । याने जो मुसलमान पागल हिन्दुस्तान के पागलख़ानों में हैं उन्हें पाकिस्तान पहुँचा दिया जाए और जो हिन्दू और सिक्ख पागल पाकिस्तान के पागलख़ानों में मौजूद हैं, उनको हिन्दुस्तान के हवाले कर दिया जाए ।

मालूम नहीं, यह बात सही थी या ग़लत, लेकिन विद्वानों के फ़ैसले के मुताबिक़, इधर-उधर, ऊँचे स्तर पर कॉन्फ़रेन्सें हुईं, और आख़िर में एक दिन पागलों के तबादले के लिए तय हो गया । अच्छी तरह छान-बीन की गयी । वे मुसलमान पागल, जिनके रिश्तेदार हिन्दुस्तान ही में थे, वहीं रहने दिये गये, जो बाक़ी बचे उनको सीमा पर भेज दिया गया । यहाँ पाकिस्तान में, चूँकि क़रीब-क़रीब सभी हिन्दू-सिक्ख जा चुके थे, इसलिए किसी को रखने-रखाने का सवाल ही पैदा न हुआ । जितने हिन्दू-सिक्ख पागल थे, सब के सब, पुलिस की हिफ़ाज़त में, सरहद पर पहुँचा दिये गये ।

उधर का मालूम नहीं । लेकिन इधर, लाहौर के पागलख़ाने में, जब इस तबादले की ख़बर पहुँची तो बड़ी दिलचस्प बातें होने लगीं । एक मुसलमान पागल से, जो बारह बरस से बाक़ायदा हर रोज़, "ज़मींदार" पढ़ता था, जब उसके एक मित्र ने पूछा, "मौलवी साहब, यह पाकिस्तान क्या होता है ?" तो उसने बड़े सोच-विचार के बाद जवाब दिया — "हिन्दुस्तान में एक ऐसी जगह है, जहाँ उस्तरे बनाते हैं ।"

यह जवाब सुनकर उसका दोस्त सन्तुष्ट हो गया ।

इसी तरह एक सिक्ख पागल ने दूसरे सिक्ख पागल से पूछा, "सरदार जी, हमें हिन्दुस्तान क्यों भेजा जा रहा है ? हमें तो वहाँ की बोली नहीं आती ।"

दूसरा मुस्कुराया, "मुझे तो हिन्दुस्तान की बोली आती है । हिन्दुस्तानी बड़े शैतान, आकड़-आकड़ फिरते हैं ।"

एक दिन नहाते-नहाते, एक मुसलमान पागल ने “पाकिस्तान ज़िन्दाबाद” का नारा इतने ज़ोर से लगाया कि फ़र्श पर फिसल कर गिरा और बेहोश हो गया।

कई पागल ऐसे भी थे, जो पागल नहीं थे। उनमें ज़्यादा तादाद ऐसे क़ातिलों की थी, जिनके रिश्तेदारों ने कुछ दे-दिला कर उन्हें पागलख़ाने भिजवा दिया था कि फाँसी के फन्दे से बच जाएँ। ये कुछ-कुछ समझते थे कि हिन्दुस्तान का बँटवारा क्यों हुआ है और पाकिस्तान क्या है। लेकिन सही घटनाओं से वे भी अनजान थे। अख़बारों से कुछ पता नहीं चलता था और पहरेदार सिपाही अनपढ़ और मूर्ख थे; उनकी बातचीत से भी कोई नतीजा नहीं निकलता था। उनको सिर्फ़ इतना मालूम था कि एक आदमी मुहम्मद अली जिन्ना है, जिसको “क़ायदे आज़म” कहते हैं। उसने मुसलमानों के लिए एक अलग देश बनाया है जिसका नाम पाकिस्तान है। यह कहाँ है, कहाँ-से-कहाँ तक फैला हुआ है — इसके बारे में वे कुछ नहीं जानते थे। यही वजह है कि पागलख़ाने में वे सब पागल, जिनका दिमाग़ पूरी तरह ख़राब नहीं था, इस असमंजस में थे कि वे हिन्दुस्तान में हैं अथवा पाकिस्तान में। अगर हिन्दुस्तान में हैं, तो पाकिस्तान कहाँ है और अगर वे पाकिस्तान में हैं, तो यह कैसे हो सकता है कि कुछ अरसा पहले, वे यहीं रहते हुए भी, हिन्दुस्तान में थे।

एक पागल तो पाकिस्तान और हिन्दुस्तान, हिन्दुस्तान और पाकिस्तान के चक्कर में कुछ ऐसा गिरफ़्तार हुआ कि और ज़्यादा पागल हो गया। झाड़ू देते-देते एक दिन वह पेड़ पर चढ़ गया और टहनी पर बैठ कर दो घंटे लगातार भाषण देता रहा, जो पाकिस्तान और हिन्दुस्तान की गम्भीर समस्या पर था। सिपाहियों ने उसे नीचे उतरने को कहा तो वह और ऊपर चढ़ गया। डराया-धमकाया गया तो उसने कहा, “मैं न हिन्दुस्तान में रहना चाहता हूँ, न पाकिस्तान में। मैं इस पेड़ पर ही रहूँगा।”

बड़ी मुश्किलों के बाद, जब उसका दौरा सर्द पड़ा तो वह नीचे उतरा और अपने हिन्दू-सिक्ख दोस्तों से गले मिल-मिल कर रोने लगा। इस ख़्याल से उसका दिल भर आया था कि वे उसे छोड़ कर हिन्दुस्तान चले जाएँगे।

एक एम.एस.सी. पास रेडियो इंजीनियर में, (जो मुसलमान था और दूसरे पागलों से बिलकुल अलग-थलग, बाग़ की एक ख़ास रविश पर सारा दिन ख़ामोश टहला करता था) यह तब्दीली ज़ाहिर हुई कि उसने तमाम कपड़े उतार कर दफ़ेदार के हवाले कर दिये और नंग-धड़ंग सारे बाग़ में चलना-फिरना शुरू कर दिया।

चिन्नोट के एक मोटे-से मुसलमान पागल ने — जो मुस्लिम लीग का जोशीला सदस्य रह चुका था और दिन में पन्द्रह-सोलह बार नहाया करता था — सहसा यह आदत छोड़ दी। उसका नाम मुहम्मद अली था। इसलिए उसने एक दिन अपने जँगले में ऐलान कर दिया कि वह क़ायदे-आज़म मुहम्मद अली जिन्ना है। उसकी देखा-देखी एक सिक्ख पागल, मास्टर तारा सिंह बन गया। क़रीब था कि उस जंगले में ख़ून-ख़राबा हो जाए, मगर दोनों को ख़तरनाक पागल क़रार दे कर, अलग-अलग बंद कर दिया गया।

लाहौर का एक नौजवान हिन्दू वकील था, जो प्रेम में असफल हो कर पागल हो गया था। जब उसने सुना कि अमृतसर हिन्दुस्तान में चला गया है तो उसे बहुत दुख हुआ। उसी शहर में एक हिन्दू लड़की से उसे प्रेम हुआ था। हालाँकि उस लड़की ने उसे ठुकरा दिया था, लेकिन पागलपन की हालत में भी वह उसको नहीं भूला था। चुनाँचे वह उन तमाम हिन्दू-मुसलमान नेताओं को गालियाँ देता था, जिन्होंने मिल-मिला कर हिन्दुस्तान के दो टुकड़े कर दिये। उसकी प्रेमिका हिन्दुस्तानी बन गयी और वह पाकिस्तानी।

जब तबादले की बात शुरू हुई तो वकील को कई पागलों ने समझाया कि वह दिल बुरा न करे, उसको हिन्दुस्तान भेज दिया जाएगा; उस हिन्दुस्तान में, जहाँ उसकी प्रेमिका रहती है। मगर वह लाहौर छोड़ना नहीं चाहता था, इसलिए कि उसका ख़्याल था कि अमृतसर में उसकी प्रैक्टिस नहीं चलेगी।

यूरोपियन वॉर्ड में दो एंग्लो इंडियन पागल थे। उनको जब मालूम हुआ कि हिन्दुस्तान को आज़ाद करके अँग्रेज़ चले गये हैं तो उन्हें बड़ा दुख हुआ। वे छिप-छिपकर घंटों इस महत्त्वपूर्ण समस्या पर विचार करते कि पागलख़ाने में अब उनकी हैसियत क्या होगी। यूरोपियन वार्ड रहेगा या उड़ा दिया जायगा ? ब्रेकफ़ास्ट मिला करेगा अथवा नहीं ? उन्हें डबल रोटी के बजाय ब्लडी इंडियन चपाती तो नहीं खानी पड़ेगी ?

एक सिक्ख था, जिसे पागलख़ाने में आये पन्द्रह बरस हो चुके थे। उसके मुँह से हर वक़्त ये अजीबो-ग़रीब शब्द सुनने में आते थे, “ओ पड़ दी, गुड़गुड़ दी, अनेकस दी, बेध्याना दी, मूँग दी दाल ऑफ़ दी लालटेन !” दिन को सोता था न रात को। पहरेदारों का यह कहना था कि पन्द्रह बरस के लम्बे अरसे में, वह पल-भर के लिए भी नहीं सोया था, लेटता भी नहीं था; अलबत्ता कभी-कभी किसी दीवार के साथ टेक लगा लेता था।

हर वक़्त खड़े रहने से उसके पाँव सूज गये थे। पिंडलियाँ भी फूल गयी थीं, मगर इस शारीरिक कष्ट के बावजूद, वह लेट कर आराम नहीं करता था। हिन्दुस्तान, पाकिस्तान और पागलों के तबादले के बारे में, जब कभी पागलख़ाने में बातचीत होती तो वह ध्यान से सुनता। कोई उससे पूछता कि उसका क्या ख़्याल है तो वह बड़ी गम्भीरता से जवाब देता, "ओ पड़ दी, गुड़गुड़ दी, अनेकस दी, बेध्याना दी, मूँग दी दाल ऑफ़ दी पाकिस्तान गौरमेंट।"

लेकिन बाद में "ऑफ़ दी पाकिस्तान गौरमेंट" की जगह "ऑफ़ दी टोबा टेकसिंह गौरमेंट" ने ले ली और उसने दूसरे पागलों से पूछना शुरू किया कि टोबा टेकसिंह कहाँ है, जहाँ का वह रहने वाला है। लेकिन किसी को भी मालूम नहीं था कि वह पाकिस्तान में है या हिन्दुस्तान में। जो बताने की कोशिश करते थे, वे इस चक्कर में उलझकर रह जाते थे कि सियालकोट पहले हिन्दुस्तान में था, पर अब सुना है कि पाकिस्तान में है। क्या मालूम है कि लाहौर, जो आज पाकिस्तान में है, कल हिन्दुस्तान में चला जाए या सारा हिन्दुस्तान ही पाकिस्तान बन जाए। और यह भी कौन सीने पर हाथ रख कर कह सकता था कि हिन्दुस्तान और पाकिस्तान — दोनों किसी दिन सिरे से ग़ायब ही न हो जाएँ।

उस सिक्ख के केश छिदरे होकर बहुत थोड़े रह गये थे। चूँकि बहुत कम नहाता था, इसलिए दाढ़ी और सिर के बाल आपस में जम गये थे, जिसकी वजह से उसकी शक्ल बड़ी भयानक हो गयी थी। मगर आदमी निरीह था। पन्द्रह बरसों में उसने किसी से झगड़ा-फ़साद नहीं किया था। पागलख़ाने के जो पुराने-पुराने मुलाज़िम थे, वे उसके बारे में इतना जानते थे कि टोबा टेकसिंह में उसके कई खेत थे; अच्छा खाता-पीता ज़मींदार था कि अचानक दिमाग़ उलट गया। उसके रिश्तेदार उसे लोहे की मोटी-मोटी जंज़ीरों में बाँध कर लाये और पागलख़ाने में भरती करा गये।

महीने में एक बार ये लोग मुलाक़ात के लिए आते थे और उसकी ख़ैर-ख़बर पूछ कर चले जाते थे। एक अरसे तक यह सिलसिला जारी रहा। पर जब पाकिस्तान-हिन्दुस्तान की गड़बड़ शुरू हुई तो उनका आना बन्द हो गया।

उसका नाम बिशन सिंह था, मगर सब उसे टोबा टेकसिंह कहते थे। उसको यह कतई मालूम नहीं था कि दिन कौन-सा है, महीना कौन-सा है या कितने साल बीत चुके हैं। लेकिन हर महीने, जब उसके सगे-सम्बन्धी उससे मिलने के लिए आते थे तो उसे अपने आप

पता चल जाता था । चुनाँचे वह दफ़ेदार से कहता कि उसकी मुलाक़ात आ रही है । उस दिन वह अच्छी तरह नहाता, शरीर पर ख़ूब साबुन मलता और सिर में तेल डाल कर कंघी करता । अपने कपड़े, जो कभी इस्तेमाल नहीं करता था, निकलवा के पहनता और यूँ बन-सँवर कर मिलने वालों के पास जाता । वे उससे कुछ पूछते, तो चुप रहता या कभी-कभार — "ओ पड़ दी, गुड़गुड़ दी, अनेकस दी, बेध्याना दी, मूँग दी दाल ऑफ़ दी लालटेन" कह देता ।

उसकी एक लड़की थी, जो हर महीने एक उँगली बढ़ती-बढ़ती, पन्द्रह बरसों में जवान हो गयी थी । बिशन सिंह उसको पहचानता ही न था । वह बच्ची थी तो अपने बाप को देखकर रोती थी । जवान हुई तब भी उसकी आँखों से आँसू बहते थे ।

पाकिस्तान और हिन्दुस्तान का क़िस्सा शुरू हुआ तो उसने दूसरे पागलों से पूछना शुरू किया कि टोबा टेकसिंह कहाँ है ? जब सन्तोषजनक उत्तर न मिला तो उसकी कुरेद दिन-दिन बढ़ती गयी । अब मुलाक़ात भी नहीं आती थी । पहले तो उसे अपने आप पता चल जाता था कि मिलने वाले आ रहे हैं, पर अब जैसे उसके दिल की आवाज़ भी बन्द हो गयी थी, जो उसे उनके आने की सूचना दे दिया करती थी ।

उसकी बड़ी इच्छा थी कि वे लोग आएँ, जो उससे सहानुभूति प्रकट करते थे और उसके लिए फल, मिठाइयाँ और कपड़े लाते थे । वह अगर उनसे पूछता कि टोबा टेकसिंह कहाँ है, तो यक़ीनन उसे बता देते कि पाकिस्तान में है या हिन्दुस्तान में, क्योंकि उसका ख़्याल था कि वे टोबा टेकसिंह ही से आते हैं, जहाँ उसकी ज़मीनें हैं ।

पागलख़ाने में एक पागल ऐसा भी था, जो ख़ुद को ख़ुदा कहता था । उससे जब एक दिन बिशन सिंह ने पूछा कि टोबा टेकसिंह पाकिस्तान में है या हिन्दुस्तान में तो उसने अपना स्वाभाविक ठहाका लगाया और कहा, "वह न पाकिस्तान में है, न हिन्दुस्तान में, इसलिए कि हमने हुक्म नहीं दिया !"

बिशन सिंह ने उस ख़ुदा से कई बार बड़ी मिन्नत-समाजत से कहा कि वह हुक्म दे दे, ताकि झंझट ख़त्म हो, लेकिन वह अत्यधिक व्यस्त था, इसलिए कि उसे और बेशुमार हुक्म देने थे । एक दिन तंग आकर वह उसपर बरस पड़ा, "ओ पड़ दी, गुड़गुड़ दी, अनेकस दी, बेध्याना दी, मूँग दी दाल ऑफ़ वाहे गुरु दा ख़ालसा ऐंड वाहे गुरु दी फ़तह । जो बोले सो निहाल, सत्त श्री अकाल !"

इसका शायद यह मतलब था कि तुम मुसलमानों के ख़ुदा हो, सिक्खों के ख़ुदा होते तो ज़रूर मेरी सुनते ।

तबादले से कुछ दिन पहले, टोबा टेकसिंह का एक मुसलमान, जो बिशन सिंह का दोस्त था, मुलाक़ात के लिए आया । पहले वह कभी नहीं आया था । जब बिशन सिंह ने उसे देखा तो एक तरफ़ हट गया और वापस जाने लगा, मगर सिपाहियों ने उसे रोका, "यह तुमसे मिलने आया है, तुम्हारा दोस्त फ़ज़लदीन है ।"

बिशन सिंह ने फ़ज़लदीन की ओर देखा और कुछ बड़बड़ाने लगा । फ़ज़लदीन ने आगे बढ़कर, उसके कन्धे पर हाथ रखा, "मैं बहुत दिनों से सोच रहा था कि तुमसे मिलूँ, लेकिन फ़ुरसत ही न मिली । तुम्हारे सब आदमी ख़ैरियत से हिन्दुस्तान चले गये हैं । मुझसे जितनी मदद हो सकी, मैंने की । तुम्हारी बेटी रूप कौर...."

वह कुछ कहते-कहते रुक गया । बिशन सिंह कुछ याद करने लगा, "बेटी रूप कौर ।"

फ़ज़लदीन ने रुक-रुक कर कहा, "हाँ.... वह..... वह भी ठीक-ठाक है । उनके साथ ही चली गयी थी ।"

बिशन सिंह चुपचाप खड़ा रहा । फ़ज़लदीन ने कहना शुरू किया, "उन्होंने मुझसे कहा था कि तुम्हारी ख़ैर-ख़ैरियत पूछता रहूँ । अब मैंने सुना है कि तुम हिन्दुस्तान जा रहे हो । भाई बलबीर सिंह और भाई बधावा सिंह से मेरा सलाम कहना और बहन अमृत कौर से भी ।.... भाई बलबीर से कहना कि फ़ज़लदीन राज़ी-ख़ुशी है । दो भूरी भैंसें, जो वे छोड़ गये थे, उनमें से एक ने पाड़ा दिया है; दूसरी के पाड़ी हुई थी, पर वह छै दिन की होके मर गयी । .... और मेरे लायक़ जो ख़िदमत हो, कहना । मैं हर वक़्त तैयार हूँ । और तुम्हारे लिए ये थोड़े-से मरूँडे लाया हूँ ।"

बिशन सिंह ने मरूँडों की पोटली लेकर, पास खड़े सिपाही के हवाले कर दी और फ़ज़लदीन से पूछा, "टोबा टेकसिंह कहाँ है ?"

फ़ज़लदीन ने ज़रा हैरत से कहा, "कहाँ है ? वहीं है, जहाँ था ।"

बिशन सिंह ने फिर पूछा, "पाकिस्तान में या हिन्दुस्तान में ?"

"हिन्दुस्तान में..... नहीं, नहीं.... पाकिस्तान में !"...... फ़ज़लदीन बौखला-सा गया ।

बिशन सिंह बड़बड़ाता हुआ चला गया, "ओ पड़ दी, गुड़गुड़ दी, अनेकस दी, बेध्याना दी, मूँग दी दाल ऑफ़ दी पाकिस्तान ऐंड हिन्दुस्तान ऑफ़ दी दुर-फिट्टे मुँह !"

तबादले की तैयारियाँ पूरी हो चुकी थीं। इधर-से-उधर और उधर-से-इधर आने वाले पागलों की सूचियाँ पहुँच गयी थीं और तबादले का दिन भी तय हो चुका था।

सख़्त सर्दी पड़ रही थी, जब लाहौर के पागलख़ाने से हिन्दू-सिक्ख पागलों से भरी लारियाँ, पुलिस के रक्षक दस्तों के साथ, रवाना हुईं। सम्बन्धित अफ़सर भी साथ थे। वागा की सरहद पर दोनों ओर के सुपरिटेंडेंट एक-दूसरे से मिले और आरम्भिक कार्रवाई ख़त्म होने के बाद तबादला शुरू हो गया, जो रात-भर जारी रहा।

पागलों को लारियों से निकालना और उनको दूसरे अफ़सरों के हवाले करना बड़ा मुश्किल काम था। कई तो लारियों से निकलते ही न थे; जो निकलना मंज़ूर कर लेते थे, उनको संभालना मुश्किल हो जाता था, क्योंकि वे इधर-उधर भाग खड़े होते थे। जो नंगे थे, उनको कपड़े पहनाये जाते तो वे उन्हें फाड़कर अपने तन से अलग कर देते। कोई गालियाँ बक रहा है, कोई गा रहा है, आपस में लड़-झगड़ रहे हैं, रो रहे हैं, बिलख रहे हैं। कान पड़ी आवाज़ सुनायी नहीं देती थी। पागल औरतों का शोर-गुल अलग था और सर्दी इतनी कड़ाके की थी कि दाँत-से-दाँत बज रहे थे।

पागलों का बहुमत इस तबादले के हक़ में नहीं था। इसलिए कि उनकी समझ में नहीं आ रहा था कि उन्हें अपनी जगह से उखाड़कर कहाँ फेंका जा रहा है। वे कुछेक, जो सोच-समझ सकते थे, "पाकिस्तान ज़िन्दाबाद" और "पाकिस्तान मुर्दाबाद" के नारे लगा रहे थे। दो-तीन बार फ़साद होते-होते बचा, क्योंकि कुछ मुसलमानों और सिक्खों को ये नारे सुन कर तैश आ गया था।

जब बिशन सिंह की बारी आयी और वागा के उस पार सम्बन्धित अफ़सर उसका नाम रजिस्टर में दर्ज करने लगा तो उसने पूछा, "टोबा टेकसिंह कहाँ है ? पाकिस्तान में या हिन्दुस्तान में ?"

अफ़सर हँसा, "पाकिस्तान में।"

यह सुनकर बिशन सिंह उछलकर एक ओर हटा और दौड़कर अपने बाक़ी साथियों के पास पहुँच गया। पाकिस्तानी सिपाहियों ने उसे पकड़ लिया और दूसरी ओर ले जाने लगे। मगर उसने चलने से इनकार कर दिया।

"टोबा टेकसिंह कहाँ है ?" और ज़ोर-ज़ोर से चिल्लाने लगा, "ओ पड़ दी, गुड़गुड़ दी, बेध्याना दी, मूँग दी दाल ऑफ़ टोबा टेकसिंह ऐंड पाकिस्तान !"

उसे बहुत समझाया गया कि देखो, अब टोबा टेकसिंह हिन्दुस्तान में चला गया है। अगर नहीं गया, तो उसे तुरन्त वहाँ भेज दिया जाएगा, मगर वह न माना। जब उसको बरबस दूसरी ओर ले जाने की कोशिश की गयी तो वह बीच में एक जगह इस तरह अपनी सूजी हुई टाँगों पर खड़ा हो गया, जैसे अब कोई शक्ति उसे वहाँ से नहीं हिला सकेगी।

आदमी चूँकि निरीह था, इसलिए उससे ज़्यादा ज़बरदस्ती न की गयी। उसको वहीं खड़ा रहने दिया गया और तबादले का बाक़ी काम होता रहा।

सूरज निकलने से पहले, निश्चेष्ट और अचल खड़े बिशन सिंह के कंठ से एक गगन-भेदी चीख़ निकली। इधर-उधर से कई अफ़सर दौड़े आये और देखा कि वह आदमी, जो पन्द्रह बरस तक दिन-रात अपनी टाँगों पर खड़ा रहा था, औंधे मुँह लेटा है।

उधर काँटेदार तारों के पीछे हिन्दुस्तान था, इधर ऐसे ही तारों के पीछे पाकिस्तान ! बीच में, ज़मीन के उस टुकड़े पर, जिसका कोई नाम नहीं था, टोबा टेकसिंह पड़ा था।

टोबा टेकसिंह

टोबा टेकसिंह	P.N. (M)	name of a Punjabi village in Pakistan
बँटवारा *	M	partition
सरकार *	F	government
नैतिक	A	moral
अपराधी	A/M	criminal; guilty; offender
पागल *	A/M	mad, insane; crazy person
पागलख़ाना	M	insane asylum
तबादला	M	transfer
याने / यानी *	Conj	that is, that is to say, in other words
पहुँचाना	Tr	to (cause to) reach, to deliver
मौजूद	A	present, existing
X के हवाले करना	Tr	to hand over to X, to put in X's custody
विद्वान	A/M	learned; learned person, scholar
के मुताबिक़	Post	according to
स्तर	M	level
तय	A	decided, settled; fixed
छानबीन	F	investigation
छानबीन करना	Tr	to investigate
रिश्तेदार *	M	relative
सीमा	F	border, frontier
चूँकि	Conj	because

पुलिस	F	police
हिफ़ाज़त	F	safety, security, protection
सरहद	F	boundary, frontier
बरस	M	year
बाक़ायदा	Adv	systematically; regularly
ज़मींदार	P.N. (M)	<u>The Zamindar</u>, an Urdu newspaper
मित्र	M	friend
मौलवी	M	<u>maulvi</u>, a Muslim religious scholar
सोच-विचार	M	thinking, pondering, reflection
उस्तरा	M	razor
सन्तुष्ट	A	satisfied
सरदार जी	M	<u>sardarji</u>, term of address for Sikhs
बोली	F	spoken language
शैतान	M	devil
अकड़ना	Intr	to be stiff; to be arrogant, to put on airs
फिरना	Intr	to wander
अकड़-अकड़ फिरना	Intr	to strut about, to go about arrogantly
X ज़िन्दाबाद !	Interjection	Long live X !
नारा	M	slogan
नारा लगाना	T r	to chant a slogan
फिसलना *	Intr	to slip

बेहोश *	A	unconscious
तादाद	F	count, number; amount
क़ातिल	M	murderer
दिलाना	Tr	to cause to give, to have given
भिजवाना	Tr	to cause to send, to have sent
फाँसी	F	hanging
फाँसी का फंदा / फन्दा	M	noose (for hanging)
अनजान	A	unknown, unacquainted; ignorant
पहरेदार *	M	guard
सिपाही *	M	policeman, constable; soldier
अनपढ़	A	illiterate, uneducated
नतीजा *	M	consequence, result; conclusion
मुहम्मद अली जिन्ना	P.N. (M)	Muhammad Ali Jinnah, the founder of Pakistan
क़ायदे आज़म	M	Qaid-e-Azam, 'Great Leader', the title given to Muhammad Ali Jinnah
पूरी तरह (से)	Adv	completely
असमंजस	M	suspense; dilemma
अथवा	Conj	or
अरसा / अर्सा	M	period, time
चक्कर	M	circle; confusion
गिरफ़्तार *	A	captured, caught
और *	Adv	more

और ज़्यादा	Adv	even more
झाड़ू देना *	Tr	to sweep
टहनी	F	twig, branch
समस्या	F	problem
डराना	Tr	to frighten
धमकाना	Tr	to threaten
मुश्किल *	A/F	difficult; difficulty
दौरा	M	fit
सर्द पड़ना	Intr	'to become cold', i.e., to calm down
X से गले मिलना *	Tr (non-ने)	to embrace X
X का दिल भर आना	Intr	'for the heart of X to become full', i.e., for X to feel sad or to be emotional
एम॰एस॰सी॰पास	A	'M.Sc. passed', i.e., with the degree of Master of Science
अलग-थलग	A	separate, aloof, isolated
बाग़ *	M	garden
रविश	F	garden path, walking passage between flower beds
टहलना	Intr	to stroll
तबदीली / तब्दीली	F	change
ज़ाहिर	A	apparent
तमाम	A	whole; all
उतारना	Tr	to bring down; to take off (garment, shoes, etc.)
दफ़ेदार	M	officer, sergeant

नंगधड़ंग	A	stark naked
चिन्नोट	P.N. (M)	Chinnot, name of a town
मुस्लिम लीग	P.N. (F)	Muslim League, the Muslim separatist party which led the struggle for Pakistan
जोशीला	A	enthusiastic, zealous
सदस्य	M	member
सहसा *	Adv	suddenly
आदत *	F	habit
जंगला / जँगला	M	fenced enclosure; railing
ऐलान / एलान	M	announcement
देखा-देखी	F	imitation, mimicry
मास्टर तारा सिंह	P.N. (M)	Master Tara Singh, the leader of the Sikhs
ख़ून-ख़राबा	M	violence, bloodshed
X को Y क़रार देना	Tr	to declare X to be Y
अलग-अलग	A/Adv	different, distinct, separate; individually, separately
बन्द करना	Tr	to close; here: to put behind bars
नौजवान	M	youth, young man
असफल	A	failed, unsuccessful
अमृतसर	P.N. (M)	Amritsar, a city in Punjab and a Sikh center
ठुकराना	Tr	to reject
पागलपन	M	madness, craziness
चुनाँचे	Conj	thus, therefore

X को गालियाँ देना	Tr	to swear at X, to curse X
मिल-मिलाकर	Adv	conferring with each other, in cahoots
प्रेमिका	F	sweetheart, beloved
(अपना) दिल बुरा करना	Tr	'to make one's heart bad', i.e., to feel bad
आज़ाद *	A	free
अंग्रेज़ *	M	Englishman, British person
छिपना *	Intr	to hide, to be hidden
महत्त्वपूर्ण	A	important, significant
हैसियत	F	status, position
उड़ाना	Tr	to cause to fly; to do away with, to demolish or abolish
डबल रोटी	F	<u>double roti</u>, European-style bread
अजीबो-ग़रीब	A	strange
ओ पड़ दी.....लालटेन		this and the other utterances like it are gibberish, a mixture of Punjabi and English
टेक	F	support
X के साथ टेक लगाना	Tr	to lean against X
पल	M	moment
अलबत्ता	Conj	of course, nevertheless
सूजना *	Intr	to swell (used for parts of body only)
पिंडली	F	calf (of the leg)

फूलना	Intr	to swell, to puff up
शारीरिक	A	physical, pertaining to the body
कष्ट	M	discomfort, pain, suffering
के बावजूद	Post	in spite of
जब कभी	Adv	whenever
ध्यान से *	Adv	carefully, attentively
उलझना	Intr	to be entangled
सियालकोट	P.N. (M)	Sialkot, name of a city
सीना	M	chest, breast
सिरा	M	edge, end
सिरे से	Adv	here: 'from one end (to the other)', i.e., completely
केश	M pl	hair
छिदरा	A	thinly distributed, sparse
दाढ़ी *	F	beard
जमना	Intr	to become hard, to adhere, to stick
शक्ल	F	appearance
भयानक	A	frightful, terrible
निरीह	A	innocent; harmless
झगड़ा-फ़साद	M	quarreling and troublemaking
मुलाज़िम	M	servant; employee
अच्छा खाता-पीता	A	'eating and drinking well', i.e., well-to-do
ज़मींदार	M	zamindar, a landholder

उलटना *	Tr/Intr	to turn upside down, to overturn; to be turned upside down, to be overturned
लोहा	M	iron
ज़ंजीर	F	chain
भरती	F	recruitment, enrollment, admission
X को भरती कराना	Tr	to have X admitted
मुलाक़ात *	F	meeting
ख़ैर-ख़बर	F	welfare
सिलसिला	M	pattern, series, order (of events)
जारी	A	current, in force
जारी रहना	Intr	'to remain in force', i.e., to continue
बिशन सिंह	P.N. (M)	Bishan Singh
कतई नहीं	Adv	not at all
बीतना	Intr	to pass (said of time)
सगा-सम्बन्धी	M	relative
अपने आप	Adv	by oneself, on one's own
साबुन *	M	soap
मलना *	Tr	to rub
तेल *	M	oil
कंघी *	F	comb
कंघी करना	Tr	to comb
इस्तेमाल *	M	application, use
इस्तेमाल करना	Tr	to use

निकलवाना	Tr	to cause to take out, to have taken out
बनना-सँवरना	Intr	to adorn oneself, to dress up
कभी-कभार	Adv	sometimes, occasionally
क़िस्सा	M	story
सन्तोषजनक	A	satisfactory
कुरेद	F	worry, concern
सूचना	F	information
सहानुभूति	F	sympathy
यक़ीनन	Adv	certainly, surely
स्वाभाविक	A	natural
ठहाका	M	loud laugh, explosion of laughter
ठहाका लगाना	Tr	to burst into laughter, to laugh aloud
मिन्नत-समाजत	F	pleading and flattery
ताकि *	Conj	so that
झंझट	F	botheration
अत्यधिक	A/Adv	lots of, excessive; very much, too much
व्यस्त	A	busy
बेशुमार	A	innumerable, countless
तंग आना	Intr	to be fed up (with something)
बरसना	Intr	to rain
X पर बरस पड़ना	Intr	'to rain down on X', i.e., to lash out at X
हटना	Intr	to move, to move away

फ़ज़लदीन	P.N. (M)	Fazaldin
बड़बड़ाना	Intr	to mutter, to grumble
बढ़ना	Intr	to increase, to grow; here: to advance
ख़ैरियत	F	well-being, welfare; safety
ख़ैर-ख़ैरियत	F	well-being
ख़ैरियत से	Adv	safely
रूप कौर	P.N. (F)	Roop Kaur
ठीक-ठाक	A	all right
बलबीर सिंह	P.N. (M)	Balbir Singh
बधावा सिंह	P.N. (M)	Badhawa Singh
सलाम	M	Islamic greeting (meaning 'peace')
अमृत कौर	P.N. (F)	Amrit Kaur
राज़ी-ख़ुशी *	F	well-being, welfare
भूरा	A	brown
पाड़ा	M	male water buffalo calf
पाड़ी	F	female water buffalo calf
लायक़	A	able, capable, competent
X के लायक़	A	which X is capable of
ख़िदमत	F	service
मरूँडे	M pl	sugar-coated chickpeas
पोटली	F	packet, small bundle
हैरत	F	amazement
बौखलाना	Intı	to become upset/nervous/ perplexed
सख़्त *	A	hard; harsh; here: bitter

सर्दी *	F	winter; cold
लारी	F	lorry, truck
रक्षक	M	protector, guard
रक्षक दस्ता	M	protective squad
सम्बन्धित	A	connected
वागा	P.N. (M)	Waga, name of a place
एक-दूसरे से	Adv	with each other
आरम्भिक	A	initial, preliminary
कार्रवाई	F	action; proceedings
मंज़ूर *	A	accepted
मंज़ूर करना	Tr	to accept
नंगा *	A	naked
फाड़ना	Tr	to tear
तन	M	body
बकना	Tr	to babble, to rave, to talk in an uncontrolled manner
गालियाँ बकना	Tr	'to babble curses', i.e., to swear
लड़ना *	Intr	to fight
झगड़ना	Intr	to quarrel
बिलखना	Intr	to sob, to weep
शोर-गुल / शोरगुल	M	noise, commotion
कड़ाका	M	cracking or snapping sound
कड़ाके का	A	'cracking', i.e., sharp, severe
दाँत-से-दाँत बजना	Intr	'for the teeth to sound against each other', i.e., for the teeth to chatter

207

बहुमत	M	majority
हक़	M	right; here: favor
X के हक़ में होना	Intr	to be in favor of X
उखाड़ना	Tr	to uproot
कुछेक	Pro/A	some; a few
X मुर्दाबाद !	Interjection	Death to X!
फ़साद	M	quarrel; disturbance
तैश	M	provocation; rage
बारी *	F	turn
रजिस्टर	M	register
दर्ज	A	recorded
दर्ज करना	Tr	to record, to enter (into the records, etc.)
उछलना	Intr	to leap, to jump up
बरबस	Adv	forcibly
टाँग *	F	leg
शक्ति *	F	force, strength, power
हिलाना	Tr	to move
ज़बरदस्ती *	F	force
ज़बरदस्ती करना	Tr	to use force
सूरज *	M	sun
निश्चेष्ट	A	still, motionless
अचल	A	immovable, still; firm
कंठ *	M	throat
गगन-भेदी	A	sky-piercing
चीख़ *	F	scream
औंधे मुँह	Adv	upside down, face downwards

काँटेदार	A	thorny; spiked, barbed
तार	M	wire

१७

हरी बिन्दी

मृदुला गर्ग

आँख खुलते ही आदतन नज़र सबसे पहले कलाई पर बँधी घड़ी पर गई ... सिर्फ़ साढ़े छह बजे थे । उसने फ़ौरन दुबारा कसकर आँखें बन्द कर लीं और इंतज़ार करने लगी कि अब पलंग चरमराएगा और आवाज़ आएगी — उठना नहीं है क्या ? पर जब कुछ देर चुप्पी बनी रही तो आँखें खोलकर देखा, बिस्तर पर वह अकेली है । अरे हाँ, रात ही तो राजन् दिल्ली गया है । याद ही नहीं रहा था । तो अब उठने की कोई जल्दी नहीं है । उसने ढेर सारी हवा गालों में भरकर एक लम्बी साँस छोड़ी और पूरे बिस्तर पर लोट लगा गई । दूसरे सिरे पर जाकर मुँह पर बाँह रखकर लेटी तो कानों में घड़ी की टिक-टिक तीव्रता से बज उठी । वह मुस्कुरा दी । उसे कलाई पर घड़ी बाँधकर सोने की आदत है । रोज़ राजन् चिढ़कर कहता है — यह क्या, सारी रात कान के पास टिक-टिक होती रहती है । इसे उतारो न । उसने मुँह पर से बाँह हटा ली, तकिया खींचकर पेट के नीचे दबा लिया और लम्बे-चौड़े पलंग पर बाँहें फैलाकर औंधी लेट गई । ओह, सुबह देर तक सोने में कितना आनन्द आता है । राजन् होता है तो सुबह छह-साढ़े छह से ही खटर-पटर शुरू हो जाती है । चाय-नाश्ते की तैयारी, दुपहर का खाना साथ में और आठ बजे राजन् दफ़्तर के लिए रुख़सत । न जाने राजन् को यह जल्दी उठने का क्या मर्ज़ है । ख़ैर, आज वह स्वतंत्र है । जो चाहे, करे । उसने शरीर को ढीला छोड़ दिया और दुबारा सोने की तैयारी करने लगी ।

फिर जब आँख खुली तो साढ़े आठ बज चुके थे । उसने एक प्याला चाय बनाई और खिड़की का परदा हटाकर बाहर झाँकने लगी । दूर तक धुँध छाई हुई थी । आज ज़रूर बरसात होगी, उसने सोचा । उसे धुँध बहुत भली लगती है । जब मालूम नहीं पड़ता वहाँ कुछ दूर पर क्या है तो अनायास आशा होने लगती है कि कोई अनुपम और मोहक वस्तु होगी । मैं भी ख़ूब हूँ, उसने मुस्कुराकर सोचा, मुझे धुँध में खुलापन लगता है और सूर्य के प्रकाश में घुटन ! चाय पीकर गरम पानी से देर तक नहाया जाए, उसने सोचा और इसी विचार से बाल्टी भरने लगी । फिर सहसा ठण्डे पानी की फुहार ही ऊपर छोड़ ली और एक ग़ज़ल गुनगुना उठी । बड़े तौलिये से ख़ूब रगड़कर बदन पोंछा । आज एक अद्भुत स्फूर्ति

और उत्साह का अनुभव हो रहा है । नीले रंग का कुर्ता और चूड़ीदार पाजामा पहना तो नीले रंग की बिन्दी माथे पर लगाने को हाथ बढ़ गया । फिर न जाने क्या सोचकर उसे छोड़ दिया और बड़ी-सी हरी बिन्दी लगा ली । राजन् होता तो कहता — नीले पर हरा ? क्या तुक है ? उसने दर्पण में दिख रही अपनी प्रतिच्छाया को ज़बान निकालकर चिढ़ा दिया, कहा, "तुक की क्या तुक है ?" और खिलखिलाकर हँस पड़ी ।

दराज़ खोली तो नज़र चाँदी की बाली पर पड़ गई । उठाकर कानों में लटका लीं । विवाह के बाद से पहननी छोड़ दी थीं । नक़ली हैं न । और ज़रूरत से ज़्यादा बड़ी, राजन् कहता है । एक पुराना बैग हाथ में ले, झटपट बाहर निकल आई । बरामदे में मुण्डू बैठा आराम से सिगरेट फूँक रहा था, राजन् की । उसे देखते ही हथेली में उसे छिपा बड़ी संजीदगी से बोला, "खाना क्या बनाऊँ ?"

"कुछ नहीं," उसने कहा, "नहीं खाएँगे । तुम्हारी छुट्टी ।"

मुण्डू की घबराई सूरत देख वह हँस पड़ी और बोली, "मेरा मतलब, जो तुम्हें अच्छा लगे बना लो । तुम्हें ही खाना है, चाहे खाओ चाहे छुट्टी मनाओ ।"

बिना इसकी चिन्ता किये कि ठीक कहाँ जाएगी या क्या करेगी, वह सड़क पर कुछ दूर चलती चली गई । बस इतना जानती है कि आज का दिन यों ही नहीं जाने देगी । कुछ तय करने से पहले वर्षा आरम्भ हो गई । उसने कुछ दूर भागकर टैक्सी को आवाज़ लगाई और भीतर घुसकर सोचने लगी, जब टैक्सी ली है तो कहीं-न-कहीं जाने को कहना ही पड़ेगा ।

"जहाँगीर आर्ट गैलरी," उसने जो सबसे पहले मुँह में आया, कह दिया ।

गैलरी में किसी आधुनिक चित्रकार की प्रदर्शनी हो रही थी । विशेष कुछ समझ में तो नहीं पर आनन्द अवश्य आया । आज कुछ भी करने में आनन्द आ रहा है । एक चित्र के आगे वह काफ़ी देर तक खड़ी रही । देखा, पूरे 'कैनवेस' पर रंग-बिरंगी रेखाएँ इधर-उधर दौड़ी चली जा रही हैं । अरे, उसने सोचा, यह तो बिल्कुल मेरे कुर्ते की तरह है ।

वह ज़ोर से हँस पड़ी, इतनी ज़ोर से कि पास खड़ा एक दढ़ियल उसे घूरने लगा । कहीं यही तो चित्रकार नहीं है ? बेचारा ! ज़रूर चित्र अत्यंत त्रासद रहा होगा ।

उसने चेहरे को गम्भीर बनाया और दढ़ियल के पास जाकर विनम्रता से कहा, "सॉरी ।" और फ़ौरन बाहर निकल आई । बाहर आकर ख़याल आया, हो सकता है, वह

कलाकार न हो, कोई उद्योगपति हो । दो क़िस्म के इंसान ही दाढ़ी रखने का साहस कर सकते हैं — कलाकार और सामंत । सामंत तो अब रहे नहीं, उनका स्थान उद्योगपतियों ने ले लिया है । तब तो दिन-भर यही सोचता रहेगा, उसने सॉरी क्यों कहा । उसमें भी नफ़े की गुंजाइश ढूँढ़ता रहेगा । वह दूने वेग से हँस दी ।

फिर देखा, वर्षा थमी हुई है पर आकाश अब भी काफ़ी गुस्सैल नज़र आ रहा है । पूरा बरसा नहीं, उसने सोचा, और फिर सड़क थाम ली ।

सड़क के किनारे एक रेस्तराँ को देखकर याद आया कि काफ़ी ज़ोर से भूख लगी है । भीतर जाकर चटपट आदेश दे दिया, "एक गरमागरम आलू की टिकिया की प्लेट और एक आइसक्रीम, एक साथ ।"

"एक साथ ?" बैरे ने आश्चर्य दिखाया ।

"हाँ । कोई एतराज़ है ?"

"जी नहीं । लाया ।"

उसे ठण्डा और गरम एक साथ खाना बहुत भला लगता है । कहते हैं, दाँत ख़राब हो जाते हैं । कितना चटपट काम हो गया आज । राजन् रहता है तो बढ़िया जगह बैठकर आराम से खाने की सूची देखने के बाद, सोच-विचारकर आदेश दिये जाते हैं । खाकर बाहर निकली तो सोचा, पास किसी सिनेमाघर में पिक्चर देख ली जाए । क़िस्मत से अँग्रेज़ी की एक पुरानी मज़ाकिया पिक्चर लगी मिल गई । 'डैनी के' की । राजन् कहता है — न जाने तुम्हें 'डैनी के' कैसे पसन्द है । मुझे तो उसके बचपने पर हँसी नहीं आती । पर उसे आती है, ख़ूब आती है, और फिर हँसी पर हँसी आती है... कभी-कभी बे-बात आती है, जैसे आज ।

पिक्चर के दौरान वह आज और दिनों से भी ज़्यादा ठहाके लगा रही थी । पास बैठे आदमी की सूरत अँधेरे में दिख नहीं रही थी, पर हँसी की आवाज़ ज़रूर सुनाई पड़ रही थी । पता लग रहा था कि हँसने में वह उससे दो क़दम आगे है । अदाकार की एक ख़ास बेचारगी की मुद्रा पर वे दोनों इतनी ज़ोर से हँसे कि उनके हाथ आपस में टकरा गये । सॉरी कहने के इरादे से वे एक-दूसरे की तरफ़ मुड़े, पर माफ़ी माँगने के बजाय एक ठहाका और लगा गये ।

212

उसके बाद हर बार यही हुआ । हँसी आने पर वे अनायास एक-दूसरे को देखते और मिलकर हँसते ।

खेल ख़त्म होने पर एक साथ बाहर निकले तो देखा, साढ़े चार बजे ही काफ़ी अँधेरा हो चला है । आकाश यों तना खड़ा है कि अब बरसा, अब बरसा ।

"कितना सुहावना दिन है," उसने अपने पड़ोसी से कहा ।

"सुहावना ?" उसने कुछ अचरज से कहा, "या बेरंग ?"

"हाँ, कितना सुहावना-सुहावना बेरंग दिन है ।"

वह हँस पड़ा, "समझता हूँ । सूरज यहाँ रोज़ निकलता है ।"

"पर धुँध कभी-कभी होती है । आठ महीनों में आज पहली बार ।"

"और अब मानसून शुरू हो जाएगी ?"

"हाँ, आज ख़ूब बरसेगा," उसने कहा और फिर अनायास, "कॉफ़ी पिएँगे ?"

"ज़रूर ।"

हल्की-हल्की फुहार पड़नी शुरू हो गई तो दोनों भागकर सामने वाले रेस्तराँ में जा घुसे । उसने बाल झटक दिए और बोली, "आपका छाता कहाँ है ?"

"छाता ?"

"हाँ, आप लोग हमेशा छाता साथ रखते हैं न ?"

वह ठहाका मारकर हँस पड़ा, "इंगलैंड में," उसने कहा ।

कॉफ़ी मँगाकर दोनों सामने, काले पड़ आये, समुद्र को देखते-देखते अपने-अपने ख़यालों में खो गये ।

सहसा उसकी आवाज़ सुनकर वह चौंकी, "आप क्या सोच रही हैं, यह जानने के लिए 'पेनी' का ख़र्चा करने को तैयार हूँ ।"

"दीजिए," उसने हँसकर कहा ।

उसने निहायत संजीदगी से जेब में हाथ डाला और एक पेनी आगे कर दी । उसने उसे हथेली में बन्द कर लिया ।

"बतलाना सच-सच होगा ।"

"मैं सोच रही थी, यदि समुद्र में कूद पड़ूँ तो कितनी दूर तक अकेली तैर सकूँगी । और आप ? आप क्या सोच रहे थे ? पर पेनी नहीं दूँगी," उसने मुट्ठी कसकर बन्द कर ली, जैसे उसमें किसी आत्मीय का दिया उपहार हो ।

"बुरा तो नहीं मानेंगी ?" उसने पूछा ।

"नहीं," उसने कह तो दिया पर उसका दिल बैठ गया । बस, अब वही घिसी-पिटी आशिक़ाना बातें शुरू हो जाएँगी ।

"मैं सोच रहा था, बारिश बढ़ जाने पर यहाँ से 'वोरली' तक का टैक्सी-भाड़ा कितना लगेगा ?" वह ज़ोर से हँस पड़ी, दुर्भावना से नहीं, हर्ष के अतिरेक से ।

"मुझे रास्ते में छोड़ते जाएँगे तो आधा," उसने कहा ।

"बहुत ख़ूब," उसने यह भी नहीं पूछा कि वह रहती कहाँ है ।

उसे लगा, वह जीवन में पहली बार ऐसे इंसान के साथ बैठी है, जो यह नहीं जानना चाहता कि उसके पति हैं या नहीं, और हैं तो क्या काम करते हैं ।

"समुद्र के जल पर गिरती वर्षा की बूँदें कितनी अच्छी लगती हैं," उसने कहा ।

"हाँ ।"

फिर कुछ देर दोनों चुप रहे ।

"प्रशान्त महासागर पर जब जहाज़ जाता है, तो उसके अग्रभाग से चिरता जल चाँदी की तरह चमकने लगता है," अतिथि ने कहा ।

"क्यों ?"

"शायद 'फ़ोस फ़ोरस' के कारण । आपने कभी नहीं देखा ?"

"नहीं ।"

"मौक़ा मिले तो देखियेगा ।"

"आप बहुत घूमे हैं ?" उसने हल्की ईर्ष्या के साथ पूछा ।

"बहुत," वह याद करके मुस्कुरा रहा था ।

"सबसे अच्छी जगह कौन-सी लगी ?"

"जब जहाँ हुआ," कहकर वह हिचकिचाहट के साथ मुस्कुराया, पता नहीं वह समझे या न समझे । पर वह सहमति-स्वरूप सिर हिलाकर मुस्कुरा दी ।

उसने देखा, कॉफ़ी समाप्त हो चली है और बैरा बिल लिये चला आ रहा है । बाहर वर्षा थमने लगी है, धुँध भी छँट रही है । नहीं, धुआँधार नहीं बरसेगा । वह संकेत झूठा निकला । बस, अब धुँध हट जायेगी और वही तेज़ प्रकाश वाला सूर्य निकल आएगा ।

बिल आने पर उसने स्वयं उठा लिया, कहा, "न्योता मेरा था ।"

अतिथि ने बहस नहीं की । शुक्र है... शुक्र है, उसने सोचा, कहीं आम पुरुष समान पैसे देने की ज़िद करने लगता तो सब कुछ बिखर जाता ।

टैक्सी लेकर चले ही थे कि घर आ गया । उतरते-उतरते पैसे निकालने लगी तो उसने रोक दिया, "रहने दीजिए ।"

"क्यों ?" उसके माथे पर शिकन पड़ गई ।

"आज का दिन मेरे लिए काफ़ी कीमती रहा है ।"

"कैसे ?"

"मैंने आज से पहले किसी को हरी बिन्दी लगाए नहीं देखा," उसने स्निग्ध स्वर में कहा ।

वह ज़रा ठिठकी कि टैक्सी चल दी । कुछ दूर जाकर उसकी आँखों से ओझल हो गई ।

हरी बिन्दी

बिन्दी	F	dot; an auspicious/ornamental mark put on the forehead
आदतन	Adv	according to habit
कलाई *	F	wrist
फ़ौरन *	Adv	immediately
दुबारा	Adv	a second time, once again
कसना	Tr	to tighten, to clench
चरमराना	Intr	to creak, to squeak
चुप्पी	F	silence
बिस्तर	M	bedding, bed
राजन्	P.N.(M)	Rajan
ढेर सारा	A	a lot; a heapful
लोट लगाना	Tr	to roll
सिरा	M	edge
तीव्रता	F	speed; sharpness; intensity
चिढ़ना	Intr	to be teased; to be irritated
हटाना	Tr	to move away/aside; to remove
तकिया *	M	pillow
दबाना	Tr	to press, to press down
औंधा	A	upside down
आनन्द	M	joy, bliss
खटर-पटर	F	hustle-bustle; a clattering sound
नाश्ता	M	breakfast; light refreshments

रुख़सत	F	departure
मर्ज़ *	M	disease; bad habit
ख़ैर	F/Adv	well-being, welfare; anyway; in any case
स्वतंत्र	A	free, independent
ढीला *	A	loose
झाँकना	Tr	to look out, to peep, to peer
धुँध	F	mist; fog
छाना	Tr	to spread over
भला *	A	good; gentle; honest; here: pleasant
अनायास	Adv	suddenly; spontaneously
अनुपम	A	incomparable, unequalled
मोहक	A	charming
वस्तु	F	thing, object
खुलापन	M	openness; freedom
सूर्य	M	the sun
प्रकाश	M	light
घुटन	F	suffocation
बाल्टी	F	bucket
सहसा	Adv	suddenly
फुहार	F	spray; drizzle
ग़ज़ल	F	genre of Urdu poetry
गुनगुनाना	Tr	to hum
तौलिया *	M	towel
रगड़ना	Tr	to scrub
बदन *	M	body

पोंछना *	Tr	to wipe
अद्भुत	A	strange; wondrous
स्फूर्ति	F	vigor; vivacity
उत्साह	M	enthusiasm
चूड़ीदार पाजामा	M	type of trousers (tight from the knees down)
माथा *	M	forehead; brow
तुक	F	rhyme; here: suitability; logic
दर्पण	M	mirror
प्रतिच्छाया	F	reflection
ज़बान	F	tongue
चिढ़ाना *	Tr	to tease
खिलखिलाकर हँसना	Intr	to burst into peals of laughter
दराज़ *	F	drawer (of a chest)
चाँदी	F	silver
बाली *	F	type of earring; hoops
लटकाना	Tr	to hang
विवाह *	M	marriage
नक़ली *	A	artificial
झटपट	Adv	quickly, instantaneously
बरामदा	M	verandah
मुण्डू	P.N.(M)	Mundu (often used to refer to a teenage male servant)
फूँकना	Tr	to puff; to blow
हथेली	F	palm of the hand
छिपाना	Tr	to hide
संजीदगी	F	sobriety, seriousness

सूरत	F	face; appearance
चाहे *	Conj	even if, whether
चाहे.......चाहे	Conj	either...or..; whether...or..
वर्षा	F	rain
आरम्भ होना	Intr	to begin
जहाँगीर आर्ट गैलरी	P.N.(F)	Jahangir Art Gallery
आधुनिक	A	modern
चित्र *	M	picture, painting
चित्रकार	M/F	painter
प्रदर्शनी *	F	exhibition
विशेष	A	special, distinctive
अवश्य	Adv	surely; certainly
रंग-बिरंगा	A	multicolored
रेखा	F	line
दढ़ियल	M/A	bearded man; bearded
घूरना *	Tr	to stare
अत्यंत	Adv	very; exceedingly
त्रासद	A	tragic
विनम्रता	F	humility
कलाकार *	M/F	artist
उद्योगपति	M	industrialist
क़िस्म	F	kind, type, sort
इंसान / इनसान *	M	human
साहस *	M	courage
सामंत	M	feudal landlord
नफ़ा	M	profit

219

गुंजाइश	F	capacity; margin, scope (of profit)
दूना	A	double
वेग	M	momentum, speed
थमना	Intr	to stop; to be held back
गुस्सैल	A	angry
बरसना *	Intr	to rain, to shower
सड़क थामना	Tr	to take the road; to set off
चटपट	Adv	immediately; quickly
आदेश	M	order
गरमागरम *	A	piping hot
आलू की टिकिया	F	potato patty
एतराज़	M	objection
बढ़िया	A	of superior quality; excellent
पिक्चर	F	film
क़िस्मत से *	Adv	fortunately
मज़ाकिया	A	humorous
बचपना	M	childishness
हँसी	F	laughter
बे-बात	Adv	without cause; with no reason
के दौरान *	Post	during
ठहाका लगाना	Tr	to burst into laughter, to laugh aloud
सूरत	F	face; appearance
अदाकार	M/F	actor
बेचारगी	F	helplessness
मुद्रा	F	gesture

टकराना	Intr	to knock (against), to collide
इरादा *	M	intention
तनना	Intr	to be pulled tight; to be stretched full
सुहावना	A	pleasant
अचरज	M	surprise; wonder
बेरंग	A	colorless; lusterless
झटकना	Tr	to toss; to shake
छाता *	M	umbrella
समुद्र *	M	ocean
खो जाना *	Intr	to be lost
निहायत	Adv/A	extremely; very much, extreme
हथेली	F	palm of the hand
कूदना *	Intr	to jump, to leap
मुट्ठी	F	fist, closed palm of the hand
आत्मीय	A/M	one's own, intimate; intimate friend/relation
उपहार *	M	gift, present
घिसा-पिटा	A	cliched; worn-out
आशिक़ाना	A	lover-like
वोरली	P.N.(M)	Worli
भाड़ा	M	fare
दुर्भावना	F	ill-feeling
हर्ष	M	happiness
अतिरेक	M	abundance, excess
बहुत ख़ूब *	Interjection	excellent; very well

221

जल	M	water
बूँद	F	drop
प्रशान्त महासागर	P.N. (M)	Pacific Ocean
जहाज़ *	M	ship
अग्रभाग	M	forepart; front portion
चिरना	Intr	to be cleaved, to be divided or cut
चमकना	Intr	to shine
अतिथि *	M/F	guest
हल्का	A	light; slight
हिचकिचाहट *	F	hesitation
सहमति-स्वरूप	Adv	as an agreement; in the form of an agreement
बिल	M	check
छँटना	Intr	to be diffused/thinned; to diminish
धुआँधार	Adv	smoky, fiery; here: torrential (rain)
संकेत	M	indication; sign; hint
हटना	Intr	to move/go away; to recede
तेज़	A	fast, speedy; intense
न्योता	M	invitation
बहस *	F	argument; discussion
बहस करना	Tr	to argue
(ख़ुदा/भगवान का)शुक्र है	Interjection	Thank God!
आम *	M/A	mango; ordinary
पुरुष	M	man

समान *	A	alike, similar; equal
के समान	Post	like, similar to
ज़िद *	F	obstinacy, insistence
ज़िद करना	Tr	to be stubborn, to insist
बिखरना	Intr	to be scattered
शिकन	F	wrinkle, crease
क़ीमती *	A	valuable
स्निग्ध	A	affectionate, loving
ठिठकना	Intr	to hesitate, to waver
ओझल होना	Intr	to disappear

१८

शरणार्थी

—सर्वेश्वर दयाल सक्सेना

काली आँधियों
और मूसलाधार बरसात में
इन छोलदारियों में पड़े
याद करने के लिए हमारे पास बहुत कुछ है —
यही कि दुनिया कितनी जल्दी कितना सिमट जाती है,
और ईश्वर कितना असहाय दीखने लगता है।
और आदमी ?
उसकी बात मत करो।
बेहतर है कि मुझे
किसी आदमख़ोर जानवर की माँद में ले चलो...
कम-से-कम पेट भरे होने पर
वह हमला तो नहीं करेगा।

याद करने दो —
वह नमक जो आज राशन में
तुम्हारी कृपा से मुझे मिला था
कहीं किसकिसा को तो नहीं रहा था
तुमने यदि मुझे धूल से उठाया है
तो हमें भी उसे धूल से उठाना ही था,
पिचकी तश्तरियों में
बीननी थी कंकड़ियाँ चावल की कनी से।
मैं पेट बजा कर गा सकता था
यदि उस पर मेरा बस होता।

अकृतज्ञ हम नहीं हैं।

याद करने दो —
कितनी बार मैंने हाथ फैलाया है,
बेक़सूर हाथ

जो अपने खेतों में पानी देने से लेकर
अपनी क़ब्र खोदने तक के लिए तैयार था ।
उसे फैलाया है
तुम्हारे सामने
और ख़ुद को उन लाशों से
बदतर महसूस किया है
जो हमारे साथ-साथ
नदी में बहकर आयी थीं ।
अकृतज्ञ मैं नहीं हूँ, ज़िन्दा हूँ ।

मैं नहीं जानता
यह जो सिक्का तुमने मुझे दिया है
वह किसका है ।
किसी मरी हुई चिड़िया के पंख की तरह
वह मेरी मुट्ठी में पसीज रहा है ।

याद करने दो —
भागने से पहले
मैं अपने पालतू पक्षियों को
पिंजड़ों से उड़ा आया था या नहीं ?
क्या कोई पेड़ आग से बाक़ी बचा था
जहाँ वे बसेरा ले सकें ?
क्या आग मेरे घर के ठाकुरद्वारे तक
पहुँचकर बुझने लग गयी थी
जिसमें सुरक्षित थी
मेरे पितामह की दी हुई वंशावलि ?

आँधी तेज़ है
और मेरी बहू
बाहर से लौटी नहीं है ।
शाम से ही उसके साथ
ठीक वैसा ही एक चेहरा था
जैसे मैंने वहशी सिपाहियों के
गिरोह में देखे थे

जिन्होंने मेरी बेटी को
अधमरा कर दिया था।
अकृतज्ञ मैं नहीं हूँ
लेकिन कभी-कभी
जिसके हाथ में बंदूक है वह
और जिसके हाथ में सहायता-कोष है वह
एक जैसे दीखने लगते हैं।
यह न समझिए कि मैं
अपनी बहू की चिन्ता कर रहा हूँ।
मेरा बेटा मर चुका है,
और मेरी बेटी आपके अस्पताल में है।
जिस समय वह दबोच ली गयी थी
उस समय वह कई दिनों के भूखे
बछड़े के मुख की जाली खोल रही थी
जिससे कि वह बँसवारी से हो कर
कछार की ओर निकल जाय।

मुझे याद करने दो —
कितनी देर बाद वह बँसवारी जलने लगी थी
और कछार से कब मशीनगनों की आवाज़ आने लगी थी।

आँधी तेज़ है
और बड़ी-बड़ी बूँदें गिरने लगी हैं
मेरी ओर क्या देखते हो !
एक बात बताऊँ ...
बहुत ज़्यादा मरे हुए चेहरे देखने के बाद
ज़िन्दा चेहरे भी मरे हुए लगने लगते हैं
और दहशत पथरायी पुतलियों से अधिक
देखती पुतलियों से होने लगती है।
साँस लेते समय अपनी छाती उठते-गिरते देख
डर लगता है जैसे कोई संगीन रख देगा।
पर तुम्हें इससे क्या ?
तुम एक ऐसे देश में हो
जहाँ आसानी से मेरे हमदर्द बन सकते हो,

बिना कुछ खोये दया कर सकते हो,
बिना कुछ गँवाए करुणा बरसा सकते हो ।
तुम्हारे लिए उदार हो सकना उतना ही आसान है
जितना मेरे लिए मर सकना कठिन है ।

मेरा मतलब यह नहीं है
कि मैं तुम्हें उनकी याद दिलाना चाहता हूँ
जो इस शरणार्थी शिविर में
नाम दर्ज होने की प्रतीक्षा करते
छोलदारियों के बाहर मर गये
या तो भूख से
या बीमारी और घावों की यंत्रणा से ।

मैंने एक साथ सुनी थी —
सहायता लेकर आयी तुम्हारी ट्रेन की सीटी,
हवाई हमले का सायरन,
और मरते आदमी के परिवार की चीख़ ।

याद करने दो मुझे —
क्या किसी और ने भी मुझसे यह कहा था ?
और उस समय वह किस हालत में था —
नंगे भूखे बच्चे को गोद में लिये
या उसे कीचड़ में छोड़
आँखें बन्द कर
उन शब्दों को याद करता जिन्हें वह भूल चुका है ।

कितना आसान है यह कह देना
कि मेरा कोई नहीं है
और कितना कठिन
कि मेरा कोई है ।

याददाश्त एक पगडंडी है
जिसपर कटे हुए पैर का ख़ून
टपकता जा रहा है ।

227

मुझे अपने जिस्म से प्यार है
और उन हिस्सों की याद आती है
जो कट कर गिरे और छूट गये ।
अपने जिस्म का एक कटा हुआ हिस्सा
क्या तुम कहीं छोड़ सकते हो ?
लेकिन तुम्हें यह सोचने की ज़रूरत नहीं है
तुम्हें कुछ भी सोचने की ज़रूरत नहीं है ।

आदमी की लाश को
कभी झंडे की तरह फहराया जाता है,
कभी पोस्टर की तरह उठाकर
घुमाया जाता है,
कभी पूजा के लिए रख लिया जाता है,
कभी दरख़्तों और मेहराबों पर लटकाकर
कोई ख़्वाब देखा जाता है ।

दुनिया लाशों का इस्तेमाल बख़ूबी समझती है ।

याद करने दो मुझे —
यह फ़िकरा मैंने कब सोचा था —
उस समय जब मैं मरने से डरा था
या अब जब जीने से डर रहा हूँ ?

बहुत सारे लोग हैं
जो बेक़सूर भाषा बोलते हैं
और सज़ा पाते हैं,
बेक़सूर ज़िन्दगी जीते हैं
और शरणार्थी कहलाते हैं ।
पर छोड़ो इसे ।
काली आँधियों
और मूसलाधार बरसात में
इन छोलदारियों में पड़े
याद करने के लिए हमारे पास
और भी बहुत कुछ है —

एक खेत
एक अमराई
एक नदी
एक नाव
कुछ मछलियाँ
कुछ बच्चे
कुछ बुज़ुर्ग
कुछ धर्मग्रंथ

एक गीत
एक स्वर
एक सपना
एक घर

कुछ साथी
कुछ आशाएँ
कुछ भरोसा
कुछ बाधाएँ
सच, याद करने को बहुत कुछ है ।

पर हर बार लगता है
मैं कोई ताबूत खोल रहा हूँ,
एक उदास हरहराते प्रवाह में
प्रेत-सा डोल रहा हूँ ।

अपनी पहचान खो कर
दूसरों की पहचान का साधन बनने से अच्छा है
कि रोशनियाँ न रहें,
जिससे कि हम
एक-दूसरे के चेहरे न देख सकें ।

शरणार्थी

शरणार्थी *	M	refugee
मूसलाधार	A	torrential, heavy (said of rain)
छोलदारी	F	small tent
सिमटना	Intr	to shrink, to contract
ईश्वर *	M	God
असहाय	A	helpless
दीखना *	Intr	to be visible, to be seen
बेहतर *	A	better
आदमख़ोर	A	man-eating
माँद	F	lair, den
हमला *	M	attack
राशन	M	ration
कृपा	F	favor, grace
किसकिसाना	Intr	to feel gritty
पिचकना	Intr	to be dented; to be deflated
तश्तरी *	F	saucer, small plate
बीनना	Tr	to pluck, to pick
कंकड़ी	F	small stone
कनी	F	broken grain of rice
पेट बजाना	Tr	to tap one's stomach (to show that one is hungry)
बस	M	control
X का Y पर बस होना	Intr	for X to have control over Y
अकृतज्ञ	A	ungrateful

फैलाना	Tr	to spread; here: to extend
हाथ फैलाना	Tr	'to extend the hand', i.e., to beg for something
बेक़सूर *	A	innocent, faultless, guiltless
क़ब्र *	F	grave
खोदना *	Tr	to dig
लाश	F	corpse
बदतर	A	worse
सिक्का *	M	coin
पंख	M	wing
मुट्ठी *	F	fist, closed palm of the hand
पसीजना	Intr	to sweat, to perspire
पालतू	A	domesticated, tame
पक्षी *	M	bird
पिंजड़ा	M	cage
उड़ाना	Tr	to cause to fly (off), to let fly (off)
आग *	F	fire
बसेरा लेना	Tr	to stay for the night/for a short time
ठाकुरद्वारा	M	temple, worship room
बुझना	Intr	to be extinguished
सुरक्षित	A	well-protected, safe, secured
पितामह	M	grandfather
वंशावलि	F	genealogical tree
आँधी *	F	dust storm
तेज़ *	A	sharp; fast, fast-moving

वहशी	A	savage, barbarous
गिरोह	M	gang
अधमरा	A	half-dead
बंदूक / बन्दूक *	F	gun
सहायता	F	assistance, help
सहायता-कोष	M	'treasury of assistance', i.e., relief fund
एक जैसा *	A	one and the same, similar
X की चिंता / चिन्ता करना	Tr	to worry about X
अस्पताल *	M	hospital
दबोचना	Tr	to seize suddenly, to grab
बछड़ा	M	calf
जाली	F	muzzle; net
बँसवारी / बँसवाड़ी	F	bamboo enclosure
कछार	M	alluvial land, moist low-lying land by a river
बूँद *	F	drop
दहशत	F	terror, fear
पथराना	Intr	to petrify, to harden (into stone); to become lifeless/ dead
पुतली	F	pupil of the eye
संगीन	F	bayonet
आसानी *	F	convenience, ease
आसानी से	Adv	easily
हमदर्द	M/A	sympathizer; sympathetic
X का हमदर्द	M	one who has sympathy for X

दया करना	Tr	to show mercy/compassion
गँवाना	Tr	to lose, to waste, to squander
करुणा	F	compassion
बरसाना	Tr	to rain down, to shower
उदार	A	generous
शिविर	M	camp
दर्ज होना	Intr	to be entered, to be recorded
प्रतीक्षा *	F	expectation; wait, waiting
X की प्रतीक्षा करना	Tr	to wait for X
घाव *	M	wound
यंत्रणा	F	torment
सीटी *	F	whistle
हवाई *	A	aerial
सायरन	M	siren
कीचड़ *	M	mud
याददाश्त *	F	memory
पगडंडी	F	foot path, trail, track
कटना *	Intr	to be cut
ख़ून *	M	blood
टपकना	Intr	to drip
जिस्म	M	body
छूटना *	Intr	to be left behind
झंडा *	M	flag, banner
फहराना	Tr	to hoist, to wave in the air
पोस्टर	M	poster
घुमाना *	Tr	to take around
दरख़्त	M	tree

मेहराब	F	arch, vault
लटकाना *	Tr	to hang
बख़ूबी	Adv	excellently, thoroughly, very well
फ़िकरा	M	sentence; taunt, sarcastic comment
जीना *	Intr	to live, to be alive
सज़ा *	F	punishment
सज़ा पाना	Tr	'to obtain/to receive punishment', i.e., to be punished
अमराई	F	mango grove
मछली *	F	fish
बुज़ुर्ग	M	elderly person
धर्मग्रंथ	M	religious book
स्वर *	M	sound; voice; note (music)
भरोसा	M	trust, faith
बाधा	F	hindrance, obstacle
ताबूत	M	coffin
हरहराना	Intr	to ripple
प्रवाह	M	flow, current
प्रेत	M	ghost
डोलना	Intr	to wobble
पहचान *	F	acquaintance, familiarity; identity
रोशनी *	F	light; here: eyesight, vision

१९

बीच की भटकन

सुषम बेदी

"टेलीफ़ोन पर किससे बात कर रही थी ?" कहते हुए वीना ने लक्ष्य किया, बेबी काफ़ी उत्तेजित लग रही थी। बिना वीना की ओर देखे बेबी कहने लगी —

"हमीद का था।"

"कहाँ से बोल रहा था ?"

"फ़्रेंकफ़र्ट से।"

"रोज़-रोज़ फ़्रेंकफर्ट से फ़ोन करता है तुम्हें ?"

"तो क्या हुआ, दीदी, उसके पास काफ़ी पैसे हैं ?"

"लेकिन तुम्हें क्यों करता है वह इतना फ़ोन ?"

"ओहो ! जब 'ट्रेड-फ़ेयर' में काम कर रही थी तो उसका 'स्टॉल' एकदम साथ था हमारे — उसने कहा कि वह मुझे 'ड्रेसेज़' सस्ते दामों पर दे देगा — बस इसी तरह कुछ दोस्ती हो गई..."

"वह पाकिस्तानी है न ?" वीना की आँखों में शंका थी।

"हाँ, लेकिन उससे क्या फ़र्क पड़ता है।"

"क्या ममी-पापा को ऐसी शादी से आपत्ति नहीं होगी ?"

"लेकिन शादी की कौन सोचता है ? उसने तो यूँ भी एक जर्मन लड़की से शादी कर रखी है... लेकिन आजकल वे अलग रह रहे हैं और हमीद किसी और जर्मन लड़की के साथ रहता है।"

"फिर तुम..."

"मैं... मेरी उससे खुलकर बातें तो उसी दिन हुई थीं जिस शाम मुझे वापसी की गाड़ी पकड़नी थी — इसी से बची हुई बातें वह फ़ोन पर कहता रहता है।"

"कब तक बची रहेंगी ये बातें !" कहते-कहते वीना को लगा कि उसके भीतर की ममी बोल रही है यह सब। कभी तैयार होकर कहीं जाना हो, तो ममी ज़रूर पूछती थीं — "कहाँ जा रही है ?" लेकिन कोई 'ब्वॉय-फ़्रेंड' ऐसा तो बनाया ही नहीं था कि अकेले घूमने

जाए — घूमने-घामने के सारे प्रोग्राम सहेलियों के साथ ही बनते थे । हाँ, कभी किसी सहेली का भाई उसमें शामिल हो, तो और बात है । ममी तो इसे लेकर भी छानबीन ज़रूर कर देतीं । लेकिन उसने ममी को ख़तरा महसूस करने का ज़्यादा मौक़ा नहीं दिया था । और देती भी कब ? बी॰ए॰पास करते ही शादी हो गई थी । बेबी ने तो एम॰ए॰ भी कर लिया है और अभी भी शादी से इनकार करती है । आजकल वीना के पास घूमने आयी है । वीना पिछले चार साल से हॉलैंड की राजधानी हेग में रह रही है — पति को पाँच वर्ष की 'असाइनमेंट' मिली थी । बेबी कहती थी दीदी का आख़िरी साल है सो उनके रहते-रहते वह भी यूरोप घूम ले । दीदी ने ही उसके लिए टिकट भी भेजा था, वर्ना ममी-पापा को भेजना कहाँ था उसे । बेबी आयी तो थी तीन महीने के लिए लेकिन अब उसका लौटने का मन ही नहीं होता । कभी 'बेबी-सेटिंग' करके या कभी ट्रेड-फ़ेयर में लगने वाले 'इंडियन पैवेलियन' में 'टेम्प्रेरी' नौकरी करके कुछ कमा लेती है और कहती है, "दीदी, हिन्दुस्तान में क्या रखा है, वहाँ महीना-भर नौकरी करके जो मिलता, वह यहाँ हफ़्ते-भर 'फ़ेयर' की 'असाइनमेंट' में ही मिल जाता है और उसके साथ-साथ नये-नये देश घूमो, नये-नये लोगों से मिलो, होटल में रहना, न कोई रोक-टोक, न बंधन ।"

हर 'फ़ेयर' से बेबी एक न एक टेलीफ़ोन करने वाला पीछे लगा ही लेती है । जब वियना से लौटी थी तो कहती थी कि बस अब की बार तो दीदी मैंने शादी करने का 'डिसाइड' कर लिया है — सरदार है, उसके पापा दिल्ली में हैं, 'ब्रिगेडियर' हैं 'आर्मी' में, वह भी अपने भाई के पास रहता है । अभी तो एक 'रेस्तरां' में ही काम करता है, कहता है 'होटल मैनेजमेंट' करके फिर अच्छी-सी नौकरी मिल जायेगी । उसने अपनी ममी को लिखा है । तुम भी लिख दो — वे लोग आपस में मिल लें — शादी तो हम यहीं कराएँगे । लेकिन बेबी के ममी-पापा माने नहीं । रेस्तरां के 'बारमैन' से शादी करेगी बेबी ? माना कि पापा कोई बड़े ओहदे पर नहीं, कपड़ा बेचने का साधारण धंधा करते हैं, लेकिन फिर भी कुछ तो इज़्ज़त है उनकी । आख़िर में जीजाजी के समझाने पर मान गयी थी बेबी । उनकी बात सुनती है वह — और फिर ऐसा कोई 'लव-अफ़ेयर' तो था नहीं ।

अगली ही 'असाइनमेंट' में जब वह स्पेन से लौटी थी तो हर तीसरे दिन 'स्पेनिश' में लिखा किसी स्पेनिश लड़के का ख़त आता रहता था, जिसे वह उसकी पड़ोसन की बड़ी बेटी से पढ़वाया करती थी... और टूटी-फूटी अँग्रेज़ी में वह डच लड़की उन स्पेनिश ख़तों का

अनुवाद किया करती थी बेबी के लिए। वीना सच में हैरान थी कि भाषा न जानते हुए भी बेबी उस व्यक्ति के साथ एक बार 'लंच' और एक बार 'डिनर' खा आयी थी। और अब ख़तों का सिलसिला। पर वह भी ज़्यादा दिन चल नहीं पाया। शायद बेबी के अँग्रेज़ी में लिखे ख़त पढ़वाने में उसे भी दिक़्क़त होती होगी।

और अब यह हमीद ! वीना बहुत परेशान हो उठती थी बेबी को लेकर। अगर ममी-पापा को पता चले कि बेबी इस तरह लड़कों के साथ खुलेआम घूमती है तो क्या सोचेंगे ? उन्होंने तो वीना के भरोसे ही बेबी को भेजा था। ममी बार-बार लिखती भी हैं कि "बेबी कब लौट रही है, हमने उसके लिए कई लड़के देख रखे हैं, वह आये तो फ़ैसला करें।" बेबी घर में सबसे छोटी है, सो ममी-पापा को लगता है उसकी शादी करके फ़ारिग़ हों। लेकिन बेबी तो लौटती ही नहीं। बल्कि उस दिन कह रही थी — "दीदी, आप लोग तो छः-सात महीने बाद लौट जाएँगे हिन्दुस्तान — मैं सोचती हूँ किसी डच परिवार के साथ रह लूँ, 'बेबी-सिटिंग' करूँगी और थोड़ा बहुत घर का काम और कोई 'कोर्स' 'ज्वाइन' कर लूँगी। यहाँ बहुत से एशियाई विद्यार्थी इसी तरह रहते हैं। रहने को जगह भी मिल जाती है और थोड़ा बहुत 'पॉकेट-मनी' भी दे देते हैं दम्पति। नहीं तो फिर जीजा जी से कहो कि मुझे कहीं 'सेल्स-गर्ल' या और कोई नौकरी दिलवा दें। मैं अपना अलग कमरा लेकर रहूँगी।"

"पगला गई है, बेबी, तू !" वीना उत्तेजित हो गई थी, "ममी-पापा कभी स्वीकार करेंगे इस बात को कि इस तरह तुझे अकेला छोड़ जाऊँ...और फिर ऐसी घटिया नौकरी..."

"तो फिर क्या करूँ, दीदी, 'ब्वॉय फ्रेंड्स' तुम नहीं बनाने देती, मनमर्ज़ी से शादी तुम लोग नहीं करने देते — तब क्या करूँ ? मैं तो सिर्फ़ अकेले रहने की बात कर रही हूँ, उसमें तो कुछ अनैतिक नहीं।" बेबी तड़पकर बोली थी। अनैतिक है नहीं तो हो जायेगा। कब तक रह पाओगी अकेले तुम — कोई सिर पर नहीं... और यूँ भी सबसे छूटकर जानती हो कितना अकेलापन महसूस करोगी और उसे भरने के लिए एक दोस्त... दूसरा दोस्त... और इसी तरह यह सिलसिला... बेबी, इस रास्ते पर सिर्फ़ भटकन है। क्यों नहीं लौट जाती और सीधे से शादी करके 'सेटल' हो जाती ? लेकिन बेबी को उस 'सेटेल्ड' पारिवारिक दायित्वों से बोझिल ज़िन्दगी से आजकल और भी ज़्यादा विरक्ति होती जा रही है — उसकी कई एशियाई सहेलियाँ अपने 'ब्वॉय फ्रेंड्स' के साथ कमरा 'शेयर' करती हैं और

बेबी का भी मन ललकता है वैसी ही 'मुक्त' ज़िन्दगी जीने को — जहाँ न ममी-पापा का दख़ल हो, न किसी सास-ससुर का — जहाँ उसके सोने और उठने का समय निर्धारण करने वाला कोई न हो, किससे वह मिलती है, किसके साथ वह रहती है, क्या-कुछ वह करती है — इस पर सवाल-जवाब करने कोई न आये । मध्यवर्गीय परिवार के नैतिक संस्कारों और अनुशासन की कड़ियों से बँधी बेबी यूरोप के इस शहर में पहुँचकर सहसा अपने आपको आज़ाद परिन्दे-सा महसूस करने लगी है । वह कहीं भी जा सकती है, कुछ भी पहन सकती है, किसी के भी साथ घूम सकती है — यहाँ कोई कुछ कहने वाला ही नहीं ।

लेकिन वीना को डर लगता है इस सबसे । उस रात बेबी बारह बजे लौटी थी । कैसे जागती रही थी वीना — कहाँ होगी इस वक़्त ? और अब यहाँ भी रात को सड़कें 'सेफ़' नहीं होतीं । अभी कुछ ही दिन पहले उनके घर के नज़दीक ही एक लड़की का बलात्कार हुआ था, तब उसने बेबी को ख़ास हिदायत दी थी कि आठ बजे तक लौट आया करे — अँधेरा वैसे भी जल्दी हो जाता है । फिर जीजाजी को भी बेबी का इस तरह देर-देर से आना पसन्द नहीं — कल को कुछ हो जाये तो क्या मुँह दिखायेगी वीना ममी-पापा को — इसीलिए बुलाया था अपनी बहन को ! पापा-ममी तो शुरू से ख़िलाफ़ थे बेबी को भेजने के — पापा चाहते थे कि बेबी को जहाँ जाना है शादी के बाद ही जाये । बहुत शौक है तो कोई बाहर 'सेटेल्ड' लड़का ढूँढ़ देंगे... लेकिन बेबी तब तक कहाँ रुक सकती थी । सुबह जब बेबी देर से सोकर उठी तो वीना ने उसे समझाया था कि उसे एक हिन्दुस्तानी लड़की की तरह मर्यादा में रहना चाहिए — कहीं कुछ ऐसा-वैसा घट गया तो ? लेकिन बेबी ने तब भी विरोध करते हुए कहा था, "दीदी, भारत में रोक-टोक थी ही — ममी-पापा की टोका-टोकी हर बात में थी पर अब यहाँ भी तुम 'रूल्स-रेगुलेशन्स' बनाने लग गई हो — इतने बजे तक घर आना है, इससे नहीं मिलना, उससे नहीं मिलना, 'मिनी' नहीं पहननी, 'स्ट्रेपलेस मैक्सीज़' नहीं पहननी — आख़िर तुम क्या आशा करती हो मुझसे कि सारा दिन घर में बैठे झाड़-पोंछ करके या 'निटिंग' करके बिता दूँ ! मुझे इस तरह बोरियत होती है ।"

"तो लौट क्यों नहीं जाती ? ममी-पापा इतनी बार लिख चुके हैं — कब भेज रही हो बेबी को, कब आ रही है बेबी... और तुम..."

"लेकिन दीदी, वहाँ पानीपत में रहकर बोर ही होना है — न कोई काम के सिनेमा हॉल, न घूमने की जगह। घर से निकलो तो सारे शहर की निगाह तुम पर — न मन से कुछ पहन सकते हो... और अब अगर लौट गयी तो कहेंगे कोई मेम साहब आ गई है... और फिर मुझे मालूम है करनाल या मूरथल के किसी 'बिज़नेसमैन' या सरकारी नौकर या 'इंजीनियर' से शादी हो जाएगी और फिर वही घर-गृहस्थी के चक्कर — दहेज में यह नहीं मिला — या खाने-पहनने के हर ढंग पर लगातार टिप्पणियाँ — उसके बाद बच्चे पालो, खाना पकाओ... मुझे सोचकर भी घबराहट होती है ज़िन्दगी के इस ढर्रे से।" लेकिन वीना कैसे समझाये बेबी को कि दायित्वों से बचकर जिस ज़िन्दगी का चुनाव वह करना चाहती है, उसकी भी तो अपनी अपेक्षाएँ हैं — क्या बेबी उस चुनाव का मूल्य चुका पायेगी? बार-बार टूटते-बनते रिश्तों के बीच की भटकन सह पायेगी वह? लेकिन कौन जानता है इस भटकन में उस बंधे-बंधाये जीवन से अधिक सुख हो? क्या वीना को भी इस 'सेटेल्ड' जीवन के लिए मूल्य नहीं चुकाने पड़े? कितना सहा उसने! करनाल में थी तो बस चुपचाप घर संभालती थी, सास की बात या बड़ी भाभी की कोई बात अच्छी भी न लगे तो पी जाती थी, रमेश जी से कभी शिकायत भी नहीं की — क्योंकि परिवार में वीना के गऊपने की जो 'इमेज' बन गयी थी, उसे तोड़ना भी नहीं चाहती थी। थोड़ा किसी ने कह दिया तो चुपचाप पी लिया, फिर बाद में उसकी तारीफ़ भी तो करती थी सास सब पड़ोसियों और रिश्तेदारों के सामने — बड़ी भली बहू आयी है घर में। मैं तो कहूँ सारा घर संभाल लिया है इसने। दुनिया के सामने तारीफ़ करने वाली ये माताजी अक्सर घर के भीतर वीना के कामों और रहन-सहन की नुक्ताचीनी करती रहती थीं, जिससे बाहरवालों के सामने वे भली बनी रहें और परिवार की 'इमेज' भी। लेकिन वीना के लिए अक्सर ये छोटी-छोटी बातें कितनी चुभन और तकलीफ़ पैदा करती थीं।

यहाँ विदेश में जब ऐसा कोई दख़ल नहीं है तो रमेश से ही किसी न किसी बात को लेकर झगड़ा हो जाता है। रमेश को छोटी-छोटी बात पर .ग़ुस्सा आ जाता है — कभी दफ़्तर का ही गुस्सा, या कभी बच्चों की कोई बात, तब भी वह कैसे अपने को संतुलित कर स्थिति संभालने की कोशिश करती है और इन छोटी-छोटी 'एडजस्मेन्ट्स' के बिना चल भी कैसे सकता है — न करे तो बस लड़ाई-झगड़ा बढ़ता ही रहे। अब उस दिन भला कोई बात थी — बेबी और बच्चों को लेकर सुबह 'शॉपिंग' पर चली गई थी, सो खाना बनाने में

देर हो गई। 'लंच' पर रमेश आये तो अभी सब्ज़ी पूरी पकी नहीं थी — वे लंच पर हिन्दुस्तानी खाना खाना ही पसंद करते हैं वर्ना वह कुछ तैयार खाना ही 'स्टोर' से ले आती। पर आते ही झल्ला पड़े — "थककर दफ़्तर से आओ और यहाँ खाना तैयार नहीं ! तुम्हें मालूम है कि मेरे पास सिर्फ़ एक घंटा होता है — उसी में आना, खाना खाना और लौटना होता है। खाना मुझे मेज़ पर तैयार मिलना चाहिए। शॉपिंग क्या किसी और वक़्त नहीं हो सकती थी ?" और उन्हें शांत करते हुए कैसे ज़बरदस्ती मुस्कुराकर बोली थी, "आप आराम से बैठकर जूस का ग्लास ख़त्म कीजिये, तब तक खाना बन जाता है।" पर वह कह नहीं पाई थी कि वह रमेश के लिए एक नयी कमीज़ ख़रीद कर लाई है — सारा उत्साह ही मर गया था वर्ना सोच रही थी कि रमेश को 'लंच टाइम' में ही यह 'सरप्राईज़' देगी।

रमेश तो अक्सर ही बच्चों की किसी-न-किसी हरकत को लेकर खीझ उठते हैं — कभी 'पेन' नहीं मिल रहा, कभी कोई किताब 'मिसप्लेस' हो गई है तो बस शुरू — "सिखाती क्यों नहीं मंटू-नीना को तुम ! कभी मेरा पेन उठा लेंगे, कभी कुछ और... और न जाने कहाँ रख देते हैं कि मिलती ही नहीं चीज़... और ये देखो नीना ने मेरी डायरी पर कैसी चित्रकारी की है — तुम घर में होती हो, इतना भी ख़्याल नहीं रख सकती !" और वीना पलटकर कुछ नहीं कहती — सुन लेती है; क्योंकि वह यह भी जानती है कि शनिवार की सुबह यही रमेश मंटू के साथ 'बॉक्सिंग' कर रहा होगा, नीना कंधे पर बैठी होगी — और इन तीनों की मुक्त हँसी से सारा 'लिविंग' गूँज रहा होगा — और उसके बाद अपनी छोटी-सी कार में बैठकर जब सारा परिवार घूमने निकलेगा तो वीना सोच रही होगी — "कितना अच्छा लगता है यह सब — अपना छोटा-सा परिवार" और उसके मन में पति और बच्चों का प्यार उमड़-उमड़ उठेगा। लेकिन बेबी की निगाह रमेश की खीझ और गुस्से को, बच्चों की ज़िद और झगड़ों को देखती है, तो क्या वीना के मन के इस भरेपूरेपन को नहीं देखती ! पार्क में दौड़ते रमेश और बच्चों के साथ खिलवाड़ और किलकारियों को नहीं देखती ! लेकिन बेबी कहती है कि ये सुख के क्षण बहुत थोड़े होते हैं — जैसे पूरे हफ़्ते की खीझ और 'टेंशन' के बाद अर्जित बस एक 'वीकएंड' — वीना तो उसी में सुख मान लेती है। पर बेबी सोचती है अकेली रहकर वह चुनाव कर सकती है — अगर कोई भला लगे तो रह लो, वर्ना अलग हो जाओ। यूँ कहती तो वह है कि "दीदी अगर कोई ऐसा

लड़का मिले जिसे देखकर लगे कि इसके साथ रहना हमेशा ही अच्छा लगेगा तो शादी कर ही लूँगी और यहीं 'सेटल' हो जाऊँगी — वर्ना जैसा चलता है, चलता रहे — कोई छोटी-मोटी नौकरी और रहने को छोटा-सा कमरा, बस इतना ही..." — लेकिन भारत नहीं लौटना फ़िलहाल उसे । यहाँ पर तो इतनी 'ऑपरचूनिटी' हैं नौकरी के साथ कोर्स भी कर सकती है । बेबी बात तो सिर्फ़ अकेले रहने की ही करती है लेकिन ये बिल्लू, जॉन, पिलात और हमीद अपने आप ही उसके भीतरी अर्थ से सिमट आते हैं — अकेली नहीं, बेबी मुक्त-स्वतन्त्र रहना चाहती है और वीना समझ नहीं पाती कि उसे रोके या जाने दे ।

वीना नहीं समझ पाती क्या ठीक है, क्या ग़लत ? अगर कहीं स्थिरता है तो ऊब है, और अगर भटकन है तो उसकी परिणति भी शायद ऊब है । तब इस या उसमें से ही चुनाव करना है तो क्यों न बेबी को अपना रास्ता ख़ुद ही चुनने दे — ख़तरे और लड़ाई तो दोनों ही रास्तों में हैं !

क्या बेबी के रास्ते पर ख़तरा ज़्यादा है ?

— या कौन जानता है उस मुक्ति में बेबी जो पाये, उसे वीना अहसास तक न कर पाती हो ।

— जिसे वह भटकन समझती है, उसी में वैविध्य और पूर्णता हो ! जीवन की समग्रता हो । अनुभवों की असीमता हो । तब क्यों नहीं खुले मन से बेबी को अपना चुनाव करने देती ? क्यों बाधा बनती है उसके रास्ते में, उसके चिंतन में ? उसने स्वयं जो जीवन में पाया है, क्या वह बहुत महत्त्वपूर्ण है जो बेबी के लिए भी वही पाना ज़रूरी हो ? पर उसके अपने जीवन की परिधि तो कितनी छोटी है — क्या उतना ही जी लेना किसी के लिए काफ़ी है ?

ठीक उसी समय उसे ध्यान आया, वह किस उलझन में फँस गयी है । मंटू और नीना को 'होमवर्क' करवाना है ।

सामने की खिड़की से वीना ने पर्दा हटाया । पश्चिम में सूरज डूब रहा था । आसमान में उड़ते हुए कुछ परिन्दे अपने घोंसलों की ओर लौट रहे थे ।

... और वह सोचने लगी कि सारे आसमान को अपने परों में समेटकर भी परिन्दे घोंसलों की ओर क्यों लौट जाते हैं ? और वीना ने आवाज़ दी —

"मंटू, नीना... होमवर्क !"

बीच की भटकन

भटकन	F	confusion; wandering; ambivalence; oscillation
भटकना	Intr	to wander about (aimlessly or lost); to go astray
वीना	P.N.(F)	Veena
लक्ष्य *	M	aim, target, objective, goal
लक्ष्य करना	Tr	to notice
बेबी	P.N.(F)	Baby (nickname)
उत्तेजित	A	stimulated, excited
हमीद	P.N.(M)	Hamid
एकदम	Adv	at once; quite
शंका	F	doubt; suspicion
फ़र्क	M	difference
आपत्ति	F	objection; predicament, misfortune
वापसी	F	return, returning
शामिल *	A	included; associated, connected
शामिल होना	Intr	to join, to participate, to be included
छानबीन	F	screening, investigation, scrutiny
ख़तरा *	M	danger, risk
आख़िरी	A	last, final
कमाना *	Tr	to earn
रोक-टोक *	F	restriction; obstruction

बंधन	M	bond, tie; restriction
पीछे लगना	Intr	to chase; to follow closely
पीछे लगाना	Tr	here: to attract
सरदार	M	<u>sardar</u>, a term of address used for Sikhs
आपस में *	Adv	mutually, with one another
ओहदा	M	rank, position
साधारण *	A	simple, ordinary, common
धंधा *	M	business, occupation, profession
इज़्ज़त	F	respect, honor
जीजा	M	husband of one's elder sister
ख़त *	M	letter
पड़ोसन *	F	neighbor
पड़ोसी	M/F	neighbor
अनुवाद *	M	translation
सच में *	Adv	truthfully; in reality
हैरान *	A	surprised
व्यक्ति *	M	person
सिलसिला *	M	series, sequence
परेशान	A	troubled, distressed
खुलेआम	Adv	openly; in public
भरोसा *	M	trust, faith; confidence
फ़ारिग़	A	freed; one who has fulfilled all his/her obligations
बल्कि	Conj	on the contrary; on the other hand

एशियाई	A	Asian
दम्पति	M	a married couple
दिलवाना	Tr	to cause to give
पगला जाना	Intr	to become insane
घटिया *	A	inferior, of low quality
मनमर्ज़ी *	F	one's own inclination or will
मनमर्ज़ी करना	Tr	to follow one's own desire
अनैतिक	A	immoral, unethical
नैतिक	A	moral, ethical
तड़पना	Intr	to be in agony or pain
छूटना	Intr	to be left behind or out; to be released or freed
अकेलापन *	M	loneliness; solitude
पारिवारिक	A	relating to family
दायित्व	M	responsibility, liability
बोझिल	A	heavy; burdensome
विरक्ति	F	detachment; indifference
ललकना	Intr	to crave, to long for, to covet
मुक्त	A	free, unconstrained
दख़ल	M	interference; interruption
ससुर	M	father-in-law
निर्धारण करना	Tr	to fix; to determine
मध्यवर्गीय *	A	middle-class
संस्कार *	M	sacrament; rite/ritual; norm(s)
अनुशासन	M	discipline
कड़ी	F	handcuff; fetter
परिन्दा	M	bird

बलात्कार *	M	rape
हिदायत	F	instruction
ख़िलाफ़ *	A	against, opposed
शौक़ *	M	hobby; desire, yearning
X का शौक़ होना	Ind. Intr	to be fond of/interested in X
मर्यादा	F	decorum, propriety of conduct
घटना	Intr	to take place, to happen
विरोध करना	Tr	to oppose
टोका-टोकी	F	interruption, intervention, questioning
बोरियत	F	boredom
बोर होना	Intr	to be bored
पानीपत	P.N.(M)	Panipat
करनाल	P.N.(M)	Karnal
मूरथल	P.N.(M)	Murthal
सरकारी	A	official, governmental, administrative
झाड़-पोंछ *	F	dusting and cleaning
घर-गृहस्थी *	F	household, family
चक्कर *	M	circle; cycle
दहेज *	M	dowry
ढंग *	M	way, style, manner
टिप्पणी	F	annotation; comment, critical remark
घबराहट *	F	agitation, nervousness
ढर्रा	M	path, way(s); routine
अपेक्षा	F	requirement, expectation

मूल्य चुकाना	Tr	to pay the price
रिश्ता *	M	relation
बंधा-बंधाया	A	fixed, all arranged; regular
रमेश	P.N.(M)	Ramesh
गऊपना	M	'a cow-like nature', i.e., docility, submissiveness
तारीफ़ *	F	praise
रहन-सहन *	M	living; life-style
नुक्ताचीनी	F	fault finding, criticism
चुभन	F	pricking sensation, lingering pain (physical or mental)
तकलीफ़	F	difficulty, trouble, distress
झगड़ा	M	fight, quarrel
संतुलित	A	balanced, in equilibrium
स्थिति	F	condition, situation
झल्लाना	Intr	to be annoyed; to be enraged
शांत करना *	Tr	to pacify, to quiet down
उत्साह	M	enthusiasm
हरकत	F	movement, activity; act
खीझना / खीजना	Intr	to be irritated, to be grouchy
खीझ / खीज	F	irritation, vexation
मंटू	P.N.(M)	Mantu
नीना	P.N.(F)	Nina
चित्रकारी	F	painting; sketching
पलटना	Intr	to turn back, to rebound
हँसी	F	laughter
गूँजना	Intr	to echo

246

उमड़ना	Intr	to surge; to overflow
ज़िद	F	obstinacy
भरापूरापन	M	completeness, fulfillment
खिलवाड़	M	fun and frolic
किलकारी	F	joyful shriek/outcry
क्षण *	M	moment
अर्जित	A	earned, acquired, gained
फ़िलहाल *	Adv	for the time being; at present
बिल्लू	P.N.(M)	Billu (nickname)
जॉन	P.N.(M)	John
पिलात	P.N.(M)	Pilat
भीतरी *	A	internal, inner; unexpressed
अर्थ	M	meaning
सिमटना	Intr	to contract, to shrink, to be drawn together
स्वतंत्र / स्वतन्त्र	A	free, independent
स्थिरता	F	stability, steadiness
ऊब *	F	boredom, monotony
परिणति	F	culmination, conclusion
मुक्ति	F	release, freedom
अहसास *	M	realization, perception
वैविध्य	M	variety, diversity, variation
पूर्णता	F	wholeness, completeness
समग्रता	F	totality
अनुभव	M	experience
असीमता	F	limitlessness
बाधा	F	hindrance, obstacle

247

चिंतन *	M	thinking, reflection, contemplation
महत्त्वपूर्ण	A	important
परिधि	F	circumference, boundary, periphery
उलझन *	F	entanglement; complication, confusion
फँसना *	Intr	to be trapped, to be caught
परदा / पर्दा	M	curtain; veil
डूबना *	Intr	to sink; to drown; to set (sun, moon, stars)
घोंसला	M	nest
पर	M	wing
समेटना	Tr	to collect, to gather; to wrap up

२०
साप्ताहिक से
परिचर्चा

भारतीय पुरुष और नारी एक दूसरे की दृष्टि में:

नारियों के बारे में पुरुषों के विचार
विद्याचरण शुक्ल (नागरिक आपूर्ति मंत्री)

भारतीय नारी उस शब्दकोश के समान है जिसमें दया, त्याग, ममता, बलिदान, कर्त्तव्यपरायणता आदि जैसे शब्दों का भंडार है। हमारे धर्मशास्त्रों में जो उच्च स्थान नारी को दिया गया है, उसका जीता-जागता स्वरूप है भारतीय नारी। इतिहास साक्षी है कि हर युग में ऐसी नारियाँ रही हैं जिन्होंने अपने साहस व सूझ-बूझ से सारे देश को उन्नति के शिखर पर पहुँचाया। सदियों की मार व अत्याचार के बावजूद भारतीय नारी ने अपने चरित्र की दृढ़ता व कर्त्तव्यपरायणता को अक्षय रखा। ऐतिहासिक रूप से भी भारत के पैर उखाड़ने का प्रयास किया गया, पर इन इरादों को विफल करने में महिलाओं का बराबर का योगदान रहा। जहाँ एक ओर भारतीय नारी ने अपनी बुद्धिमत्ता से शासक के स्थान को सुशोभित किया जैसे लक्ष्मीबाई, रज़िया सुल्तान आदि, वहीं दूसरी ओर पन्ना धाय के रूप में नारी के कर्त्तव्य का पक्ष उजागर होता है। ममता का पर्यायवाची शब्द है भारतीय नारी। भारतीय नारी हर रूप में, चाहे वह शासक रही या 'धाय' — उसने इतिहास में अपने सुन्दर कार्यों से सुनहरे पृष्ट जोड़े।

मूल रूप से भारतीय नारी व अन्य देशों की नारियों में अन्तर नहीं दीख पड़ता, पर भारतीय संस्कृति व सभ्यता के कारण भारतीय नारी का स्थान अन्य देशों की नारियों से उच्च व विशिष्ट हो गया है। फिर विदेशी नारी अपने नैतिक मूल्यों के अनुसार चलती है। दोनों अपने-अपने क्षेत्र में ठीक हैं।

महिलाओं की बराबरी से पुरुषों को किसी भावना से ग्रस्त नहीं होना चाहिए। सोचिए, नारी हमारे समाज का आधा महत्त्वपूर्ण अंग है। यदि नारी आगे नहीं आई, तो आधा अंग ही अपंग हो जाएगा। हर्ष का विषय है कि महिलाएँ बौद्धिक स्तर के अलावा

शारीरिक कार्यों में भी पुरुषों के बराबर हैं। नारी बराबर तो शुरू से ही रही, पर पहले पर्दा होने से नारी परोक्ष रूप में ही सामने आती थी। कहीं-कहीं तो पर्दे से ही सारा अनुशासन चलाया नारी ने। कहीं-कहीं पुरुषों को अपनी राय देकर नई दिशा दी। तो महिलाएँ आगे आएँ, इससे पुरुषों को हार्दिक प्रसन्नता ही होगी।

'मॉड फ़ैशन' जो आज की नारी कर रही है वह ऐसा तो नहीं कि हमें बिलकुल पसन्द न हो। हम तो यह चाहते हैं कि फ़ैशन ऐसा होना चाहिए जिससे उसके व्यक्तित्व में चार चाँद लग जाएँ। फूहड़ फ़ैशन नहीं होना चाहिए। इसके अलावा फ़ैशन की एक सीमा-रेखा होनी चाहिए जो अश्लील न लगे और भारतीय संस्कृति को ठेस न पहुँचाए। किसी शायर की कही एक पंक्ति मुझे याद है कि

दवा ऐसी न हो कि मरीज़ ग़ायब हो जाए।

तो इससे मिलती-जुलती बात हमें यह कहनी है कि ....

फ़ैशन ऐसा न हो कि तमीज़ ग़ायब हो जाए।

ख़ुशवन्त सिंह (सदस्य राज्यसभा व सम्पादक, "हिंदुस्तान टाइम्स")

अपनी ज़िन्दगी का एक लम्बा हिस्सा विदेश में गुज़ारने के कारण परम्परागत भारतीय नारी के बारे में उतना ठोक-बजा कर कहना आज कुछ मुश्किल-सा लग रहा है। पर जहाँ तक मैंने देखा, पढ़ा, व जाना है, भारतीय नारी का समाज में बहुत ऊँचा स्थान है। किसी परिवार को ख़ुशहाल बनाने का अधिक श्रेय नारी को ही जाता है। उसके बच्चों पर भी सीधी छाप उसी की पड़ती है। यों तो किसी परिवार के स्त्री-पुरुष का दर्जा बराबर का होता है पर चूँकि अधिकांश गृहस्थी का बोझ नारी पर केन्द्रित होता है इसलिए उसका स्थान महत्त्वपूर्ण माना जाता है। इस बात की मुझे प्रसन्नता है कि भारतीय नारी चाहे आर्थिक रूप से स्वतंत्र न भी हो, तब भी उसका महत्त्व घटता नहीं है, वह गृह-लक्ष्मी का ही दर्जा पाती है।

विदेश में अधिकतर रहने के कारण वहाँ की संस्कृति को समझा है मैंने। दोनों जगहों की नारी अपने-अपने क्षेत्र में महत्त्वपूर्ण है। पर विदेश में आर्थिक रूप से स्वतंत्र नारी अधिकतर सम्माननीय है। अब भारतीय नारी की बात आप भारत में कीजिए तो कहूँगा

कि एक सीमा में बँधी हुई है, पर यही विदेश में जाकर एकदम बदल जाती है । नैतिक मूल्य जैसे दम तोड़ने लगते हैं । मैं यह दावा नहीं कर रहा कि हर नारी एक-जैसी है, अपवाद हर जगह मिलते हैं । भारत में चाहे नारी काम भी करे पर फिर भी घर में पूरी तौर पर समर्पित है, जबकि पुरुष स्वतंत्र है । पर यहाँ की पुरुषों की इस स्वतंत्रता को विदेशों में नारी द्वारा इस्तेमाल किया जाता है । यह नहीं होना चाहिए । अपनी भारतीयता को विदेश जाकर क्यों भूलना चाहिए ? हम कितने भी पाश्चात्य सभ्यता में रहे हों, पर विचारों से पूर्ण रूप से भारतीय ही हैं । विदेशों में जाकर जो भारतीय नारी अपनी मर्यादा व भारतीयता को बनाए रखती है, उससे बहुत ख़ुशी होती है ।

विदेशों की तुलना में यह अर्थ ज़रूरी नहीं है कि सब विदेशी महिलाएँ कुछ भी करने को स्वतन्त्र हैं । वहाँ भी 'कैथोलिक' महिलाएँ ज़्यादा रूढ़िवादी हैं और एकदम 'मिक्स-अप' भी नहीं हो पातीं । उनका जीवन भिन्न है । तुलना आप बराबरी की कर ही नहीं सकतीं । दोनों अपनी-अपनी जगह ठीक हैं । हर जगह हर प्रकार की महिलाएँ हैं ।

महिलाओं के आगे बढ़ने से हमें बहुत ही प्रसन्नता होती है । जब हमारी भारतीय नारी आगे आएगी तभी तो देश भी उन्नति के शिखर पर पहुँचेगा । प्रसन्नता की बात है कि नारी आज हमारे साथ-साथ चल रही है ।

आजकल के 'मॉड फ़ैशन' के बारे में मेरी राय है कि कोई भी फ़ैशन हो वह ऐसा न हो कि अश्लील लगे और अपनी सभ्यता नष्ट करे, पर आराम देने वाला हो जिससे नारी स्वतन्त्र तौर पर कहीं आ-जा सके । इसके अतिरिक्त किसी की आँख में चुभने वाला न हो ।

पुरुषों के बारे में नारियों के विचार
जयकुमारी (इन्सपेक्टर, दिल्ली पुलिस)

भारतीय पुरुष एक अजीब-सी हालत में गुज़र रहा है । एक तरफ़ वह माँ को देखता है कि किस प्रकार वह उसके बाप-दादा से दबी रही, दूसरी तरफ़ सहशिक्षा में पढ़ रही लड़कियों की आज़ादी को देखता है । नारी के इन दो रूपों को वह समझ नहीं पाता, तभी जब घर में उसकी आधुनिका बीवी ब्याह कर आती है, तब उससे वह अपेक्षा करता है कि

251

वह भी दब कर रहे, जैसे उसकी माँ जीवन भर दब-पिस कर रही । यह बात बीवी के गले नहीं उतरती और परिणाम परिवार की टूटन और त्रासदी में होता है ।

पुरुष जब इस संसार में आता है, तभी से वह ऊँचा समझा जाता है और अगर शादी के बाद बीवी उससे ऊँची हो तो तिलमिला कर रह जाता है । जहाँ पुरुष-नारी एक गाड़ी के दो पहियों की तरह गाड़ी चला रहे होते हैं — तिलमिलाहट के इस मोड़ पर गाड़ी हिचकोले खाने लगती है । पुरुष की फ़ितरत है कि अपने से ऊँची स्त्री को वह बर्दाश्त ही नहीं कर पाता । एक तरफ़ नारी से सर्विस भी कराता है, तो दूसरी तरफ़ घर की सारी ज़िम्मेदारी भी उसे ही सौंपता है । वह एक अजीब कुंठा में जीता है । अगर पुरुष बल के कारण ही स्वयं को ऊँचा समझता है तो मेरे ख़्याल से भैंस बड़ी होनी चाहिए थी न कि अक़्ल । 'बलशाली ऊँचा होता है', यह नियम तो जंगल के जानवरों पर लागू होता है — हम तो इंसान हैं । हमें बल न देख कर गुण व योग्यता को ही ऊँचा समझना चाहिए । तभी स्त्री-पुरुष सुधरेंगे । हमारे देश की आधी आबादी नारी हैं, इसका पूरा ध्यान होना चाहिए । दोनों को अपने-अपने दायरे में सन्तुलित रूप से चलना होगा । एक तरफ़ नौकरी, दूसरी तरफ़ घर में माँ-दादी जैसा व्यवहार — दोनों में एक 'गैप' है । जब स्त्री घर से निकलेगी तब बाहर के पुरुषों से भी मिलेगी । लेकिन भारतीय पुरुषों के बारे में एक मज़ेदार बात यह भी बता दें कि उनके पास बात करने का एक विषय है कि 'कौन-सी स्त्री किसके साथ बातें कर रही है, क्यों कर रही है ?' किसी सहयोगी से मिलने को वे पचा नहीं पाते और मज़ेदार बात यह है कि वह 'सहयोगी' स्वयं भी नहीं सह पाता क्योंकि वह भी तो पुरुष ही है न ?

श्रीमती स्वर्णकान्ता (सोशल वर्कर)

भारतीय पुरुषों को 'डिफ़ाइन' करना टेढ़ी खीर है । जितने पुरुष हैं उतने ही प्रकार के स्वभाव भी हैं । समस्त भारतीय पुरुषों को दो-चार शब्दों में बाँधा भी कहाँ जा सकता है ? कई पुरुष बहुत अच्छे हैं, धार्मिक और पुरानी मर्यादाओं का पालन करने वाले हैं । कई अपने अन्दर जन्म से ही इतना 'सुपीरियोरिटी काम्पलैक्स' लेकर पैदा होते हैं कि औरत को हमेशा कम समझेंगे । कई स्त्रियों के पति आसक्त भी रहते हैं । फिर भी यह स्वभाव हमेशा एक-सा तो रहता नहीं है । एक पुरुष, जो एक स्थान पर अच्छा है, दूसरी स्त्री के साथ

सम्बन्ध और तरह का भी बना सकता है । कुछ अपनी बीवियों को ढेर सारी आज़ादी देते हैं तो कुछ अनावश्यक सीमाओं में रखते हैं । लेकिन जब पुरुष बीवी को अधिक सीमा में रखते हैं और पुरानी मान्यताओं का ढोल पीटते हैं, पर बाहर निकल कर स्वयं बहुत स्वच्छन्द हो जाते हैं, परस्त्रियों से उन्मुक्त व्यवहार रखते हैं, तब कहाँ जाती हैं उनकी मर्यादाएँ ? ऐसी दोहरी ज़िन्दगी जीते हैं ये पुरुष । ठीक इसके विपरीत इनकी बीवियाँ यदि ऐसा व्यवहार करें तो पुरुष बर्दाश्त नहीं कर पाते ।

ज़ीनत अमान (फ़िल्म ऐक्ट्रेस)

क्या पूछा है आपने पुरुषों के बारे में ? अजी, यह भी कोई पूछने की बात है ? यह तो हरेक जानता है कि पुरुष रसिया होता है, भौंरा होता है, जो अपनी पत्नी के सिवा हर दूसरी औरत या लड़की के इर्द-गिर्द मँडराना चाहता है । वह यह तो चाहता है कि वह दूसरी औरतों के साथ बेवाक व्यवहार करे, पर यदि उसकी बीवी किसी ग़ैरमर्द की तरफ़ देख भी ले, तो वह तथा उसकी सारी परम्पराएँ खौल उठती हैं ।

हिन्दुस्तानी पुरुष के दो मानदंड हैं — एक उसके अपने लिए, और दूसरा उसकी बीवी के लिए ।

अब सवाल यह है कि इस हालत से हिन्दुस्तानी औरत उबरे कैसे ? उसके पढ़-लिख लेने भर से कुछ नहीं होगा । पढ़ी-लिखी औरतें भी पति और सास के दुर्व्यवहार से तंग आकर आत्महत्याएँ करती हैं । मेरा यह पक्का विश्वास है कि जब तक औरत आर्थिक रूप से स्वतन्त्र नहीं होगी, वह यों ही पिटती और आत्महत्या करती रहेगी । माँ-बाप को चाहिए कि वे जो पैसा लड़की के ब्याह और दहेज में ख़र्च करते हैं, उन पैसों की मदद से उसे कुछ काम सिखाएँ या व्यवसाय कराएँ — छोटा-मोटा ही सही । तभी वह इज़्ज़त की ज़िन्दगी जी सकेगी ।

253

साप्ताहिक से
परिचर्चा

विद्याचरण शुक्ल (नागरिक आपूर्ति मन्त्री)

साप्ताहिक *	A/M	weekly; weekly magazine
परिचर्चा	F	symposium
नारी *	F	woman
दृष्टि	F	sight, vision; view
नागरिक	M/A	citizen, civilian; having to do with the community
आपूर्ति	F	fulfillment, gratification; here: welfare
मन्त्री	M	minister
नागरिक आपूर्ति मन्त्री	M	Minister of Public Welfare
शब्दकोश *	M	dictionary
त्याग	M	renunciation; sacrifice
ममता	F	affection
बलिदान	M	sacrifice
कर्त्तव्य / कर्तव्य *	M	duty
परायण	A	suffix signifying 'devoted to, dedicated to'
परायणता	F	suffix signifying 'devotion to, dedication to'
कर्त्तव्यपरायणता	F	devotion to duty
भंडार	M	storehouse

धर्मशास्त्र	M	scriptures pertaining to religious/social law
उच्च	A	high
जीना	Intr	to be alive, to live
जीता-जागता	A	living
स्वरूप	M	appearance; form
साक्षी	M	witness
व *	Conj	and
सूझ-बूझ	F	understanding, intelligence
उन्नति	F	progress
शिखर	M	peak, summit, pinnacle
सदी	F	century
मार	F	beating, blow; here: oppression
अत्याचार *	M	atrocity
चरित्र	M	character
दृढ़	A	firm
दृढ़ता	F	firmness
अक्षय	A	imperishable, eternal
ऐतिहासिक	A	historical
रूप	M	form
ऐतिहासिक रूप से	Adv	'with historical form', i.e., historically
उखाड़ना	Tr	to uproot
प्रयास	M	effort
X का प्रयास करना	Tr	to try to do X
विफल	A	fruitless, vain, unsuccessful

महिला	F	woman
बराबर का *	A	even, matching, equal
X के बराबर	Post	equal to X
योगदान	M	contribution
बुद्धि	F	intellect
बुद्धिमत्ता	F	intelligence
शासक	M	ruler
सुशोभित	A	adorned
सुशोभित करना	Tr	to adorn
जैसे *	Adv	as, for example
लक्ष्मीबाई	P.N.(F)	Lakshmibai, the queen of Jhansi, who fought the British
रज़िया सुल्तान	P.N.(F)	Raziya Sultan, who ruled the Delhi Sultanate for four years in the 13th century
पन्ना	P.N.(F)	Panna, name of the wet-nurse of a prince
धाय	F	wet-nurse
के रूप में *	Post	in the form of, as
पक्ष	M	side; party
उजागर	A	brilliant; renowned
पर्यायवाची	A	synonymous
चाहे ... या ...	Conj	whether...or...
कार्य	M	deed
सुनहरा / सुनहला	A	golden
पृष्ट	M	page
मूल	M/A	root; basic, fundamental

मूल रूप से	Adv	fundamentally, basically
अन्य	A	other
अंतर / अन्तर	M	difference
विशिष्ट	A	special
मूल्य	M	price; value
क्षेत्र	M	field, area
भावना *	F	feeling, emotion
ग्रस्त	A	seized, possessed, afflicted
X से ग्रस्त	A	seized/possessed/afflicted by X
महत्त्व *	M	importance
महत्त्वपूर्ण	A	'full of importance', i.e., important
अंग	M	limb, part, component
अपंग	A	crippled, maimed
हर्ष	M	joy
विषय *	M	topic, subject
बौद्धिक	A	intellectual
स्तर	M	level
शारीरिक	A	bodily, physical
पर्दा *	M	curtain, screen, veil; seclusion
परोक्ष	A	invisible, imperceptible; indirect
कहीं-कहीं *	Adv	here and there, in some places
अनुशासन	M	discipline; command, rule

हार्दिक	A	cordial; heartfelt, sincere
व्यक्तित्व	M	personality
चाँद	M	moon
X में चार चाँद लगना	Intr	'for four moons to become attached to X', i.e., for X to grow four times more glorious or beautiful
फूहड़	A	uncouth, indelicate, slovenly; here: indecent
सीमा	F	border, boundary
सीमा-रेखा	F	borderline, line of demarcation
अश्लील	A	obscene, indecent
ठेस	F	hurt; blow
X को ठेस पहुँचाना	Tr	to hurt/strike a blow at X
शायर *	M	poet
दवा *	F	medicine
ग़ायब होना	Intr	to vanish, to disappear
X से मिलता-जुलता	A	resembling X
तमीज़ *	F	decorum, propriety, etiquette

खुशवन्त सिंह (सदस्य राज्यसभा व सम्पादक, "हिंदुस्तान टाइम्स")

सदस्य *	M	member
राज्यसभा	F	the Upper House of the Indian Parliament
सम्पादक	M	editor

258

गुज़ारना *	Tr	to pass (time)
परम्परा	F	tradition
परम्परागत	A	traditional
ठोकना	Tr	to beat, to hammer
बजाना	Tr	to play (a musical instrument), to ring, to produce a sound; to test (coins, metals, etc.) by making them sound
ठोकना-बजाना	Tr	'to beat and produce a sound', i.e., to make a thorough assessment of something
ठोक-बजाकर कहना	Tr	to make a statement after a thorough assessment
ख़ुशहाल	A	flourishing, prospering, well off
श्रेय	M	credit (for doing something)
छाप	F	imprint, impression, mark
चूँकि *	Conj	because
अधिकांश	A	most, a major portion of
गृहस्थी	F	household
बोझ	M	burden
केन्द्रित	A	centered
मानना	Tr	to accept, to agree; here: to consider
चाहे	Conj	even if

आर्थिक *	A	economic
आर्थिक रूप से	Adv	'with economic form', i.e., economically
स्वतंत्र / स्वतन्त्र *	A	free, independent
घटना	Intr	to diminish
लक्ष्मी	F	the goddess of wealth and spouse of Lord Vishnu; prosperity, fortune
गृह-लक्ष्मी	F	'Lakshmi of the house', a deferential term for a housewife
अधिकतर *	Adv	mostly
सम्मान	M	respect; honor
सम्माननीय	A	respectable, worthy of respect
बँधना	Intr	to be bound; here: to be restricted
एकदम	Adv	at once, suddenly; here: completely
दम	M	breath
दम तोड़ना	Tr	'to break the (sequence of) breaths', i.e., to breathe one's last, to pass away
दावा	M	suit, claim
दावा करना	Tr	to make a claim
एक-जैसा	A	identical; similar
अपवाद	M	exception

चाहे...लेकिन / पर फिर भी...	Adv	even if...; but still...
तौर	M/F	mode, method, way, manner
पूरे / पूरी तौर पर	Adv	'in a full manner', i.e., fully
समर्पित	A	dedicated, devoted
जबकि	Conj	whereas, while
(के) द्वारा	Post	by, by means of
भारतीयता	F	Indianness
पाश्चात्य	A	western
पूर्ण	A	complete, entire, full
पूर्ण रूप से	Adv	'in a complete manner', i.e., completely
मर्यादा	F	propriety of conduct, decorum
तुलना *	F	comparison
की तुलना में	Post	in comparison with
अर्थ *	M	meaning
रूढ़ि	F	convention
रूढ़िवादी	A	conventional, conservative
भिन्न *	A	different
नष्ट	A	destroyed
नष्ट करना	Tr	to destroy
स्वतंत्र / स्वतन्त्र तौर पर	Adv	'in a free/independent manner', i.e., freely, independently
के अतिरिक्त *	Post	besides, in addition to
X में चुभना	Intr	to pierce X, to penetrate and cause pain to X

आँख में चुभना	Intr	'to pierce the eye', i.e., to be an eyesore

जयकुमारी (इन्सपेक्टर, दिल्ली पुलिस)

दादा	M	grandfather (paternal)
दबना	Intr	to be pressed down; here: to be repressed
X से दबना	Intr	to be repressed by X, to submit to X
सहशिक्षा	F	co-education
आज़ादी *	F	freedom
आधुनिका	F	modern woman
बीवी	F	wife
ब्याह *	M	marriage
अपेक्षा	F	expectation
X से अपेक्षा करना	Tr	to expect of X
पिसना	Intr	to be ground, to be crushed; to be trampled over
गला	M	throat
X के गले उतरना	Intr	'to go down the throat of X', i.e., to be acceptable to X
परिणाम	M	result
टूटन	F	breaking
त्रासदी	F	tragedy
तिलमिलाना	Intr	to be in a state of suppressed rage

तिलमिलाहट	F	suppressed rage
पहिया	M	wheel
मोड़	M	turn; turning point
हिचकोला	M	jerk, jolt
हिचकोला खाना	Tr	to be jerked/jolted
फ़ितरत	F	nature, disposition
बर्दाश्त *	F	tolerance; endurance
बर्दाश्त करना	Tr	to tolerate; to endure
सर्विस	F	'service', i.e., job
ज़िम्मेदारी *	F	responsibility
सौंपना *	Tr	to hand over, to entrust
कुंठा	F	complex; frustration
बल	M	strength, power, force
बलशाली	A	strong, powerful
लागू	A	in force; applicable
X पर लागू होना	Intr	to be applicable to X
गुण	M	quality, virtue, merit
योग्यता	F	ability
सुधरना	Intr	to be repaired/improved/ reformed
ध्यान	M	attention, heed; here: awareness
X को Y का ध्यान होना	Ind. Intr	for X to be aware of Y
दायरा	M	circle; range, sphere
सन्तुलित	A	balanced
दादी	F	grandmother (paternal)
व्यवहार *	M	behavior

सहयोगी	M/F	associate, colleague
पचाना	Tr	to digest

श्रीमती स्वर्णकान्ता (सोशल वर्कर)

टेढ़ा	A	bent, crooked; difficult
टेढ़ी खीर	F	'difficult <u>kheer</u> (sweet rice pudding)', i.e., a difficult task
स्वभाव *	M	temperament, nature, disposition
समस्त	A	whole, entire, all
बाँधना	Tr	to tie; here: to wrap up
धार्मिक *	A	religious
पालन	M	observance; fostering, maintenance
X का पालन करना	Tr	to observe X; to maintain X
आसक्त	A	attached (to), fond (of), in love (with)
संबंध / सम्बन्ध *	M	relation
ढेर	M	heap, pile
ढेर सारा X	A	a heapful of X, a lot of X
अनावश्यक	A	unnecessary
मान्यता	F	(moral) value
ढोल	M	large drum
X का ढोल पीटना	Tr	'to beat the drum of X', i.e., to proclaim X

स्वच्छन्द	A	unrestrained in behavior
परस्त्री	F	woman other than a man's wife
उन्मुक्त	A	unrestricted, unrestrained
दोहरा	A	double, twofold
ठीक	Adv	exactly
विपरीत	A	opposite, contrary
के विपरीत	Post	in contrast with

ज़ीनत अमान (फ़िल्म ऐक्ट्रेस)

अजी	Interjection	Oh
हरेक	Pro	everyone, everybody
रसिया	A	amorous; frivolous
भौंरा	M	bumblebee
के इर्द-गिर्द	Post	around
मंडराना	Intr	to hover
बेवाक	A	unrestrained, free
ग़ैरमर्द	M	man other than a woman's husband
तथा *	Conj	and
खौलना	Intr	to boil
मानदंड	M	standard
उबरना	Intr	to be liberated, to be free
पढ़ना-लिखना *	Tr	'to read and write', i.e., to study, to get an education
पढ़ा-लिखा	A	educated

X भर से	Post	only by/from (doing something)
दुर्व्यवहार	M	ill-treatment
तंग *	A	troubled, harassed; narrow; scarce
X से तंग आना	Intr	to be tired of X, to be fed up with X
आत्महत्या	F	suicide
पक्का	A	ripe, permanent; here: firm
पिटना	Intr	to be beaten
व्यवसाय	M	profession, occupation
छोटा-मोटा	A	minor, insignificant; ordinary

२१

शतरंज के खिलाड़ी

प्रेमचन्द

वाजिदअली शाह का समय था। लखनऊ विलासिता के रंग में डूबा हुआ था। छोटे-बड़े, ग़रीब-अमीर सभी विलासिता में डूबे हुए थे। कोई नृत्य और गान की मजलिस सजाता था, तो कोई अफ़ीम की पीनक ही में मज़े लेता था। जीवन के प्रत्येक विभाग में आमोद-प्रमोद का प्राधान्य था। शासन-विभाग में, साहित्य-क्षेत्र में, सामाजिक अवस्था में, कला-कौशल में, उद्योग-धंधों में, आहार-व्यवहार में, सर्वत्र विलासिता व्याप्त हो रही थी। राजकर्मचारी विषय-वासना में, कविगण प्रेम और विरह के वर्णन में, कारीगर कलाबत्तू और चिकन बनाने में, व्यवसायी सुरमे, इत्र, मिस्सी और उबटन का रोज़गार करने में लिप्त थे।

सभी की आँखों में विलासिता का मद छाया हुआ था। संसार में क्या हो रहा है, इसकी किसी को ख़बर न थी। बटेर लड़ रहे हैं। तीतरों की लड़ाई के लिए पाली बदी जा रही है। कहीं चौसर बिछी हुई है; पौ-बारह का शोर मचा हुआ है। कहीं शतरंज का घोर संग्राम छिड़ा हुआ है। राजा से लेकर रंक तक इसी धुन में मस्त थे। यहाँ तक कि फ़क़ीरों को पैसे मिलते, तो वे रोटियाँ न लेकर अफ़ीम खाते या मदक पीते। शतरंज, ताश, गंजीफ़ा खेलने से बुद्धि तीव्र होती है, विचार-शक्ति का विकास होता है, पेचीदा मसलों को सुलझाने की आदत पड़ती है। ये दलीलें ज़ोरों के साथ पेश की जाती थीं। (इस सम्प्रदाय के लोगों से दुनिया अब भी ख़ाली नहीं है।) इसलिए अगर मिरज़ा सज्जादअली और मीर रौशनअली अपना अधिकांश समय बुद्धि तीव्र करने में व्यतीत करते थे, तो किसी विचारशील पुरुष को क्या आपत्ति हो सकती थी? दोनों के पास मौरूसी जागीरें थीं; जीविका की कोई चिंता न थी; घर में बैठे चखौतियाँ करते थे। आख़िर और करते ही क्या?

प्रातःकाल दोनों मित्र नाश्ता करके बिसात बिछाकर बैठ जाते, मुहरे सज जाते, और लड़ाई के दाँवपेंच होने लगते। फिर ख़बर न होती कि कब दोपहर हुई, कब तीसरा पहर, कब शाम! घर के भीतर से बार-बार बुलावा आता कि खाना तैयार है। यहाँ से

जवाब मिलता — "चलो, आते हैं, दस्तरख़्वान बिछाओ ।" यहाँ तक कि बावरची विवश होकर कमरे ही में खाना रख जाता था, और दोनों मित्र दोनों काम साथ-साथ करते थे ।

मिरज़ा सज्जादअली के घर में कोई बड़ा-बूढ़ा न था, इसलिए उन्हीं के दीवानख़ाने में बाज़ियाँ होती थीं । मगर यह बात न थी कि मिरज़ा के घर के और लोग उनके इस व्यवहार से ख़ुश हों । घरवालों का तो कहना ही क्या, मुहल्लेवाले, घर के नौकर-चाकर तक नित्य द्वेषपूर्ण टिप्पणियाँ किया करते थे — "बड़ा मनहूस खेल है । घर को तबाह कर देता है । ख़ुदा न करे, किसी को इसकी चाट पड़े, आदमी दीन-दुनिया किसी के काम का नहीं रहता, न घर का, न घाट का । बुरा रोग है ।" यहाँ तक कि मिरज़ा की बेगम साहिबा को इससे इतना द्वेष था कि अवसर खोज-खोजकर पति को लताड़ती थीं । पर उन्हें इसका अवसर मुश्किल से मिलता था । वह सोती ही रहती थीं, तब तक उधर बाज़ी बिछ जाती थी । और रात को जब सो जाती थीं, तब कहीं मिरज़ाजी घर में आते थे । हाँ, नौकरों पर वह अपना ग़ुस्सा उतारती थीं — "क्या पान माँगे हैं ? कह दो, आकर ले जाएँ । खाने की फ़ुरसत नहीं है ? ले जाकर खाना सिर पर पटक दो, खाएँ चाहे कुत्ते को खिलाएँ ।" पर दूबदू वह भी कुछ न कह सकती थीं । उनको अपने पति से उतना मलाल न था, जितना मीर साहब से । उन्होंने उनका नाम मीर बिगाड़ू रख छोड़ा था । शायद मिरज़ाजी अपनी सफ़ाई देने के लिए सारा इलज़ाम मीर साहब ही के सिर थोप देते थे ।

एक दिन बेगम साहबा के सिर में दर्द होने लगा । उन्होंने लौंडी से कहा — "जाकर मिरज़ा साहब को बुला ला । किसी हकीम के यहाँ से दवा लाएँ । दौड़, जल्दी कर ।" लौंडी गयी, तो मिरज़ाजी ने कहा — "चल, अभी आते हैं ।"

बेगम साहबा का मिज़ाज गरम था । इतनी ताब कहाँ कि उनके सिर में दर्द हो और पति शतरंज खेलता रहे । चेहरा सुर्ख़ हो गया । लौंडी से कहा — "जाकर कह, अभी चलिए, नहीं तो वह आप ही हकीम के यहाँ चली जाएँगी ।"

मिरज़ाजी बड़ी दिलचस्प बाज़ी खेल रहे थे, दो ही किश्तों में मीर साहब की मात हुई जाती थी । झुँझलाकर बोले — "क्या ऐसा दम लबों पर है ? ज़रा सब्र नहीं होता ?"

मीर — "अरे, तो जाकर सुन ही आइए न । औरतें नाज़ुक मिज़ाज होती हैं ।"

मिरज़ा — "जी हाँ, चला क्यों न जाऊँ ? दो किश्तों में आपको मात होती है ।"

मीर — "जनाब, इस भरोसे न रहिएगा । वह चाल सोची है कि आपके मुहरे धरे रहें और मात हो जाए । पर जाइए, सुन आइए । क्यों ख़ामख़्वाह उनका दिल दुखाइएगा ?"

मिरज़ा — "इसी बात पर मात ही करके जाऊँगा ।"

मीर — "मैं खेलूँगा ही नहीं । आप जाकर सुन आइए ।"

मिरज़ा — "अरे यार, जाना पड़ेगा हकीम के यहाँ । सिर-दर्द ख़ाक नहीं है; मुझे परेशान करने का बहाना है ।"

मीर — "कुछ भी हो, उनकी ख़ातिर तो करनी ही पड़ेगी ।"

मिरज़ा — "अच्छा, एक चाल और चल लूँ ।"

मीर — "हरगिज़ नहीं, जब तक आप सुन नहीं आएँगे, मैं मुहरे में हाथ ही न लगाऊँगा ।"

मिरज़ा साहब मजबूर होकर अन्दर गये, तो बेगम साहबा ने त्योरियाँ बदल कर, लेकिन कराहते हुए कहा — "तुम्हें निगोड़ी शतरंज इतनी प्यारी है । चाहे कोई मर ही जाए, पर उठने का नाम नहीं लेते ! नौज, कोई तुम-जैसा आदमी हो !"

मिरज़ा — "क्या कहूँ, मीर साहब मानते ही न थे । बड़ी मुश्किल से पीछा छुड़ाकर आया हूँ ।"

बेगम — "क्या जैसे वे ख़ुद निखट्टू हैं, वैसे ही सबको समझते हैं ? उनके भी तो बाल-बच्चे हैं या सबका सफ़ाया कर डाला ?"

मिरज़ा — "बड़ा लती आदमी है । जब आ जाता है, तब मजबूर होकर मुझे भी खेलना पड़ता है ।"

बेगम — "दुतकार क्यों नहीं देते ?"

मिरज़ा — "बराबर के आदमी हैं, उम्र में, दर्जे में मुझसे दो अंगुल ऊँचे । मुलाहिज़ा करना ही पड़ता है ।"

बेगम — "तो मैं ही दुतकारे देती हूँ । नाराज़ हो जाएँगे, हो जाएँ । कौन किसी की रोटियाँ चला देता है ? रानी रूठेंगी, अपना सुहाग लेंगी । हिरिया, जा बाहर से शतरंज उठा ला । मीर साहब से कहना, मियाँ अब न खेलेंगे, आप तशरीफ़ ले जाइए ।"

मिरज़ा — "हाँ-हाँ, कहीं ऐसा ग़ज़ब न करना ! ज़लील करना चाहती हो क्या ? ठहर हिरिया, कहाँ जाती है ?"

बेगम — "जाने क्यों नहीं देते ? मेरा ही ख़ून पिए, जो उसे रोके । अच्छा, उसे रोका, मुझे रोको, तो जानूँ ?"

यह कहकर बेगम साहबा झल्लाई हुई दीवानख़ाने की तरफ़ चलीं । मिरज़ा बेचारे का रंग उड़ गया । बीबी की मिन्नतें करने लगे — "ख़ुदा के लिए, तुम्हें हज़रत हुसेन की क़सम है । मेरी ही मैयत देखे, जो उधर जाए ।" लेकिन बेगम ने एक न मानी । दीवानख़ाने के द्वार तक गयीं, पर एकाएक पर-पुरुष के सामने जाते हुए पाँव बँध-से गए । भीतर झाँका, संयोग से कमरा ख़ाली था । मीर साहब ने दो-एक मुहरे इधर-उधर कर दिये थे और अपनी सफ़ाई जताने के लिए बाहर टहल रहे थे । फिर क्या था, बेगम ने अन्दर पहुँचकर बाज़ी उलट दी, मुहरे कुछ तख़्त के नीचे फेंक दिये, कुछ बाहर; और किवाड़ अन्दर से बन्द करके कुंडी लगा दी । मीर साहब दरवाज़े पर तो थे ही, मुहरे बाहर फेंके जाते देखे, चूड़ियों की झनक भी कान में पड़ी । फिर दरवाज़ा बन्द हुआ, तो समझ गए, बेगम साहबा बिगड़ गई। चुपके से घर की राह ली ।

मिरज़ा ने कहा — "तुमने ग़ज़ब किया ।"

बेगम — "अब मीर साहब इधर आये, तो खड़े-खड़े निकलवा दूँगी । इतनी लौ ख़ुदा से लगाते, तो वली हो जाते ! आप तो शतरंज खेलें और मैं यहाँ चूल्हे-चक्की की फ़िक्र में सिर खपाऊँ । जाते हो हकीम साहब के यहाँ कि अब भी ताम्मुल है ?"

मिरज़ा घर से निकले, तो हकीम के घर जाने के बदले मीर साहब के घर पहुँचे और सारा वृत्तान्त कहा । मीर साहब बोले — "मैंने तो जब मुहरे बाहर आते देखे, तभी ताड़ गया । फ़ौरन भागा । बड़ी गुस्सेवर मालूम होती हैं । मगर आपने उन्हें यों सिर चढ़ा रखा है, यह मुनासिब नहीं । उन्हें इससे क्या मतलब कि आप बाहर क्या करते हैं । घर का इन्तज़ाम करना उनका काम है; दूसरी बातों से उन्हें क्या सरोकार ?"

मिरज़ा — "ख़ैर, यह तो बताइए, अब कहाँ जमाव होगा ?"

मीर — "इसका क्या ग़म है ! इतना बड़ा घर पड़ा हुआ है । बस, यहीं जमें ।"

मिरज़ा — "लेकिन बेगम साहबा को कैसे मनाऊँगा ? जब घर पर बैठा रहता था, तब तो वे इतना बिगड़ती थीं; यहाँ बैठक होगी, तो शायद ज़िन्दा ही न छोड़ेंगी ।"

मीर — "अजी, बकने भी दीजिए, दो-चार रोज़ में आप ही ठीक हो जाएँगी। हाँ, आप इतना कीजिए कि आज से ज़रा तन जाइये।"

(२)

मीर साहब की बेगम किसी अज्ञात कारण से मीर साहब का घर से दूर रहना ही उपयुक्त समझती थीं। इसलिए वह उनके शतरंज-प्रेम की कभी आलोचना न करती थीं, बल्कि कभी-कभी मीर साहब को देर हो जाती, तो याद दिला देती थीं। इन कारणों से मीर साहब को भ्रम हो गया था कि मेरी स्त्री अत्यन्त विनयशील और गम्भीर है। लेकिन जब दीवानख़ाने में बिसात बिछने लगी और मीर साहब दिन-भर घर में रहने लगे, तो बेगम साहबा को बड़ा कष्ट होने लगा। उनकी स्वाधीनता में बाधा पड़ गई। दिन-भर दरवाज़े पर झाँकने को तरस जातीं।

उधर नौकरों में भी कानाफूसी होने लगी। अब तक दिन-भर पड़े-पड़े मक्खियाँ मारा करते थे। घर में कोई आए, कोई जाए, उनसे कुछ मतलब न था। अब आठों पहर की धौंस हो गई। कभी पान लाने का हुक्म होता, कभी मिठाई का। और हुक्का तो किसी प्रेमी के हृदय की भाँति नित्य जलता ही रहता था। वे बेगम साहबा से जा-जाकर कहते — "हुज़ूर, मियाँ की शतरंज तो हमारे जी का जंजाल हो गई। दिन-भर दौड़ते-दौड़ते पैरों में छाले पड़ गए। यह भी कोई खेल है कि सुबह को बैठे तो शाम कर दी। घड़ी आध घड़ी दिल-बहलाव के लिए खेल लेना बहुत है। ख़ैर, हमें तो कोई शिकायत नहीं; हुज़ूर के गुलाम हैं। जो हुक्म होगा, बजा ही लाएँगे; मगर यह खेल मनहूस है। इसका खेलनेवाला कभी पनपता नहीं; घर पर कोई न कोई आफ़त ज़रूर आती है। यहाँ तक कि एक के पीछे मुहल्ले-के-मुहल्ले तबाह होते देखे गए हैं। सारे मुहल्ले में यही चरचा होती रहती है। हुज़ूर का नमक खाते हैं, अपने आक़ा की बुराई सुन-सुनकर रंज होता है। मगर क्या करें ?" इस पर बेगम साहबा कहतीं — "मैं तो ख़ुद इसको पसन्द नहीं करती। पर वह किसी की सुनते ही नहीं, क्या किया जाए।"

मुहल्ले में भी जो दो-चार पुराने ज़माने के लोग थे, आपस में भाँति-भाँति के अमंगल की कल्पनाएँ करने लगे — "अब ख़ैरियत नहीं है। जब हमारे रईसों का यह हाल है, तो मुल्क का ख़ुदा ही हाफ़िज़ है। यह बादशाहत शतरंज के हाथों तबाह होगी। आसार बुरे हैं।"

राज्य में हाहाकार मचा हुआ था। प्रजा दिन-दहाड़े लूटी जाती थी। कोई फ़रियाद सुननेवाला न था। देहातों की सारी दौलत लखनऊ में खिंची आती थी और वह वेश्याओं में, भाँड़ों में और विलासिता के अन्य अंगों की पूर्ति में उड़ जाती थी। अँग्रेज़ कम्पनी का ऋण दिन-दिन बढ़ता जाता था। कमली दिन-दिन भीगकर भारी होती जाती थी। देश में सुव्यवस्था न होने के कारण वार्षिक कर भी न वसूल होता था। रेज़ीडेंट बार-बार चेतावनी देता था, पर यहाँ तो लोग विलासिता के नशे में चूर थे; किसी के कानों पर जूँ न रेंगती थी।

ख़ैर, मीर साहब के दीवानख़ाने में शतरंज होते कई महीने गुज़र गये। नए-नए नक्शे हल किए जाते; नए-नए क़िले बनाए जाते; नित्य नई व्यूह-रचना होती; कभी-कभी खेलते-खेलते झौड़ हो जाती; तू-तू मैं-मैं तक की नौबत आ जाती; पर शीघ्र ही दोनों मित्रों में मेल हो जाता। कभी-कभी ऐसा भी होता कि बाज़ी उठा दी जाती; मिरज़ाजी रूठकर अपने घर चले जाते। मीर साहब अपने घर में जा बैठते। पर रात-भर की निद्रा के साथ सारा मनोमालिन्य शान्त हो जाता था। प्रातःकाल दोनों मित्र दीवानख़ाने में आ पहुँचते थे।

एक दिन दोनों मित्र बैठे हुए शतरंज की दलदल में ग़ोते खा रहे थे कि इतने में घोड़े पर सवार एक बादशाही फ़ौज का अफ़सर मीर साहब का नाम पूछता हुआ आ पहुँचा। मीर साहब के होश उड़ गए। यह क्या बला सिर पर आयी। यह तलबी किस लिए। नौकरों से बोले — "कह दो, घर में नहीं हैं।"

सवार — "घर में नहीं, तो कहाँ हैं ?"

नौकर — "यह मैं नहीं जानता। क्या काम है ?"

सवार — "काम तुझे क्या बताऊँगा ? हुज़ूर में तलबी है। शायद फ़ौज के लिए कुछ सिपाही माँगे गए हैं। जागीरदार हैं कि दिल्लगी ! मोरचे पर जाना पड़ेगा, तो आटे-दाल का भाव मालूम हो जाएगा !"

नौकर — "अच्छा, तो जाइए, कह दिया जाएगा।"

सवार — "कहने की बात नहीं है। मैं कल ख़ुद आऊँगा, साथ ले जाने का हुक्म हुआ है।"

सवार चला गया। मीर साहब की आत्मा काँप उठी। मिरज़ाजी से बोले — "कहिये जनाब, अब क्या होगा ?"

मिरज़ा — "बड़ी मुसीबत है। कहीं मेरी तलबी भी न हो।"

मीर — "कमबख़्त कल फिर आने को कह गया है।"

मिरज़ा — "आफ़त है, और क्या। कहीं मोरचे पर जाना पड़ा, तो बेमौत मरे।"

मीर — "बस, यही एक तदबीर है कि घर पर मिलो ही नहीं। कल से गोमती पार कहीं वीराने में नक्शा जमे। वहाँ किसे ख़बर होगी ? हज़रत आकर आप लौट जाएँगे।"

मिरज़ा — "वल्लाह, आपको ख़ूब सूझी ! इसके सिवाय और कोई तदबीर ही नहीं है।"

इधर मीर साहब की बेगम उस सवार से कह रही थी — "तुमने ख़ूब धता बताया।"

उसने जवाब दिया — "ऐसे गावदियों को तो चुटकियों पर नचाता हूँ। इनकी सारी अक़्ल और हिम्मत तो शतरंज ने चर ली। अब भूलकर भी घर न रहेंगे।"

(३)

दूसरे दिन से दोनों मित्र मुँह अँधेरे घर से निकल खड़े होते। बग़ल में एक छोटी-सी दरी दबाए, डिब्बे में गिलौरियाँ भरे, गोमती पार की एक पुरानी मसजिद में चले जाते, जिसे शायद नवाब आसफ़उद्दौला ने बनवाया था। रास्ते में तम्बाकू, चिलम और मदरिया ले लेते और मसजिद में पहुँच, दरी बिछा, हुक्का भरकर शतरंज खेलने बैठ जाते थे। फिर उन्हें दीन-दुनिया की फ़िक्र न रहती थी। किश्त, शह आदि दो-एक शब्दों के सिवा उनके मुँह से और कोई वाक्य नहीं निकलता था। कोई योगी भी समाधि में इतना एकाग्र न होता होगा। दोपहर को जब भूख मालूम होती, तो दोनों मित्र किसी नानबाई की दुकान पर जाकर खाना खा आते और एक चिलम हुक्का पीकर फिर संग्राम-क्षेत्र में डट जाते। कभी-कभी तो उन्हें भोजन का भी ख़्याल न रहता था।

इधर देश की राजनीतिक दशा भयंकर होती जा रही थी। कम्पनी की फ़ौजें लखनऊ की तरफ़ बढ़ी चली आती थीं। शहर में हलचल मची हुई थी। लोग बाल-बच्चों को लेकर देहातों में भाग रहे थे। पर हमारे दोनों खिलाड़ियों को इसकी ज़रा भी फ़िक्र न थी। वे घर से आते तो गलियों में होकर। डर था कि कहीं किसी बादशाही मुलाज़िम की

निगाह न पड़ जाए, जो बेगार में पकड़े जाएँ। हज़ारों रुपये सालाना की जागीर मुफ़्त ही हज़म करना चाहते थे।

एक दिन दोनों मित्र मसजिद के खंडहर में बैठे हुए शतरंज खेल रहे थे। मीर साहब की बाज़ी कुछ कमज़ोर थी। मिरज़ा उन्हें किश्त-पर-किश्त दे रहे थे। इतने में कम्पनी के सैनिक आते हुए दिखाई दिये। वह गोरों की फ़ौज थी, जो लखनऊ पर अधिकार जमाने के लिए आ रही थी।

मीर साहब बोले — "अँग्रेज़ी फ़ौज आ रही है; ख़ुदा ख़ैर करे।"

मिरज़ा — "आने दीजिए, किश्त बचाइये। यह किश्त !"

मीर — "ज़रा देखना चाहिए, यहीं आड़ में खड़े हो जाएँ।"

मिरज़ा — "देख लीजिएगा, जल्दी क्या है, फिर किश्त !"

मीर — "तोपख़ाना भी है ! कोई पाँच हज़ार आदमी होंगे। कैसे-कैसे जवान हैं। लाल-बन्दरों के-से मुँह ! सूरत देखकर ख़ौफ़ मालूम होता है।"

मिरज़ा — "जनाब, हीले न कीजिए। ये चकमे किसी और को दीजियेगा। यह किश्त !"

मीर — "आप भी अजीब आदमी हैं। यहाँ तो शहर पर आफ़त आयी हुई है और आपको किश्त की सूझी है ! कुछ इसकी भी ख़बर है कि शहर घिर गया, तो घर कैसे चलेंगे ?"

मिरज़ा — "जब घर चलने का वक़्त आएगा, तो देखी जाएगी — यह किश्त ! बस, अब की शह में मात है।"

फ़ौज निकल गयी। दस बजे का समय था। फिर बाज़ी बिछ गई।

मिरज़ा बोले — "आज खाने की कैसे ठहरेगी ?"

मीर — "अजी, आज तो रोज़ा है। क्या आपको ज़्यादा भूख मालूम होती है ?"

मिरज़ा — "जी नहीं। शहर में न जाने क्या हो रहा है।"

मीर — "शहर में कुछ न हो रहा होगा। लोग खाना खा-खाकर आराम से सो रहे होंगे। हुज़ूर नवाब साहब भी ऐशगाह में होंगे।"

दोनों सज्जन फिर जो खेलने बैठे, तो तीन बज गए। अब की मिरज़ाजी की बाज़ी कमज़ोर थी। चार का गजर बज ही रहा था कि फ़ौज की वापसी की आहट मिली। नवाब

वाजिदअली शाह पकड़ लिए गए थे और सेना उन्हें किसी अज्ञात स्थान को लिये जा रही थी। शहर में न कोई हलचल थी, न मार-काट। एक बूँद भी ख़ून नहीं गिरा था। आज तक किसी स्वाधीन देश के राजा की पराजय इतनी शान्ति से, इस तरह ख़ून बहे बिना न हुई होगी। यह वह अहिंसा न थी, जिस पर देवगण प्रसन्न होते हैं। यह वह कायरपन था, जिस पर बड़े-बड़े कायर भी आँसू बहाते हैं। अवध के विशाल देश का नवाब बन्दी बना चला जाता था और लखनऊ ऐश की नींद में मस्त था। यह राजनीतिक अधःपतन की चरम सीमा थी।

मिरज़ा ने कहा — "हुज़ूर नवाब साहब को ज़ालिमों ने क़ैद कर लिया है।"

मीर — "होगा, यह लीजिए शह !"

मिरज़ा — "जनाब, ज़रा ठहरिये। इस वक़्त इधर तबीयत नहीं लगती। बेचारे नवाब साहब इस वक़्त ख़ून के आँसू रो रहे होंगे।"

मीर — "रोया ही चाहें। यह ऐश वहाँ कहाँ नसीब होगा ? यह किश्त।"

मिरज़ा — "किसी के दिन बराबर नहीं जाते। कितनी दर्दनाक हालत है।"

मीर — "हाँ, सो तो है ही — यह लो, फिर किश्त ! बस, अब की किश्त में मात है, बच नहीं सकते।"

मिरज़ा — "ख़ुदा की क़सम, आप बड़े बेदर्द हैं। इतना बड़ा हादसा देखकर भी आपको दुःख नहीं होता। हाय, ग़रीब वाजिदअली शाह !"

मीर — "पहले अपने बादशाह को तो बचाइए, फिर नवाब साहब का मातम कीजिएगा। यह किश्त और यह मात ! लाना हाथ !"

बादशाह को लिये हुए सेना सामने से निकल गयी। उनके जाते ही मिरज़ा ने फिर से बाज़ी बिछा दी। हार की चोट बुरी होती है। मीर ने कहा — "आइये, नवाब साहब के मातम में एक मरसिया कह डालें।" लेकिन मिरज़ा की राजभक्ति अपनी हार के साथ लुप्त हो चुकी थी। वह हार का बदला चुकाने के लिए अधीर हो रहे थे।

(४)

शाम हो गई। खंडहर में चमगादड़ों ने चीख़ना शुरू किया। अबाबीलें आ-आकर अपने-अपने घोसलों में चिमटीं। पर दोनों खिलाड़ी डटे हुए थे, मानो दो ख़ून के प्यासे

सूरमा आपस में लड़ रहे हों। मिरज़ाजी तीन बाज़ियाँ लगातार हार चुके थे; इस चौथी बाज़ी का रंग भी अच्छा न था। वह बार-बार जीतने का दृढ़ निश्चय करके संभलकर खेलते थे, लेकिन एक-न-एक चाल ऐसी बेढब आ पड़ती थी, जिससे बाज़ी ख़राब हो जाती थी। हर बार हार के साथ-साथ प्रतिकार की भावना और भी उग्र होती जाती थी। उधर मीर साहब मारे उमंग के ग़ज़लें गाते थे, चुटकियाँ लेते थे, मानो कोई गुप्त धन पा गए हों। मिरज़ाजी सुन-सुनकर झुँझलाते और हार की झेंप मिटाने के लिए उनकी दाद देते थे। पर ज्यों-ज्यों बाज़ी कमज़ोर पड़ती थी, धैर्य हाथ से निकलता जाता था। यहाँ तक कि वह बात-बात पर झुँझलाने लगे — "जनाब, आप चाल बदला न कीजिये। यह क्या कि एक चाल चले, और फिर उसे बदल दिया। जो कुछ चलना हो, एक बार चल दीजिये; यह आप मुहरे पर हाथ क्यों रखते हैं ? मुहरे को छोड़ दीजिये। जब तक आपको चाल न सूझे, मुहरा छुइये ही नहीं। आप एक-एक चाल आध-आध घंटे में चलते हैं। इसकी सनद नहीं। जिसे एक चाल चलने में पाँच मिनट से ज़्यादा लगे, उसकी मात समझी जाए। फिर आपने चाल बदली ! चुपके से मुहरा वहीं रख दीजिये।"

मीर साहब का फ़रज़ी पिटता था। बोले — "मैंने चाल चली ही कब थी ?"

मिरज़ा — "आप चाल चल चुके हैं। मुहरा वहीं रख दीजिए — उसी घर में !"

मीर — "उस घर में क्यों रखूँ ? मैंने हाथ से मुहरा छोड़ा ही कब था ?"

मिरज़ा — "मुहरा आप क़यामत तक न छोड़ें, तो क्या चाल ही न होगी ? फ़रज़ी पिटते देखा, तो धाँधली करने लगे।"

मीर — "धाँधली आप करते हैं। हार-जीत तक़दीर से होती है; धाँधली करने से कोई नहीं जीतता।"

मिरज़ा — "तो इस बाज़ी में तो आपकी मात हो गई।"

मीर — "मुझे क्यों मात होने लगी ?"

मिरज़ा — "तो आप मुहरा उसी घर में रख दीजिए, जहाँ पहले रखा था।"

मीर — "वहाँ क्यों रखूँ ? नहीं रखता।"

मिरज़ा — "क्यों न रखिएगा ? आपको रखना होगा।"

तक़रार बढ़ने लगी। दोनों अपनी-अपनी टेक पर अड़े थे। न यह दबता था, न वह। अप्रासंगिक बातें होने लगीं। मिरज़ा बोले — "किसी ने ख़ानदान में शतरंज खेली होती,

तब तो इसके क़ायदे जानते । वे तो हमेशा घास छीला किये, आप शतरंज क्या खेलियेगा । रियासत और ही चीज़ है । जागीर मिल जाने से ही कोई रईस नहीं हो जाता ।"

मीर — "क्या ! घास आपके अब्बाजान छीलते होंगे । यहाँ तो पीढ़ियों से शतरंज खेलते चले आ रहे हैं ।"

मिरज़ा — "अजी, जाइए भी, ग़ाज़ीउद्दीन हैदर के यहाँ बावरची का काम करते-करते उम्र गुज़र गई, आज रईस बनने चले हैं । रईस बनना कुछ दिल्लगी नहीं है ।"

मीर — "क्यों अपने बुज़ुर्गों के मुँह में कालिख लगाते हो — वे ही बावरची का काम करते होंगे । यहाँ तो हमेशा बादशाह के दस्तरख़्वान पर खाना खाते चले आये हैं ।"

मिरज़ा — "अरे चल चरकटे, बहुत बढ़-बढ़कर बातें न कर ।"

मीर — "ज़बान संभालिये, वरना बुरा होगा । मैं ऐसी बातें सुनने का आदी नहीं हूँ । यहाँ तो किसी ने आँखें दिखायीं कि उसकी आँखें निकालीं । है हौसला ?"

मिरज़ा — "आप मेरा हौसला देखना चाहते हैं, तो फिर आइये । आज दो-दो हाथ हो जाएँ, इधर या उधर ।"

मीर — "तो यहाँ तुमसे दबनेवाला है कौन ?"

दोनों दोस्तों ने कमर से तलवारें निकाल लीं । नवाबी ज़माना था; सभी तलवार, पेशक़ब्ज़, कटार वग़ैरह बाँधते थे । दोनों विलासी थे, पर कायर न थे । उनमें राजनीतिक भावों का अधःपतन हो गया था — बादशाह के लिए, बादशाहत के लिए क्यों मरें; पर व्यक्तिगत वीरता का अभाव न था । दोनों ने पैंतरे बदले, तलवारें चमकीं, छपाछप की आवाज़ें आयीं । दोनों ज़ख़्म खाकर गिरे, और दोनों ने वहीं तड़प-तड़पकर जानें दे दीं । अपने बादशाह के लिए जिनकी आँखों से एक बूँद आँसू न निकला, उन्हीं दोनों प्राणियों ने शतरंज के वज़ीर की रक्षा में प्राण दे दिये ।

अँधेरा हो चला था । बाज़ी बिछी हुई थी । दोनों बादशाह अपने-अपने सिंहासनों पर बैठे हुए मानो इन दोनों वीरों की मृत्यु पर रो रहे थे ।

चारों तरफ़ सन्नाटा छाया हुआ था । खंडहर की टूटी हुई मेहराबें, गिरी हुई दीवारें और धूलि-धूसरित मीनारें इन लाशों को देखती और सिर धुनती थीं ।

शतरंज के खिलाड़ी

शतरंज *	F	chess
खिलाड़ी *	M	player
वाजिद अली शाह	P.N. (M)	Wajid Ali Shah (the last nawab of Oudh)
लखनऊ	P.N. (M)	Lucknow
विलासिता	F	pleasure; luxury
रंग	M	color; beauty; grandeur; influence
डूबना	Intr	to be drowned; here: to be immersed
नृत्य	M	dancing, dance
गान	M	singing, song
मजलिस	F	gathering; party
सजाना	Tr	to decorate, to adorn; to arrange
अफ़ीम	F	opium
पीनक	F	lethargy and drowsiness due to opium intoxication
मज़ा	M	pleasure
X में मज़ा / मज़े लेना *	Tr	to take pleasure in X, to enjoy X
प्रत्येक	A	each, every
विभाग	M	part, portion, section
आमोद-प्रमोद	M	merriment, revelry
प्राधान्य	M	predominance

शासन	M	rule; administration
क्षेत्र	M	field
सामाजिक *	A	social
अवस्था	F	situation, condition
कौशल	M	skill
कला-कौशल	M	'skill in art', i.e., the arts
उद्योग	M	industry
धंधा / धन्धा	M	occupation; trade
उद्योग-धन्धा	M	industry and trade
आहार	M	food
आहार-व्यवहार	M	'food and behavior', i.e., manners and mores, social manners
सर्वत्र	Adv	everywhere
व्याप्त	A	spread, extend
कर्मचारी	M	employee; official
राजकर्मचारी	M	state official
विषय	M	subject, topic; here: sensual pleasure
वासना	F	passion, lust
विषय-वासना	F	sensual pleasure and lust
-गण	Suffix	plural marker indicating a collectivity
कविगण	M pl	poets
विरह	M	separation (of lovers)
वर्णन *	M	description
कारीगर	M	artisan, craftsman

279

कलाबत्तू	M	silk and silver or gold thread twisted together
चिकन	M	fine embroidered muslin
व्यवसायी	M	businessman
सुरमा	M	collyrium powder
इत्र	M	perfume
मिस्सी	F	black cosmetic powder rubbed on the gums and lips
उबटन	M	paste rubbed over the body to clean and soften the skin
रोज़गार *	M	business, trade, occupation
लिप्त	A	absorbed, engaged
मद	M	intoxication
छाना	Intr	to spread over, to cover; to fill
बटेर	M	quail
तीतर	M	partridge
पाली	F	contest
बदना	Tr	to bet, to wager
चौसर	F	dice game
बिछना *	Intr	to be spread out
पौ-बारह	Interjection	'Ace and twelve!', i.e., Good Luck!
शोर *	M	noise
मचना	Intr	to be caused, to be produced (said of noise or disturbance)
घोर	A	terrible, dreadful

संग्राम	M	battle, fight; contest
छिड़ना	Intr	to begin
रंक	M	penniless man, pauper
धुन	F	craze, obsession, ardent desire
मस्त	A	intoxicated; carefree, elated
फ़क़ीर	M	Muslim religious beggar
मदक	F	opium preparation meant to be smoked
ताश	M	playing cards (Western style)
गंजीफ़ा	M	Indian card game
बुद्धि *	F	intellect
तीव्र	A	keen
विचार-शक्ति	F	power of thought, intellectual power
विकास	M	development, growth
पेचीदा	A	intricate
मसला	M	problem
सुलझाना *	Tr	to disentangle; to solve (a problem)
दलील	F	plea; argument
ज़ोरों के साथ / ज़ोरों से *	Adv	forcefully, emphatically
पेश करना	Tr	to present, to put forth
सम्प्रदाय	M	sect
मिरज़ा सज्जादअली	P.N.(M)	Mirza Sajjad Ali
मीर रौशनअली	P.N.(M)	Mir Roshan Ali
अधिकांश	A	most, a major portion of

व्यतीत करना	Tr	to pass, to spend (time)
विचारशील	A	rational, thoughtful
आपत्ति	F	objection
मौरूसी	A	hereditary
जागीर	F	jagir (rent-free property, estate, fief)
जीविका	F	livelihood
चखौती	F	delicious spicy food
चखौती करना	Tr	to eat good food
प्रातःकाल	M	early morning
नाश्ता *	M	light refreshment, snack; breakfast
बिसात	F	chess-cloth
मुहरा	M	chess piece
दाँव-पेंच	M	stratagem, trick
पहर	M	'watch' of the day (a three hour period)
बुलावा	M	call; invitation
दस्तरख़्वान	M	cloth on which a meal is laid out
बावरची	M	cook
विवश	A	helpless; compelled
दीवानख़ाना	M	living room
बाज़ी	F	game (of something)
चाकर	M	servant
नौकर-चाकर	M pl	servants
नित्य	Adv	constantly, always

द्वेष	M	malice, spite
पूर्ण	A	suffix meaning 'full of'
द्वेषपूर्ण	A	full of malice
टिप्पणी	F	comment; criticism
मनहूस	A	ill-omened
तबाह	A	ruined, destroyed
चाट	F	here: habit
X को Y की चाट पड़ना	Ind. Intr	for X to acquire the habit of Y
दीन	M	religion
X के काम का *	A	of use to X
घाट	M	<u>ghat</u> (steps going down into a river); bathing place on the bank of a river, wharf; here: the washerman's washing place
(धोबी का कुत्ता) न घर का न घाट का	Proverb	'neither of the house nor of the workplace', a proverb which says 'the washerman's dog is of no use either at home or at the washing place', i.e., completely useless
रोग *	M	illness
बेगम / बेगम साहबा	F	term used to refer to and/or address a married Muslim lady of high status
लताड़ना	Tr	to scold, to abuse, to insult

X पर ग़ुस्सा उतारना	Tr	to take out one's anger at X
पान *	M	betel-leaf
पटकना	Tr	to dump, to throw down
दूबदू	Adv	face to face
मलाल	M	complaint, ill-feeling
बिगाड़ू	M	someone who spoils things or people
सफ़ाई	F	cleanliness; clearing; defense
इलज़ाम	M	blame
थोपना	Tr	to impose, to thrust upon
लौंडी	F	servant girl
हकीम	M	doctor (of the Yunani system of medicine)
मिज़ाज	M	temperament, temper
ताब	F	patience, endurance
सुर्ख़	A	red
किश्त	F	check (in chess)
मात	F	checkmate (in chess)
X की / को मात होना	Intr	for X to be checkmated
झुँझलाना	Intr	to get irritated
दम	M	breath; life
लब	M	brim, rim, edge; lip
दम लबों पर आना	Intr	'for the breath to come on the lips', i.e., to be about to die
सब्र *	M	patience
नाज़ुक *	A	delicate

नाज़ुक मिज़ाज	A	of a delicate temperament; touchy
जनाब *	M/Term of address	respectful term of address for men; Sir
X के भरोसे रहना	Intr	to rely on X, to count on X
चाल	F	move
धरना	Tr	to place
धरे रहना	Intr	to remain in place
ख़ामख़्वाह	Adv	needlessly
दुखाना	Tr	to cause pain, to torment
ख़ाक	F	dust; something trivial
ख़ाक नहीं	Adv	not at all
ख़ातिर	F	hospitality
X की ख़ातिर करना	Tr	'to be hospitable to X', i.e., to receive or treat X well
त्योरी / त्यौरी	F	wrinkle made on the forehead by contracting the brows
त्योरियाँ बदलना	Tr	'to change the wrinkles of the forehead', i.e., to furrow one's brow in anger
कराहना	Intr	to groan, to moan
निगोड़ा	A	wretched
X का नाम नहीं लेना	Tr	'not to take the name of X', i.e., not to have anything to do with X

नौज !	Interjection	May it never be!, God forbid! (exclamation used only by women)
पीछा	M	back, rear
X से पीछा छुड़ाना	T r	to get rid of X
निखट्टू	A	lazy, idle
बाल-बच्चे *	M pl	children, i.e., family
सफ़ाया	M	clean sweep; destruction
X का सफ़ाया करना	T r	to sweep X away, to do away with X
लती	A	addicted
दुतकारना	T r	to chase away with a word of reprimand
अंगुल	M	a finger's breadth
मुलाहिज़ा	M	regard, consideration
मुलाहिज़ा करना	T r	to behave in a considerate/ respectful manner
X की रोटियाँ चलाना	T r	to manage the livelihood of X
रूठना	Intr	to sulk; to be angry
सुहाग	M	good fortune (of a woman whose husband is alive)
हिरिया	P.N. (F)	Hiriya
मियाँ	M/Term of address	respectful term of address for a Muslim man
तशरीफ़ ले जाना	Tr (non-ने)	'to take away one's honored presence', i.e., to go away (polite expression)

ग़ज़ब	M	outrage
ज़लील	A	humiliated
ज़लील करना	Tr	to humiliate, to insult
झल्लाना	Intr	to be irritated, to be enraged
X का रंग उड़ना	Intr	for X to become pale with fright
मिन्नत	F	plea, request, entreaty
X की मिन्नतें करना	Tr	to entreat X
हज़रत	M/Term of address	title of respect used for eminent Muslim men
हज़रत हुसेन	P.N. (M)	Hazrat Hussain, grandson of the prophet Muhammad, venerated by Shia Muslims
क़सम	F	oath
X को Y की क़सम होना	Intr	for X to be bound by the oath of Y, for X to swear by Y
मैयत	F	corpse, dead body
X की एक (भी बात) न मानना	Tr	'not to agree to even one word of X', i.e., not to listen to anything X says
द्वार	M	door
पर-पुरुष	M	man other than a woman's own husband
झाँकना *	Tr	to peer, to peep
संयोग	M	chance, coincidence
सफ़ाई	F	cleanliness; here: innocence

जताना	Tr	to make known, to demonstrate
टहलना *	Intr	to walk about, to stroll
तख़्त	M	small wooden platform used to sit on
कुंडी	F	door-lock
झनक	F	tinkle
राह	F	road; path
निकलवाना	Tr	to cause to take out/put out, to have taken/put out
लौ	F	flame; concentration; devotion
X से लौ लगाना	Tr	to devote oneself to X
वली	M	saint (Muslim)
चूल्हा	M	kitchen stove
चक्की	F	grinding stone
फ़िक्र *	F	worry
खपाना	Tr	to spend; to waste
सिर खपाना	Tr	'to waste one's head', i.e., to waste one's energies
ताम्मुल	M	hesitation
के बदले *	Post	instead of
वृत्तान्त	M	incident
ताड़ना	Tr	to guess
ग़ुस्सेवर	A	quick-tempered
X को सिर (पर) चढ़ाना	Tr	'to put X upon one's head', i.e., to pamper X, to spoil X

मुनासिब	A	proper
X को Y से मतलब होना	Ind.	for Y to be of concern to X
इंतज़ाम / इन्तज़ाम *	M	arrangement, management
सरोकार	M	business, concern
ख़ैर ! *	Interjection	Well! All right!
जमाव	M	assembly, gathering
ग़म	M	anxiety, worry
जमना	Intr	to become set, to become fixed, to settle
मनाना	Tr	to persuade; to appease
बैठक	F	get-together, session
अजी	Term of address	polite and affectionate way of addressing people
बकना *	Intr	to talk nonsense, to babble
तनना	Intr	to be pulled tight, to assume a stiff posture; to be firm
अज्ञात	A	unknown
उपयुक्त	A	appropriate
आलोचना	F	criticism
भ्रम	M	delusion, misconception
अत्यन्त	Adv	very, extremely
विनयशील	A	humble; modest; polite
कष्ट	M	hardship, distress
स्वाधीनता	F	liberty, freedom
बाधा	F	hindrance, obstacle
तरसना	Intr	to pine, to long
कानाफूसी	F	gossip

मक्खी *	F	fly
मक्खियाँ मारना	Tr	'to kill flies', i.e., to remain idle
धौंस	F	blustering; bossing around
हुक्का	M	hookah, hubble-bubble pipe
की भाँति	Post	like
हज़ूर / हुज़ूर *	Term of address	form of respectful address: Sir, Madam
जी	M	mind, heart
जंजाल	M	entanglement; botheration
छाला	M	blister
घड़ी	F	time interval of twenty-four minutes
आध	A	half
दिल-बहलाव	M	recreation, pastime
गुलाम	M	slave
बजा लाना	Tr(non-ने)	to carry out (an order)
मनहूस	A	inauspicious
पनपना	Intr	to prosper, to flourish
आफ़त *	F	disaster, calamity
चरचा / चर्चा *	F	discussion; rumor
X का नमक खाना *	Tr	'to eat the salt of X', i.e., to owe X loyalty because one has benefited from X
आक़ा	M	master, lord
बुराई	F	badness; speaking ill
रंज	M	sorrow, grief

भाँति-भाँति के X	A pl	all sorts of X
अमंगल	M	bad luck, calamity
ख़ैरियत	F	well-being, welfare; safety
रईस	M	aristocrat, nobleman; rich man
मुल्क	M	country
हाफ़िज़	M	protector, guardian
बादशाहत	M	kingdom
के हाथों	Post	at the hands of
आसार	M	sign, symptom; omen
हाहाकार	M	lamentation
प्रजा	F	the subjects (of a king), the people
दिन-दहाड़े *	Adv	openly, in broad daylight
लूटना *	Tr	to rob, to plunder, to loot
फ़रियाद	F	appeal, complaint, cry for help
देहात *	M	countryside
दौलत	F	wealth
खिंचना	Intr	to be dragged, to be drawn
वेश्या	F	prostitute
भाँड	M	clown
अन्य	A	other, another
अंग	M	limb, part, component
पूर्ति	F	fulfillment
उड़ना	Intr	to fly; to fade; to vanish

अँग्रेज़ कम्पनी	F	'the English company', i.e., the East India Company
ऋण	M	debt
कमली	F	light blanket
भीगना *	Intr	to get wet, to become soaked
सुव्यवस्था	F	'good order', i.e., orderliness, law and order
वार्षिक	A	annual
कर	M	tax
वसूल होना	Intr	to be obtained/collected
चेतावनी	F	warning
नशा	M	intoxication, drunkenness
चूर	A	pulverized; absorbed; engrossed
X में चूर होना	Intr	to be absorbed in X
जूँ	F	louse
रेंगना	Intr	to crawl
X के कानों पर जूँ न रेंगना	Intr	'for a louse not to crawl on the ear of X', i.e., for X to turn a deaf ear
नक्शा	M	map; pattern; scheme
हल करना	Tr	to solve
क़िला *	M	fort
व्यूह-रचना	F	strategic placement of forces
झौड़	F	quarrel, clash
तू-तू मैं-मैं	F	'you-you I-I', i.e., name-calling, insulting

नौबत	F	condition, state of affairs
शीघ्र	Adv	quickly
मेल	M	union, reconciliation
निद्रा	F	sleep
मनोमालिन्य	M	malice, ill-will
दलदल	F	swamp, bog
गोता	M	dive; dip
X में गोते खाना	Tr	to be engrossed in X
सवार	A/M	riding, mounted; a rider
बादशाही	A	royal, of the king
फ़ौज *	F	army
होश	M	sense, consciousness
X के होश उड़ना	Intr	'for X's senses to fly away', i.e., for X to be awed/ terrified
बला	F	trouble, calamity, woe
तलबी	F	summons, order to appear before someone
X में तलबी	F	summons to appear before X
हुज़ूर	M	here: His Majesty
जागीरदार	M	holder of a <u>jagir</u>, a fief-holder
दिल्लगी	F	joke
मोरचा	M	front (in war), front lines
आटा *	M	flour
भाव	M	here: price
X को आटे-दाल का	Ind. Intr	'for X to know the price of

भाव मालूम होना		flour and <u>dal</u>', i.e., for X to learn the bitter reality of life
आत्मा *	F	soul
काँपना *	Intr	to shiver, to tremble
कम्बख़्त	A/M	wretched; wretch (a term of abuse)
बेमौत मरना	Intr	to die before one's time
तदबीर	F	means, device; remedy
गोमती	P.N. (F)	Gomati, the river that flows through Lucknow
वीराना	M	deserted place
वल्लाह !	Interjection	By Allah!
X को सूझना	Ind. Intr	to occur to X, for X to think/conceive of (an idea)
धता	M	words said to drive someone away
X को धता बताना	Tr	to say <u>dhata</u> to X, i.e., to drive X away
गावदी	M	fool, stupid person
चुटकी	F	snap of the fingers
नचाना	Tr	to make someone dance
चरना	Tr	to graze; here: to destroy
मुँह अँधेरे	Adv	early in the morning
बग़ल	F	armpit
बग़ल में	Adv	under the arm
दबाना *	Tr	to press down; here: to hold under

डिब्बा *	M	small box
गिलौरी	F	folded betel-leaf
नवाब	M/Term of address	nawab, title of some Muslim rulers
आसफ़उद्दौला	P.N. (M)	Asaf-ud-daulah (one of the nawabs of Oudh)
तम्बाकू *	M	tobacco
चिलम	F	kind of earthenware pipe
मदरिया	F	small hookah
शह	F	check (in chess)
योगी	M	yogi (one who practices yoga); an ascetic
समाधि	F	meditation
नानबाई	M	baker
संग्राम-क्षेत्र	M	battlefield
डटना	Intr	to stay/stand firm
राजनीतिक	A	political
दशा	F	condition
भयंकर	A	fearsome, terrible, dangerous; critical
हलचल *	F	commotion, agitation
गली *	F	lane, alley
मुलाज़िम	M	servant, employee
बेगार	F	forced labor
सालाना	A/Adv	yearly, annual; per year
हज़म करना *	Tr	to digest, to consume
खंडहर	M	ruin

सैनिक	M	soldier
गोरा	A/M	white, fair-skinned; white man; here: a British person
अधिकार	M	right, authority; possession
X पर अधिकार जमाना	Tr	to establish control over X
ख़ैर *	F/Adv	well-being, welfare; well, all right
ख़ुदा ख़ैर करे !	Interjection	'May God do welfare!', i.e., May God help us!
आड़	F	barrier, barricade
तोपख़ाना	M	artillery
बंदर / बन्दर *	M	monkey
सूरत	F	face; appearance, looks
ख़ौफ़	M	terror, dread
हीला	M	evasion, pretense
हीला करना	Tr	to pretend
चकमा	M	deception, trick
घिरना	Intr	to be surrounded
रोज़ा *	M	fast (of Muslims)
ऐश	M	pleasure, luxury
ऐशगाह	M	pleasure house
सज्जन *	M	gentleman
गजर	M	gong
वापसी	F	return
आहट	F	sound (especially of footsteps)
सेना *	F	army

मार-काट	F	violence
स्वाधीन	A	free, independent
पराजय	F	defeat; overthrow
शांति / शान्ति *	F	peace
अहिंसा *	F	non-violence
देव	M	god
देवगण	M pl	the gods
कायर *	A/M	cowardly; a coward
कायरपन	M	cowardice
बहाना	Tr	to cause to flow; here: to shed
अवध	P.N. (M)	Oudh, the imperial province and later the independent kingdom of which Lucknow was the capital
विशाल	A	great, vast
बन्दी	M	captive
अधःपतन	M	downfall; degeneration
चरम	A	ultimate, final
चरम सीमा	F	final limit, ultimate extent
ज़ालिम	A/M	cruel; oppressor, tyrant
क़ैद *	F	captivity, imprisonment
क़ैद करना	Tr	to capture, to imprison
तबीयत	F	state of health; disposition
X में तबीयत लगना	Intr	to be interested in X
नसीब	M	fate, fortune; luck
X को Y नसीब होना	Ind. Intr	for X to obtain Y (due to one's fate)

दर्दनाक *	A	painful
बेदर्द *	A	hard-hearted, unsympathetic
हादसा	M	calamity, accident
मातम	M	mourning
X का मातम करना	Tr	to mourn X
मरसिया	M	elegy
भक्ति	F	devotion, loyalty
राजभक्ति	F	loyalty to the king
लुप्त	A	vanished, disappeared
लुप्त होना	Intr	to disappear, to fade away
बदला *	M	revenge
चुकाना	Tr	to pay off
X का बदला चुकाना	Tr	to take revenge on X, to get even with X
अधीर	A	impatient, restless
चमगादड़	M	bat
अबाबील	F	swallow
घोंसला	M	nest
चिमटना	Intr	to cling
सूरमा	M	warrior
लगातार	Adv	continuously; here: consecutively, in a row
दृढ़	A	firm
बेढब	A	ill-formed, bad
प्रतिकार	M	revenge
उग्र	A	fierce; sharp
X के मारे / मारे X के *	Post	due to X, because of X

उमंग	F	gusto, zeal, high spirits
ग़ज़ल	F	genre of Urdu poetry
चुटकियाँ लेना	Tr	to make a sarcastic remark; to snap one's fingers
गुप्त	A	secret, hidden
धन	M	wealth, money
झेंप	F	embarrassment
मिटाना	Tr	to erase, to wipe out
दाद	F	praise, appreciation
धैर्य	M	patience, endurance
सनद	F	certificate, deed; authorization, rule
फ़रज़ी	M	minister (corresponds to the queen in Western chess)
पिटना	Intr	to be beaten
क़यामत	F	doomsday, the day of judgement
धाँधली	F	cheating
तक़दीर *	F	fate
तक़रार	F	quarrel, argument
टेक	F	resolve
X पर अड़ना	Intr	to stick to X (a position), to insist on X
दबना	Intr	to be pressed; here: to yield, to give in
अप्रासंगिक	A	irrelevant

ख़ानदान *	M	family
क़ायदा	M	rule, regulation
छीलना	Tr	to peel; to cut (grass)
घास छीलना	Tr	'to cut grass', i.e., to do menial work
रियासत	F	large estate; princely state; aristocracy
अब्बाजान	M/Term of address	father (respectful term used by Muslims)
ग़ाज़ीउद्दीन हैदर	P.N.(M)	Gaziuddin Haider, a prominent nobleman in the history of Oudh
बुज़ुर्ग	M	elderly person; ancestor
कालिख	F	black stain, blot
X पर कालिख लगाना	Tr	'to put a blot on X', i.e., to disgrace X
चरकटा	M	grass-cutter
बढ़-बढ़कर बातें करना	Tr	to talk big, to brag
ज़बान *	F	tongue; language
ज़बान संभालना	Tr	to hold one's tongue
X का आदी *	A	accustomed to X
आँखें दिखाना	Tr	'to show one's eyes', i.e., to look threateningly
हौसला	M	courage
दो-दो हाथ होना	Intr	for there to be a duel
तलवार	F	sword
पेशक़ब्ज़	M	small curved dagger

कटार	F	straight-edged dagger
विलासी	A	pleasure-loving
बादशाहत	F	kingdom
व्यक्तिगत	A	individual
वीरता	F	bravery
अभाव	M	lack
पैंतरा	M	the preparatory attitudes and movements of a swordsman or a wrestler
छपाछप	F	swishing sound
ज़ख़्म	M	wound
तड़पना	Intr	to writhe (in pain)
जान	F	life
प्राणी	M	being, creature
वज़ीर	M	minister (corresponds to the queen in Western chess)
प्राण	M	life
सिंहासन	M	throne
वीर	A/M	brave; brave man
मृत्यु	F	death
सन्नाटा	M	stillness
मेहराब	F	archway
धूलि / धूल	F	dust
धूलि-धूसरित	A	covered with dust
मीनार	F	minaret
धुनना	Tr	to beat thoroughly

| सिर धुनना | Tr | 'to beat one's head', i.e., to grieve |

Active glossary
(Sections 1-21)

ABBREVIATIONS

M	masculine noun
F	feminine noun
sg	singular
pl	plural
Pro	pronoun
A	adjective
Adv	adverb
Tr	transitive verb
Intr	intransitive verb
Tr (non-ने)	transitive verb that does not use the ने construction in perfect tenses
Ind. Intr	indirect intransitive verb
Conj	conjunction
Post	postposition

अ

अँगुली *	F	finger
अँगूठा *	M	thumb
अँगूठी *	F	ring
अंगूर *	M	grape
अंग्रेज़ *	M	Englishman, British person
अंत *	M	end
अंत में	Adv	in the end, finally
अंधा / अन्धा *	A/M	blind; a blind person
अँधेरा *	M	dark, darkness
अकेला *	A	alone; sole, only
अकेलापन *	M	loneliness; solitude

अक्षर *	M	letter (of the alphabet)
अक्सर / अकसर *	Adv	often
अचानक *	Adv	suddenly
अजनबी *	A/M	unknown; stranger
अतः *	Conj	hence, therefore
अतिथि *	M/F	guest
अत्याचार *	M	atrocity
अधिक *	A	more, much, many
अधिकतर *	Adv	mostly
अनसुनी करना *	Tr	to ignore (deliberately), to pretend not to hear
अनुभव *	M	experience
अनुभूति *	F	experience of emotion
अनुवाद *	M	translation
अन्तिम *	A	last, final
अपनाना *	Tr	to treat as one's own
अपनापन *	M	(feeling of) oneness, affinity
अपमान *	M	insult, disgrace; disrespect
X का अपमान करना	Tr	to insult X, to disgrace X
अफ़सर *	M	official
अर्थ *	M	meaning
अलग-अलग *	A	different; distinct; separate
अवश्य *	Adv	certainly
असत्य *	M	lie, falsehood, untruth
असली *	A	real, true
अस्पताल *	M	hospital

अहसास *	M	realization, perception
अहिंसा *	F	non-violence

आ

आँख मिचौनी *	F	(the game of) hide and seek
आँगन *	M	courtyard
आँधी *	F	dust storm
आँसू *	M	tear
आकाश *	M	sky
आख़िर *	M/Adv	end; at last; after all
आग *	F	fire
आज़ाद *	A	free
आज़ादी *	F	freedom
आज्ञा *	F	order, command
आटा *	M	flour
X को आटे-दाल का भाव मालूम होना	Ind. Intr	'for X to know the price of flour and <u>dal</u>', i.e., for X to learn the bitter reality of life
आत्मा *	F	soul
आदत *	F	habit
आदर *	M	respect
आदरणीय *	A	respected, esteemed
आदि *	Adv	et cetera (etc.)
X का आदी *	A	accustomed to X
आधा *	A	half
आपत्ति *	F	misfortune; objection
आपस में *	Adv	mutually, with one another

आफ़त *	F	disaster, calamity
आबादी *	F	population
आम *	M/A	mango; ordinary
आमतौर से / पर *	Adv	generally
आर्थिक *	A	economic
आर्थिक रूप से	Adv	'with economic form', i.e., economically
आलिंगन *	M	embrace
आवाज़ *	F	sound; voice
आशा *	F	hope
आश्चर्य *	M	surprise
X को आश्चर्य होना	Ind. Intr	for X to be surprised
आसपास *	Adv	in the vicinity, around, nearby
आसमान / आस्माँ *	M	sky
आसानी *	F	convenience, ease
आसानी से	Adv	easily

इ

इंकार / इनकार *	M	refusal
इंकार / इनकार करना	Tr	to refuse
इंतज़ाम / इन्तज़ाम *	M	arrangement, management
इंसान / इनसान *	M	human being, person
इच्छा *	F	desire, wish
इतिहास *	M	history
इरादा *	M	intention

इस्तेमाल *	M	application, use
इस्तेमाल करना	Tr	to use

ई

ईर्ष्या *	F	envy, jealousy
ईश्वर *	M	God

उ

उड़ना *	Intr	to fly
उतरना *	Intr	to get down
उतारना *	Tr	to cause to descend, to bring down; to take off (garment, shoes, etc.)
उत्तर *	M	north; answer
उत्तरी	A	northern
उदास *	A	sad, dejected
उदासीनता *	F	indifference; disinterestedness; strange, alien
उदाहरण *	M	example
उपजाऊ *	A	fertile
उपहार *	M	gift, present
उबलना *	Intr	to boil
उमर / उम्र *	F	age
उलझन *	F	entanglement; complication, confusion

उलटना *	Tr/Intr	to turn upside down, to overturn; to be turned upside down, to be overturned

ऊ

ऊब *	F	boredom, monotony
(जी) ऊबना *	Intr	to be fed up; to be bored

ए

एक-एक करके *	Adv	one by one, one at a time
एक जैसा *	A	one and the same, similar
एकदम *	Adv	suddenly, in one breath; completely
एक-सा *	A	similar; identical; the same
एकाग्र *	A	concentrated on one point
एकाग्रचित	A	having one's mind concentrated on one point

ओ

ओढ़ना *	Tr	to cover (the body) with
ओर *	F	side, direction
की ओर	Post	towards
ओहदा *	M	post

औ

| और * | A/Adv | other; more |
| और ज़्यादा | Adv | even more |

क (क़)

कंघी *	F	comb
कंघी करना	Tr	to comb
कंजूस *	A	miserly, stingy
कंठ *	M	throat
कंबल *	M	blanket
कई *	A	several
कच्चा *	A	unripe; unfinished; unpaved
कटना *	Intr	to be cut
कटोरी *	F	small metal bowl
कटोरा	M	large metal bowl
कठिन *	A	difficult
क़दम *	M	step; footstep
क़ब्र *	F	grave
कभी-कभी *	Adv	sometimes, occasionally
कम से कम *	Adv	at least
कमज़ोर *	A	weak
कमर *	F	waist
कमाना *	Tr	to earn
क़रीब / करीब *	Adv	approximately; near, close by
क़रीब-क़रीब	Adv	almost, nearly

करुणा *	F	pity; compassion
कर्त्तव्य / कर्तव्य *	M	duty
कला *	F	art
कलाकार *	M/F	artist
कलाई *	F	wrist
कल्पना *	F	imagination
कवि *	M	poet
आदिकवि	M	'the first poet', a title given to Valmiki
कहीं *	Adv	somewhere
कहीं-कहीं *	Adv	here and there, in some places
काँपना *	Intr	to shiver, to tremble
काकी *	F	aunt (paternal)
काका	M	uncle (paternal)
काटना *	Tr	to cut
कान *	M	ear
काफ़ी *	A/Adv	enough, sufficient; very, quite
कायर *	A/M	cowardly; a coward
कायरपन	M	cowardice
किनारा *	M	shore, bank; edge, side; border
क़िला *	M	fort
किवाड़ *	M	doorleaf
क़िस्मत *	F	fate, fortune; luck
क़िस्मत से *	Adv	fortunately

310

कीचड़ *	M	mud
की जगह *	Post	in place of, instead of
की बग़ल में *	Post	by the side of
क़ीमती *	A	valuable
कुत्ता *	M	dog
कुर्ता / कुरता *	M	<u>kurta</u> (a type of long shirt)
कूदना *	Intr	to jump, to leap
कृपा *	F	grace, favor; kindness
के अतिरिक्त *	Post	besides, in addition to
के अनुसार *	Post	according to
के अलावा *	Post	besides, except; in addition to, apart from
X के काम का *	A	of use to X
के ख़िलाफ़ *	Post	against, in opposition (to)
के तौर पर *	Post	as, in the manner of
के दौरान *	Post	during
के बजाय *	Post	instead of, in place of
के बदले *	Post	instead of
के बदले में *	Post	in return for, in exchange for
के बिना *	Post	without
के बीच *	Post	between
के भीतर *	Post	in, within
X के मारे / मारे X के *	Post	due to X, because of X
के यहाँ *	Post	at the place/home of (someone)
के रूप में *	Post	in the form of, as
केवल *	A/Adv	only; merely

के सहारे *	Post	with support/help of
के सिवाय / सिवा *	Post	except (for), apart from, besides
क़ैद *	F	captivity, imprisonment
क़ैद करना	Tr	to capture, to imprison
कोई *	Pro/Adv	someone, anyone; about, approximately
क्रोध *	M	anger
क्षण *	M	moment

ख (ख़)

खड़ा *	A	standing
खड़ा होना / हो जाना	Intr	to stand up
खड़ा करना *	Tr	to erect
ख़त *	M	letter
ख़तरनाक *	A	dangerous
ख़तरा *	M	danger, risk
ख़र्च / ख़र्चा *	M	expenditure, expense
ख़र्च होना *	Intr	to be spent
ख़र्च / ख़र्चा करना	Tr	to spend
ख़ातिर *	F	hospitality
ख़ानदान *	M	family
ख़ामोश *	A	silent
ख़ामोशी	F	silence
ख़ाली *	A	empty
ख़ास *	A	special, particular

ख़ासतौर से / पर *	Adv	especially, specifically
खिलाड़ी *	M	player
ख़िलाफ़ *	A	against, opposed
खींचना *	Tr	to drag, to pull; to draw (a breath); to extract
ख़ुशी से *	Adv	happily, gladly
ख़ून *	M	blood
ख़ूब *	A/Adv.	fine, charming; very much; a lot (of)
बहुत ख़ूब *	Interjection	excellent; very well
खेल *	M	game
ख़ैर *	F	well-being, welfare
ख़ुदा ख़ैर करे !*	Interjection	'May God do welfare!', i.e., May God help us!
ख़ैर *	Adv	anyway; in any case
ख़ैर *	Interjection	Well!, Alright!
खोदना *	Tr	to dig
खोना *	Tr/Intr	to lose; to be lost
खो जाना	Intr	to be lost
ख़्वाब *	M	dream
ख़्वाबीदा	A	sleepy

ग (ग़)

गंभीर / गम्भीर *	A	serious
गंभीरता / गम्भीरता *	F	seriousness
गधा *	M	donkey
ग़म *	M	grief, sorrow

313

गरमागरम *	A	piping hot
ग़रीबी *	F	poverty
गर्दन *	F	neck; throat
गर्व *	M	pride
गला *	M	neck
X को गले लगाना	T r	to embrace X
गली *	F	lane, alley
गहरा *	A	deep
ग़ायब *	A	disappeared, vanished
गाल *	M	cheek
गाली *	F	swear word, curse word, term of abuse
गिरना *	Intr	to fall
गिरफ़्तार *	A	captured, caught
गीदड़ *	M	jackal
गीला *	A	wet, damp
गुड़िया *	F	doll
गुज़रना *	Intr	to pass
गुज़र जाना	Intr	to pass away, to die
गुज़ारना *	Tr	to pass (time)
गुरु *	M	teacher, preceptor
गुस्सा *	M	anger
गेहूँ *	M	wheat
गोद *	F	lap
गोरा *	A	light (skin color), fair-skinned
गौरव *	M	pride, honor

घ

घटना *	F	event, incident
घटिया *	A	inferior, of low quality
घबराना *	Intr	to be upset; to worry; to be nervous
घबराहट *	F	agitation, nervousness
घर-गृहस्थी *	F	household, family
घाव *	M	wound
घास *	F	grass
घुमाना *	Tr	to take around
घुसना *	Int	to enter
घूरना *	Tr	to stare
घृणा *	F	hatred
X से घृणा करना	Tr	to hate X
घोड़ा *	M	horse

च

चक्कर *	M	circle; cycle
चढ़ना *	Intr	to go up, to climb
चतुर *	A	clever; shrewd
चमकना *	Intr	to sparkle, to shine
चमड़ी / चमड़ा *	F/M	skin
चरचा / चर्चा *	F	discussion; rumor
चल देना *	Intr	to set off, to take off
चश्मा *	M	spectacles, eyeglasses
चाँद *	M	moon

चाबी *	F	key
चाहे *	Conj	even if, whether
चाहे.......चाहे	Conj	either...or..; whether...or...
चिंतन *	M	thinking, reflection, contemplation
चिंता *	F	worry
चिड़िया *	F	bird
चिढ़ाना *	Tr	to tease
चित्र *	M	picture, painting
चित्रकार	M/F	painter
चिल्लाना *	Tr (non- ने)	to cry (out), to scream
चीख़ *	F	scream
चीख़ना *	Intr	to scream; to shout
चुनना *	Tr	to select, to choose
चुनाव *	M	election; selection
चुप *	A	silent, quiet
X को चुप करना	Tr	to silence X
चुपके से *	Adv	quietly
चुपचाप *	Adv	silently, quietly, stealthily
चुस्त *	A	quick; alert; clever
चूँकि *	Conj	because
चूड़ी *	F	bangle
चूमना *	Tr	to kiss
चूहा *	M	rat
चोट *	F	wound, hurt, injury
X को चोट लगना	Ind. Intr	for X to be injured/hurt
चोरी *	F	theft; stealing

316

चोरी-चोरी *	Adv	stealthily; clandestinely
चौंकना *	Intr	to be startled; to be alarmed

छ

छाता *	M	umbrella
छाती *	F	breast; chest
छिपना *	Int	to hide; to be hidden
छूटना *	Intr	to be left behind
छूना *	Tr	to touch
छोड़ना *	Tr	to abandon, to leave ; to let go, to release, to discharge

ज (ज़)

जग *	M	world
जगना *	Intr	to wake up, to awaken
जनता *	F	public
जनाब *	M/Term of address	respectful term of address for men; Sir
जन्म *	M	birth
जन्म देना	Tr	to give birth
ज़बरदस्ती *	F	force
ज़बरदस्ती करना	Tr	to use force
ज़बरदस्ती (से) *	Adv	by force, forcibly
ज़बान *	F	tongue; language
ज़बान संभालना	Tr	to hold one's tongue
ज़माना *	M	time, period, era
ज़मीन *	F	land, ground

ज़रा *	A/ Adv	a little; slightly
जलना *	Intr	to burn
जलाना *	Tr	to burn
जवाँ / जवान *	A	young, youthful
जवान *	A	young
जहाज़ *	M	ship
जागना *	Intr	to be awake, to wake up; to rise
जाति *	F	caste; race, breed
जातिवाद *	M	casteism; communalism; racism
जान-पहचान *	F	acquaintance
जानवर *	M	animal
ज़िंदगी / ज़िन्दगी *	F	life
ज़िंदा / ज़िन्दा *	A	alive, living
ज़िक्र *	M	mention, reference; account
ज़िक्र करना	Tr	to mention
ज़िद *	F	obstinacy, insistence
ज़िद करना	Tr	to be stubborn, to insist
ज़िम्मेदारी *	F	responsibility
जीतना *	Intr/Tr	to win; to conquer
जीत	F	victory
जीना *	Intr	to live, to be alive
जीवन *	M	life
जेब *	F	pocket
जैसे *	Conj	as if
जैसे *	Adv	as, for example

जैसे ही *	Conj	as soon as
जोड़ना *	Tr	to add
ज़ोर *	M	force
ज़ोर से	Adv	with force; loudly
ज़ोरों के साथ / ज़ोरों से *	Adv	forcefully, emphatically

झ

झंडा *	M	flag, banner
झगड़ा *	M	quarrel, dispute
झगड़ा करना	Tr	to quarrel
झाँकना *	Tr	to peer, to peep
झाड़-पोंछ *	F	dusting and cleaning
झाड़ू *	F	broom
झाड़ू देना	Tr	to sweep

ट

टहलना *	Intr	to walk about, to stroll
टाँग *	F	leg
टुकड़ा *	M	piece
टोकना *	Tr	to interrupt
टोकरी *	F	basket

ठ

ठहरना *	Intr	to stay, to remain (at a place)

ड (ड़)

डँसना *	Tr	to bite; to sting
डब्बा *	M	box; railway compartment
डरना *	Tr (non-ने)	to fear, to be afraid
X से डरना	Intr	to be afraid of X
डालना *	Tr	to put in; to pour, to drop
डिब्बा *	M	small box
डूबना *	Intr	to sink, to drown; to set (sun, moon, stars)

ढ (ढ़)

ढंग *	M	way, style, manner
ढीला *	A	loose
ढूँढ़ना *	Tr	to search for, to seek

त

तंग *	A	troubled, harassed; narrow; scarce
(X से) तंग आना	Intr	to be tired (of X), to be fed up (with X)
तक़दीर *	F	fate
तकलीफ़ *	F	hardship, trouble, difficulty, distress
तकिया *	M	pillow
तथा *	Conj	and

तनहाई *	F	solitude, loneliness
तमीज़ *	F	decorum, propriety, etiquette
तम्बाकू *	M	tobacco
तरफ़ *	F	side, direction
तरह *	F	kind
तरह-तरह का	A	of various kinds
तश्तरी *	F	saucer, small plate
ताकना *	Tr	to stare, to gaze
ताकि *	Conj	so that
तारा *	M	star
तारीफ़ *	F	praise
तुरंत *	Adv	at once, immediately
तुलना *	F	comparison
की तुलना में	Post	in comparison with
तेज़ *	A	sharp; fast, fast-moving
तेज़ी से *	Adv	quickly
तेल *	M	oil
तै / तय करना *	Tr	to decide
तैयारी *	F	preparation
तैयारी करना	Tr	to prepare
तो भी *	Conj	even then, still, nevertheless
तोड़ना *	Tr	to break
तौलिया *	M	towel
त्यागना *	Tr	to renounce, to abandon
त्यौहार / त्योहार *	M	festival

थ

थकना *	Intr	to be tired
थोड़ा *	A	a little, some

द

दक्षिण *	M	the south
दबना *	Intr	to be pressed (down); to be covered
दबाना *	Tr	to press down, to hold down
दया *	F	mercy, compassion, sympathy; pity
X पर दया करना	Tr	to have mercy on X
दराज़ *	F	drawer (of a chest)
दर्जा *	M	class; rank, status
दर्दनाक *	A	painful
दवा *	F	medicine
दहेज *	M	dowry
दाँत *	M	tooth
दाढ़ी *	F	beard
दाम *	M	price
दाल *	F	lentils, pulses
दिक़्क़त / दिक्कत *	F	difficulty, trouble
दिखना *	Intr	to be seen, to be visible, to appear
दिखाई देना *	Ind. Intr	to be seen/visible (to)

दिन-दहाड़े *	Adv	openly, in broad daylight
दिमाग़ *	M	brain, mind; intellect
दिल *	M	heart
दिलचस्पी *	F	interest
दीखना *	Intr	to be visible, to be seen
दुःखी / दुखी *	A	unhappy, sad
दूर *	A	far, distant, remote
दूर करना	Tr	to remove
दूर होना	Intr	'to become far', i.e., to go away
दृष्टि *	F	sight, view; vision
की दृष्टि से	Post	from the point of view of
देर *	F	delay; time (period of time)
देवता *	M	god
देहात *	M	countryside
दोस्ती *	F	friendship
X से दोस्ती करना	Tr	to make friends with X
दौड़ना *	Intr	to run
द्वीप *	M	island
महाद्वीप	M	continent
उपमहाद्वीप	M	subcontinent

ध

धंधा *	M	business, occupation, profession
धन *	M	wealth
धनुर्विद्या *	F	'the science of bows', i.e.,

		archery
धमकी *	F	threat
धर्म *	M	religion
धार्मिक *	A	religious
धीरे-धीरे *	Adv	gradually, slowly
धूल *	F	dust
धोखा *	M	deception
X को धोखा देना	Tr	to deceive X
ध्यान *	M	attention; concentration
X पर ध्यान देना	Tr	to pay attention to X
ध्यान से *	Adv	carefully, attentively

न

नंगा *	A	naked
नक़ली *	A	artificial
नगर *	M	city
नज़र *	F	view; glance
X पर नज़र डालना	Tr	to cast a glance at X, to glance at X
नतीजा *	M	consequence, result; conclusion
नमक *	M	salt
X का नमक खाना	Tr	'to eat the salt of X', i.e., to owe X loyalty because one has benefited from X
नरक *	M	hell
नहाना *	Intr	to bathe

नहीं तो *	Conj	otherwise; or else
नाख़ून *	M	nail
नाज़ुक *	A	delicate
नाज़ुक मिज़ाज	A	of a delicate temperament; touchy
नादानी *	F	ignorance; stupidity
नाम का *	A	named, by the name of
नाराज़ *	A	angry, displeased
नारियल *	M	coconut
नारी *	F	woman
नाव *	F	boat
नाश्ता *	M	light refreshment, snack; breakfast
निकलना *	Intr	to come out
निकालना *	Tr	to take out; to push out
निगाह *	F	look, glance
निमंत्रण *	M	invitation
नियम *	M	rule, law
निशा *	F	night
निश्चय *	M	decision; resolution
नींद *	F	sleep, slumber
नींद खुलना	Intr	to be awakened from one's sleep
नीति *	F	policy
नीयत *	F	intention
नेता *	M/F	leader
नौकर *	M	servant

नौकरी *	F	job, employment

प

पकड़ना *	T r	to catch, to grab, to hold, to seize
पक्का *	A	ripe, in finished form; paved
पक्षी *	M	bird
पड़ना *	Intr	to fall; to lie (down)
पड़ोस *	M	neighborhood, vicinity
पड़ोसन *	F	neighbor
पड़ोसी *	M/F	neighbor
पढ़ना-लिखना *	T r	'to read and write', i.e., to study, to get an education
पढ़ा-लिखा	A	educated
पढ़ाई *	F	study, education, learning
पतंग *	F	kite
पता *	M	information; address
पता चलना	Ind. Intr	to find out; to learn
पत्ता *	M	leaf
पत्थर *	M	stone
पत्रकार *	M/F	journalist
पथ *	M	path, way, course, route
परंतु / परन्तु *	Conj	but
पर *	Conj	but
परबत / पर्वत *	M	mountain; hill
परवाह *	F	concern; care
परिचित *	A	known, familiar

परेशान *	A	troubled, bothered
परेशान करना	Tr	to trouble, to bother
पर्दा *	M	curtain, screen, veil; seclusion
पलंग *	M	bed
पश्चिम *	M	the west
पश्चिमी	A	western
पहचान *	F	aquaintance, familiarity; identity
पहचानना *	Tr	to recognize; to identify
पहनना *	Tr	to wear, to put on (clothes, etc.)
पहरेदार *	M	guard
पहाड़ *	M	mountain
पहाड़िन	F	woman from/of the mountains
पहाड़ी	A/M/F	mountainous, relating to the mountains; man from/of the mountains; hill
पाँव *	M	foot, leg
पागल *	A/M	mad, insane; crazy person
पागलख़ाना	M	insane asylum
पाठक *	M	reader
पान *	M	betel-leaf
पाना *	Tr	to get; to obtain
पाप *	M	sin

पार *	M	the other bank/coast/side (of a road, river, etc.)
पार करना	Tr	to cross
के पार	Post	across, on/to the other side of
पालना *	Tr	to rear, to nurture; to bring up
X का पेट पालना	Tr	'to nurture the stomach of X', i.e, to feed X, to support X (economically)
पिछला *	A	past, previous
पीठ *	F	back (of the body)
पीढ़ी *	F	generation
पुकारना *	Tr	to call
पुर्ज़ा *	M	part of a machine
पुल *	M	bridge
पूजा *	F	worship
पूजा करना	Tr	to worship, to perform a religious ceremony
पूरा *	A	complete, entire
पूरा करना	Tr	to fulfill
पूर्व *	M	the east
पूर्वी	A	eastern
पृथ्वी *	F	Earth; ground
पेट *	M	stomach; womb
पैदावार *	F	produce, yield; harvest
पैदा होना *	Intr	to be born
पैर *	M	foot; leg

पोंछना *	Tr	to wipe
प्यार *	M	love, affection
X को प्यार करना	Tr	to love X, to physically express affection for X; to fondle
प्यारा *	A	beloved, dear
प्याला *	M	cup
प्यासा *	A	thirsty
प्रकार *	M	kind; manner, way
इस प्रकार	Adv	in this way
प्रतीक्षा *	F	expectation; wait, waiting
X की प्रतीक्षा करना	Tr	to wait for X
प्रदर्शनी *	F	exhibition
प्रदेश *	M	region; state
प्रमुख *	A	principal, main
प्रसन्न *	A	happy, pleased
प्रार्थना *	F	prayer; request
X से प्रार्थना करना	Tr	to pray to; to make a request of X
प्रिय *	A	dear
प्रेम *	M	love
X से प्रेम करना	Tr	to love X
प्रेमी *	M	lover

फ (फ़)

फँसना *	Intr	to be trapped, to be caught

फ़र्क *	M/A	difference; different
फ़ासला *	M	distance
फ़िक्र *	F	worry
फ़िलहाल *	Adv	for the time being; at present
फिसलना *	Intr	to slip
फेंकना *	Tr	to throw
फैलना *	Intr	to spread
फैलाना *	Tr	to spread (out), to stretch (out)
फ़ौज *	F	army
फ़ौरन *	Adv	immediately

ब

बँटवारा *	M	partition
बंदर / बन्दर *	M	monkey
बंदूक / बन्दूक *	F	gun
बँधना *	Intr	to be tied
X से बँधना	Intr	to be tied to X
बकना *	Intr	to talk nonsense, to babble
बचना *	Intr	to be saved; to remain, to be left over
बचा हुआ	A	leftover, remaining
बढ़ई *	M	carpenter
बढ़ना *	Intr	to increase, to grow; to advance

बढ़िया *	A	fine, of good quality, excellent
बदन *	M	body
बदनाम *	A	notorious, infamous
बदनामी	F	notoriety, bad reputation
बदला *	M	revenge
बनना *	Intr	to become
बनवाना *	Tr	to cause to make/build, to have made/built
बनिया *	M	<u>bania</u> (person belonging to a merchant caste), merchant
बरसना *	Intr	to rain, to shower
बरसात *	F	the rains, the rainy season
बराबर *	A	equal
बराबर का *	A	even, matching, equal
X के बराबर	Post	equal to X
बराबरी *	F	equality
X की बराबरी करना	Tr	to equal X, to match X
बर्तन *	M	vessel, container
बर्दाश्त *	F	tolerance; endurance
बर्दाश्त करना	Tr	to tolerate; to endure
बर्फ़ *	F	ice, snow
बल *	M	power, strength
बलवान	A	strong, powerful
बलहीन	A	weak, powerless
बलात्कार *	M	rape
बसना *	Intr	to settle, to inhabit

बहना *	Intr	to flow
बहस *	F	argument; discussion
बहस करना	Tr	to argue
बहाना *	M	pretext, excuse
बहू *	F	daughter-in-law; wife
बाँटना *	Tr	to distribute; to divide
बाँधना *	Tr	to tie, to tie up
X से बाँधना	Tr	to tie to X, to fasten to X
बाँह *	F	arm
बाक़ी *	A	remaining; the rest of
बाग़ *	M	garden
बात काटना *	Tr	to interrupt (another's speech/word)
बाद में *	Adv	later, subsequently
बादल *	M	cloud
बार *	F	time, occasion
बारी *	F	turn
बाल *	M	hair
बाल-बच्चे *	M pl	children, i.e., family
बाली *	F	type of earring; hoops
बिखरना *	Intr	to be dispersed, to be scattered
बिछना *	Intr	to be spread out
बिजली *	F	lightning; electricity
बिठाना *	Tr	to make someone sit
बिल्ली *	F	cat
बीतना *	Intr	to pass, to be spent (time)

बीमार *	A/M	sick, ill; patient
बुद्धि *	F	intellect
बूँद *	F	drop
बेइज़्ज़ती *	F	insult
बेक़सूर *	A	innocent, faultless, guiltless
बेकार *	A	useless; unemployed
बेचारा *	A	poor; helpless
बेचैनी *	F	uneasiness
बेदर्द *	A	hard-hearted, unsympathetic
बेवजह् (से) *	Adv	for no reason; unexpectedly
बेहतर *	A	better
बेहोश *	A	unconscious
ब्याह *	M	marriage
ब्राह्मण *	M	Brahmin

भ

भरना *	Tr/Intr	to fill; to be filled
X से भरा	A	full of X, filled with X
भरोसा *	M	trust, faith; confidence
भला *	A	good, gentle, honest; pleasant
भाग्य *	M	fate, fortune, luck; destiny
भाव *	M	emotion, sentiment, feeling; price
भावना *	F	feeling, emotion
भावुकता *	F	emotion, emotional state
भिखारिन *	F	beggar (female)
भिखारी *	M	beggar (male)

भिन्न *	A	different
भीगना *	Intr	to get wet, to become soaked
भीतर *	Adv	inside, within
भीतरी *	A	internal, inner; unexpressed
भूखा *	A	hungry
भूगोल *	M	geography
भेजना *	Tr	to send
भैंस *	F	female water buffalo
भैंसा *	M	male water buffalo
भोजन *	M	food; meal
भोलाभाला *	A	innocent, honest and simple

म

मँगाना *	Tr	to cause to bring; to order
मंज़ूर *	A	accepted
मंज़ूर करना	Tr	to accept
मक्खी *	F	fly
मक्खियाँ मारना	Tr	'to kill flies', i.e., to remain idle
मगर *	M	crocodile
मछली *	F	fish
मज़दूर *	M	laborer, worker
मज़ा *	M	pleasure, enjoyment
X को मज़ा आना	Ind. Intr	for X to enjoy oneself
X में मज़ा / मज़े लेना	Tr	to take pleasure in X, to enjoy X

मज़ाक *	M	joke; ridicule
X का मज़ाक उड़ाना	Tr	to make fun of X; to ridicule X
मध्यवर्गीय *	A	middle-class
मन *	M	mind; heart
X का मन होना	Intr	for X to feel like (doing something)
X का मन करना	Tr	for X to feel like (doing something)
X में मन लगाना	Tr	to apply one's mind to X
मन ही मन	Adv	within one's mind, secretly
मनमर्ज़ी *	F	one's own inclination or will
मनमर्ज़ी करना	Tr	to follow one's own desire
मना करना *	Tr	to refuse; lit. to say 'No'
मनाना *	Tr	to celebrate, to observe (a custom, tradition, festival, etc.)
मनुष्य *	M	human being
मनौती *	F	promise to make offerings to a deity or to perform some deed upon the deity's fulfillment of some desire
X की मनौती करना	Tr	to promise X (an offering or performance of a deed) to a deity upon the fulfillment of some desire

X की मनौती पूरी करना	Tr	to fulfill the promise (of an offering or the performance of a deed) to a deity upon the deity's fulfillment of a desire
X से मनौती माँगना	Tr	to ask (a deity) to fulfill some desire
मर्ज़ *	M	disease; bad habit
मलना *	Tr	to rub
मस्त *	A	intoxicated (by passion); radiant with joy
महत्त्व *	M	importance
महत्त्वपूर्ण	A	'full of importance', i.e., important
महसूस *	A	perceived; felt; experienced
महसूस करना	Tr.	to feel; to perceive
महसूस होना	Ind. Int	to be felt; perceived
माँगना *	Tr	to ask for (something)
मांस *	M	meat
माथा *	M	forehead; brow
मानना *	Tr	to accept; to agree
X की बात मानना	Tr	to heed the suggestion of X
मानों / मानो *	Conj	as if, as though
मामला *	M	matter, affair; case
मामा *	M	uncle (mother's brother)
मारना *	Tr	to hit, to beat; to kill
मार डालना	Tr	to kill
माल *	M	goods, stuff

मिट्टी *	F	earth, clay, soil
मिलन *	M	meeting; union
मुँह *	M	mouth; face
मुक्ति *	F	liberation, release (spiritual)
मुख *	M	mouth; face
मुट्ठी *	F	fist, closed palm of the hand
मुड़ना *	Intr	to turn
मुफ़्त *	A	free, without charge
मुफ़्त में	Adv	at no cost
मुलाक़ात *	F	meeting
मुश्किल *	A/F	difficult; difficulty
मुसाफ़िर *	M/F	traveler, passenger
मुसीबत *	F	trouble, difficulty
मुस्कराहट / मुस्कुराहट *	F	smile
मूँछ *	F	moustache
मूर्ख *	A	foolish, stupid
मूर्ति *	F	idol, statue
मूल्य *	M	price; value, worth
मेहमान *	M	guest
मेहरबाँ / मेहरबान *	A	kind, compassionate
मैदान *	M	plains; ground
मैला *	A	dirty
मौक़ा *	M	time, occasion; opportunity

य

यदि *	Conj	if

यातायात *	M	transportation
यात्रा *	F	journey
याद *	F	memory, remembrance
X की याद आना *	Ind. Intr	to remember X
याददाश्त *	F	memory
याने / यानी *	Conj	that is, that is to say, in other words
यार *	M/F	friend, companion; lover, beloved
यूँ / यों *	Adv	in this way, in this manner, like this, thus
यूँ ही / यों ही *	Adv	casually, accidentally, by chance; just like this, for no particular reason
योग्यता *	F	ability, competence
योग्य	A	able, competent; worthy

र

रंगदार *	A	colored
रंग-द्वेष *	M	color prejudice
रक्षा *	F	protection
X की रक्षा करना	Tr	to protect X
रवाना होना *	Intr	to depart
रसोई *	F	kitchen
रहन-सहन *	M	living; life-style
राज / राज्य *	M	kingdom

राज्य करना	Tr	to rule
राजकुमार *	M	prince
राजधानी *	F	capital
राजनीति *	F	politics
राजा *	M	king
राज़ी-ख़ुशी *	F	well-being, welfare
रानी *	F	queen
राय *	F	opinion
रास्ता *	M	path, way
रिश्ता *	M	relation
रिश्तेदार *	M	relative
रूप *	M	form; appearance; beauty
रूमाल *	M	handkerchief
रोक-टोक *	F	restriction; obstruction
रोग *	M	illness
रोज़गार *	M	business, trade, occupation
रोज़ा *	M	fast (of Muslims)
रोशनी *	F	light; eyesight, vision

ल

लकड़ी *	F	wood
लक्ष्य *	M	aim, target, objective, goal
लक्ष्य करना	Tr	to notice
लगभग *	Adv	approximately
लगातार *	Adv	continuously
लगाना *	Tr	to affix, to apply

लज्जा *	F	modesty
लटकाना *	Tr	to hang
लड़ना *	Intr	to fight
लड़ाई *	F	fight, battle; quarrel
X से लड़ाई करना	Tr	to fight/quarrel with X
लम्बाई *	F	length; height
लाख *	A	<u>lakh</u>, a hundred thousand
लूटना *	Tr	to rob, to plunder, to loot
लेटना *	Intr	to lie down
लोक-कथा *	F	folktale
लोभ *	M	greed

व

व *	Conj	and
वकील *	M	lawyer
वज़न *	M	weight
X के वज़न-भर का Y	M/F	a Y of X's weight
वरना / वर्ना *	Conj	otherwise, or else
वर्णन *	M	description
वर्ष *	M	year
वाक्य *	M	sentence
वातावरण *	M	atmosphere
वास्तव में *	Adv	actually, in reality, in fact
विचार *	M	thought, idea
विजय *	F	victory

विद्या *	F	learning; knowledge; education
विरह *	M	separation (from a loved one)
विवाह *	M	marriage
विश्वास *	M	belief; trust, faith; confidence
X पर विश्वास करना	Tr	to believe/trust X, to have faith in X
विश्वास दिलाना *	Tr	to assure
विषय *	M	topic, subject
वीर *	A	bravc
व्यंग्य *	M	irony, sarcasm; satire
व्यंग्य-चित्र	M	'irony picture', i.e., cartoon
X पर व्यंग / व्यंग्य करना *	Tr	to say something sarcastic to X, to make fun of X
व्यक्ति *	M	person
व्यवहार *	M	behavior
व्याकुलता *	F	restlessness; impatience
व्याकुलतापूर्वक	Adv	with restlessness/impatience
व्यापारी *	M	merchant, trader
व्रत *	M	vow; religious fast (Hindu)
व्रत-कथा	F	story told on the occasion of a religious fast
व्रत करना	Tr	to fast
व्रत रखना	Tr	to keep a fast

शतत

शक *	M	doubt
शक्ति *	F	force, strength, power
शतरंज *	F	chess
शताब्दी *	F	century
शब्द *	M	word
शब्दकोश *	M	dictionary
शमा (pl शमें) *	F	candle
शरणार्थी *	M	refugee
शरीर *	M	body
मनुष्य-शरीर	M	human body
शस्त्र *	M	weapon
शस्त्र-विद्या	F	the science of weapons
शांत / शान्त *	A	quiet; still; peaceful
शांत करना *	Tr	to pacify, to quiet down
शांति / शान्ति *	F	peace
शामिल *	A	included; associated, connected
शामिल होना	Intr	to join, to participate, to be included
शायर *	M	poet
शिकायत *	F	complaint
शिकार *	M	hunting; victim, prey
शिकार खेलना	Tr	to hunt, to go hunting
शिक्षा *	F	instruction, teaching
शेर *	M	lion

शेर *	M	couplet
अशार	M pl	couplets
शोर *	M	noise
शौक़ *	M	hobby; desire, yearning
X का शौक़ होना	Ind. Intr	to be fond of/interested in X

स

संदेश / सन्देश *	M	message
संबंध / सम्बन्ध *	M	relation
संभालना *	Tr	to take care of, to manage
संस्कार *	M	sacrament; rite/ritual; norm(s)
संस्कृति *	F	culture
सख़्त *	A	hard; harsh
सच में *	Adv	truthfully; in reality
सचमुच *	Adv	truly
सज़ा *	F	punishment
सज़ा पाना	Tr	'to obtain/receive punishment', i.e., to be punished
सज्जन *	M	gentleman
सत्य *	M	truth
सदस्य *	M	member
सपना *	M	dream
सफ़र *	M	travel, journey
सफलता *	F	success

सब्र *	M	patience
सभ्यता *	F	civilization, culture
समझ *	F	understanding
X की समझ में आना	Intr	to be understood/grasped by X
समझदार *	A	sensible; wise; intelligent
समझदारी *	F	discernment, wisdom, understanding
समझाना *	Tr	to explain; to advise
समाज *	M	society
समान *	A	alike, similar; equal
के समान	Post	like, similar to
समुद्र *	M	ocean
सर / सिर *	M	head
सरकार *	F	government
सर्दी *	F	winter; cold
सवारी *	F	passenger
ससुराल *	F	father-in-law's home
सहना / सहन करना *	Tr	to endure, to tolerate
सहसा *	Adv	suddenly
सहानुभूति *	F	sympathy
सही *	A	right, correct
साँप *	M	snake
साँस *	F	sigh, breath
सागर *	M	sea
महासागर	M	ocean
साथ-साथ *	Adv	together; side by side

के साथ-साथ	Post	together with, along with
साथी *	M	companion; friend
साधन *	M	means, device
साधारण *	A	simple, ordinary, common
साप्ताहिक *	A/M	weekly; weekly magazine
साबुन *	M	soap
सामाजिक *	A	social
सारा *	A	whole, entire
सास *	F	mother-in-law
साहस *	M	courage
साहित्य *	M	literature
सिक्का *	M	coin
सिखाना *	Tr	to teach
सिपाही *	M	policeman, constable; soldier
सिलसिला *	M	series, sequence
सीटी *	F	whistle
सुख *	M	happiness, joy; contentment
सुनसान *	A	deserted
सुनाना *	Tr	'to cause to listen', i.e., to tell, to recount, to recite
सुलझाना *	Tr	to disentangle; to solve (a problem)
सूँघना *	Tr	to smell, to sniff
सूखना *	Intr	to dry up, to be dry
सूखा	A	dry
सूची *	F	list

सूजना *	Intr	to swell (used for parts of body only)
सूरज *	M	sun
से होकर *	Post	through, by way of, via
सेना *	F	army
सेवा *	F	service
सैर *	F	stroll; outing; trip, tour
सो *	Conj	so, therefore
सौंपना *	Tr	to hand over, to entrust
स्थान *	M	place
स्थिति *	F	state; phase; position; situation
स्वतंत्र / स्वतन्त्र *	A	free, independent
स्वतंत्रता *	F	freedom, independence
स्वभाव *	M	temperament, nature, disposition
स्वयं / स्वयम् *	Pro	self, oneself
	Adv	by oneself, of one's own accord, on one's own
स्वर *	M	sound; voice; note (music)
स्वीकार *	A	accepted
स्वीकार करना	Tr	to accept

ह

हज़म करना *	Tr	to digest, to consume
हज़ार *	A	one thousand, 1000

हज़ूर / हुज़ूर *	Term of address	form of respectful address: Sir, Madam
हटना *	Intr	to move aside/away; to go away; to recede
हटाना *	Tr	to move away/aside; to remove
हत्या *	F	murder
हमला *	M	attack
हरगिज़ नहीं *	Adv	absolutely not; never, under no circumstances
हलचल *	F	commotion, agitation
हल्का / हलका *	A	light
हवाई *	A	aerial
हवाई जहाज़ *	M	airplane
हाथी *	M	elephant
हारना *	Intr/Tr	to lose; to be defeated
हार	F	defeat
हाल *	M	condition, state; account
हालत *	F	state, condition
हालाँकि *	Conj	though, although
हिचकिचाहट *	F	hesitation
हिम्मत *	F	courage
हिलना *	Intr	to move
हिलाना *	Tr	to shake; to move
हिस्सा *	M	part, portion; division
हुक्म *	M	order, command
हृदय *	M	heart

हैरान *	A	surprised
होंठ / ओंठ *	M	lip

ABOUT THE AUTHORS

Usha R. Jain is Senior Lecturer in Hindi in the Department of South and Southeast Asia Studies, University of California at Berkeley, and is the author of *The Gujaratis of San Francisco* and *Introduction to Hindi Grammar.*

Karine Schomer is the author of *Mahadevi Varma and the Chhayavad Age of Modern Hindi Poetry* and *Basic Vocabulary for Hindi and Urdu,* senior editor of *The Sants: Studies in a Devotional Tradition of India,* and editor-in-chief of *The Idea of Rajasthan: Explorations in Regional Identity.*

ISBN 0-87725-351-X

IAS
International
and Area Studies

UNIVERSITY OF CALIFORNIA, BERKELEY